天津市地方志编修委员会办公室资助出版

天津地情资料丛书

老天津的旧报旧刊

侯福志 著

天津社会科学院出版社

图书在版编目（CIP）数据

老天津的旧报旧刊 / 侯福志著. -- 天津 : 天津社会科学院出版社, 2021.12
（天津地情资料丛书）
ISBN 978-7-5563-0793-7

Ⅰ. ①老… Ⅱ. ①侯… Ⅲ. ①报刊—史料—研究—天津—民国 Ⅳ. ①G219.296

中国版本图书馆CIP数据核字(2021)第275348号

老天津的旧报旧刊
LAO TIANJIN DE JIUBAO JIUKAN

出版发行：天津社会科学院出版社
地　　址：天津市南开区迎水道7号
邮　　编：300191
电话/传真：（022）23360165（总编室）
（022）23075303（发行科）
网　　址：www.tass-tj.org.cn
印　　刷：天津午阳印刷股份有限公司

开　　本：787×1092　毫米　1/16
印　　张：19.75
字　　数：283千字
版　　次：2021年12月第1版　2021年12月第1次印刷
定　　价：88.00元

总　序

盛世修史是中华民族的优良传统,史志文化是中华民族光辉灿烂文化的组成部分。习近平总书记指出:“历史是最好的教科书”,强调“要高度重视修史修志”;李克强总理提出:“修志问道,以启未来”。为新时代史志工作指明了方向,也提出了新的更高的要求。

津沽丰饶,人杰地灵。天津是我国历史文化名城,是高人巨匠聚集之地,有着独特的历史发展轨迹和地域人文气质。“天津地方史研究丛书”和“天津地情资料丛书”坚持以马克思列宁主义、毛泽东思想、邓小平理论、“三个代表”重要思想、科学发展观、习近平新时代中国特色社会主义思想为指导,坚持辩证唯物主义和历史唯物主义的立场、观点、方法,从社会生活不同的角度观察天津城市发展脉络和不同历史阶段特征,在不同领域的发展演进中感受天津沧桑变迁的历史逻辑。以史为鉴,开创未来,深入挖掘和传承天津优秀文化,讲好天津故事,总结天津发展的规律,推进天津改革开放和社会主义现代化建设,阔步新时代,续写新篇章。

天津市档案馆(天津市地方志编修委员会办公室)以挖掘天津历史文化资源,繁荣城市文化和学术研究为职志,资助出版这些书籍,意在贯彻落实市委市政府文化强市战略、贯彻落实中国地方志指导小组要求及

《天津市地方志工作办法》，大力整合社会资源，推动天津地方史研究深入发展。我们要以“天津地方史研究丛书”和“天津地情资料丛书”编辑出版为新的起点，继续做好此项工作，希望广大史志工作者持之以恒予以支持，贡献更多的精品力作，为繁荣天津史志研究，推进天津地方志事业高质量发展，把天津建设成为社会主义现代化大都市贡献智慧和力量。

天津市档案馆

（天津市地方志编修委员会办公室）

2021年10月

自 序

近代以来,天津的报刊业呈现出日渐繁荣之势。各类报纸、杂志畸形发展,累计创办了500余种报纸,1000余种杂志。

天津的报业由官报、大报、小报、画报、期刊组成。《北洋官报》创办于1901年12月,初创时为双日刊,1904年2月改为日刊,由直隶省督办政务处主编。1903年,鉴于《北洋官报》试办成功,清政府决定在全国推广,"依照北洋章程妥酬开办",由此确立了其在全国官办史上的历史地位。《大公报》《益世报》《庸报》《天津商报》号称天津民国四大报,其发行范围均及于全国,是具有全国影响的大报。此外,还有《京津泰晤士报》《华北新闻》《天津民国日报》等,也是具有重要影响的大报。由于官报、大报存续时间较长,且存世量巨大,为后人研究提供了便利,无论是大专院校,还是研究院所,以"四大报"为对象的研究课题、研究成果非常之多。相比之下,天津的小报、画报、期刊就没有那么幸运,由于众所周知的原因,除极少部分保留外,绝大部分已散佚。

自1985年开始,笔者经常到各大旧书市场淘书。那个时候,地摊上的旧报旧刊非常多,而且相当便宜,普通的一份民国报纸,几元钱就可以买下来,《北洋画报》影印件,每本才30元。记得有一次,我在三宫地摊上闲逛,发现了一卷泛黄的旧报,打开之后方知是1927年在天津出版的

《东方时报》,因为部分报纸有烧灼的痕迹,所以被摆摊的大爷贱价处理,40多张报纸只要了我20元钱。拿回家后,我略作整理,便有惊人的发现。原来,《东方时报》是张作霖的机关报,日发行量不过2000份,其政治影响力并不大,但它的副刊《东方朔》却很有特色,当时聚集了一大批报界名人,在天津报界非常活跃。如中国新闻事业开拓者之一的王小隐,是《东方时报》的总编辑,他的弟子吴秋尘、徐凌影夫妇,分别担任副刊《东方朔》的主编、编辑。后来成为报界名人的吴云心,当时在这家报纸英文版当英文校对。津门掌故大家戴愚庵,曾在这家报纸连载章回体长篇小说《如此津门》,他还专门开设了一家广告公司,承接这家报馆的广告业务。后来成名的小说家刘云若、宫竹心(白羽),当时不过二十五六岁,在这个副刊上发表了大量的随笔、杂文、短篇小说和文艺评论,双双被《东方朔》列为二十八位"名宿"(骨干作者)之一。

有了这次淘宝的经历,我开始关注老天津的旧报旧刊,尤其是散落在民间的小报、画报和期刊,便成了我收藏的重点。经过二十多年的不间断努力,不经意间,我已经淘到了一百五六十种。尽管民国时期天津曾出现了数百种小报、画报和期刊,但由于战争、动乱等因素,留存下来的非常稀少。无论是档案馆,还是图书馆,找到一份大报很容易,但发现一张小报却很难。正是因为这个因素,本人收藏的这些小报小刊就显得愈加弥足珍贵。

出于兴趣和爱好,结合自己的收藏,笔者一直在进行天津报刊史方面的研究。2009年11月,上海远东出版社出版了笔者的《天津民国的那些书报刊》,便是这一研究成果的结集。之后,我在《天津档案》《天津文史》《天津日报》《今晚报》《中老年时报》上,发表了大量的学术论文和学术短文,累计形成了二三十万字的研究成果。本书就是在多年收藏、研究的基础上,集合了上述成果的精华而形成的。

《老天津的旧报旧刊》分三个板块,共计90篇文章。其中第一编"画报里的都市风尚",25篇;第二编"小报里的民俗民风",38篇;第三编"期刊里的社会风云”，27 篇。三个部分共 20 余万字，另配发图片 200 余幅。为与本人《天津民国的那些书报刊》区别开，并突出本书“小报”史的特色，本书在内容上，主要以民国时期天津的小报、画报和期刊为主，而《大公报》《益世报》等普通读者耳熟能详的大报则不再涉及。

娱乐性，是天津旧报旧刊的第一大特色。民国时期，天津是一座开风气之先的城市，也是一个崇尚娱乐休闲文化的城市，无论是在老城厢，还是在租界，戏院、影院、舞厅、茶楼、屋顶花园等娱乐休闲场所比比皆是，这种景象和生活状态，在旧报旧刊中同样可以得到反映。如几乎所有的小报、画报或期刊，都开设有“游艺”类副刊或栏目，并辟有电影、戏剧、曲艺、舞场等演出广告。为适应电影娱乐的需要，一些有眼光的报人，专门开办了娱乐性电影杂志，如《银线画报》《美丽画报》《国风画报》《银光画报》《银都画报》《天津华北画报》等。

通俗性，是天津旧报旧刊的第二大特色。小报与大报不同，它面向的是广大市民阶层，是底层大众。由于很多人不识字，或者识字不多，为适应这些读者的需要，便出现了通俗白话报和画报，读不懂文言的，可以读白话，不认识字的，可以看画。除形式上的通俗性之外，在内容上也同样注重通俗性。比如，差不多每家小报、画报和期刊，都辟有小说连载栏目，有的小报副刊几乎以小说为主打，最多时有五六部小说连载。《新天津报》还首创了评书连载，他们派专人到书场进行记录，整理后刊于副刊。这些小说、评书或为言情，或为警世，或为武侠，充满了浪漫主义色彩，可以从心理上满足市民读者对未来的一种期许。

多样性，是天津旧报旧刊的第三大特色。单从名字上看，天津小报可谓五花八门，花样迭出。如《现世报》，取自天津俗语“现世宝”；《博陵报》，是博陵人开办的，取自家乡河北省的一个县名。《东北日报》，是九一八事变之后，由东北人在天津创办的小报，其副刊取名“白山黑水”。小报大名，也是天津旧报旧刊的一朵奇葩，比如天津很多画报的名字，像《中华画报》《东方画报》《世界画报》《宇宙画报》等，名字一个比一个大。天津的

“时辰报”也很有意思，如《天津晨报》《天津晚报》《天津午报》《新天津晚报》，据说，还有一种《天津夜报》，从早晨到夜间，每个时辰段都有对应的“时辰报”。

《老天津的旧报旧刊》选择了民国时期具有代表性的小报、画报和期刊，结合老天津地域背景，以新闻学、历史学的角度，全方位、多角度、多层次地向读者展现了天津这座历史文化名城报刊领域的历史风貌，弥补了这一研究领域的空白，为大专院校、科研院所，以及普通读者了解天津报刊史提供了有价值的参考资料。天津人自豪地说过一句话:“百年历史看天津。”而《老天津的旧报旧刊》恰恰从报刊史这一角度提供了又一佐证。

传承历史文脉，提升文化品位，促进城市发展和精神文明建设，这是新时代赋予专家学者的历史责任，《老天津的旧报旧刊》便是践行这一历史责任的一个尝试，但本书作者也深知，这一成果还只是初步的尝试，它只是一个起点，天津报刊史研究永远在路上。

是为序。

侯福志

2021 年 9 月 15 日

目　　录

画报里的都市风尚

小报里的民俗民风

期刊里的社会风云

画报里的都市风尚

34·3·23
第五七五號

人鏡畫報

天津商報每日畫刊
TIENTSIN SHANGPAO ILLUSTRATED DAILY
走馬競賽會
每晚八時起賽

星期五畫報
第三十一期

《人镜画报》与天津茶园

《人镜画报》创刊于清光绪三十三年六月十三日（1907 年 7 月 22 日），同年十一月二十五日（12 月 29 日）终刊。创办人为著名书画家陆辛农和顾叔度，社址设在天津旧日租界旭街（今和平路）德庆里。该画报为石印，16 开，周刊，逢周日出版。画报以“改良社会、沟通风气”为宗旨，因

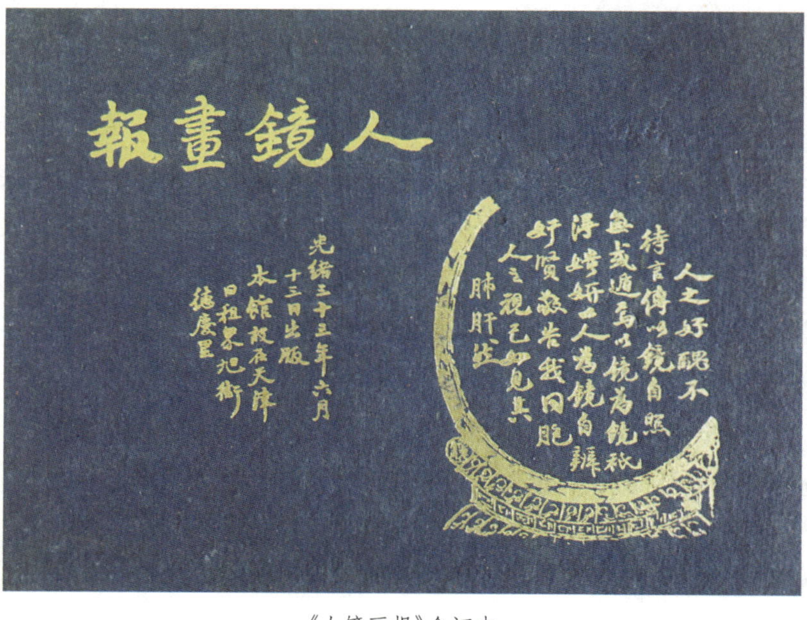

《人镜画报》合订本

该报认为“以人为镜，自辨奸贤”，故取名为《人镜画报》。

《人镜画报》几乎每期都有茶园演出方面的轶闻趣事，以图文形式，再现了晚清时期旧天津的茶园风貌。

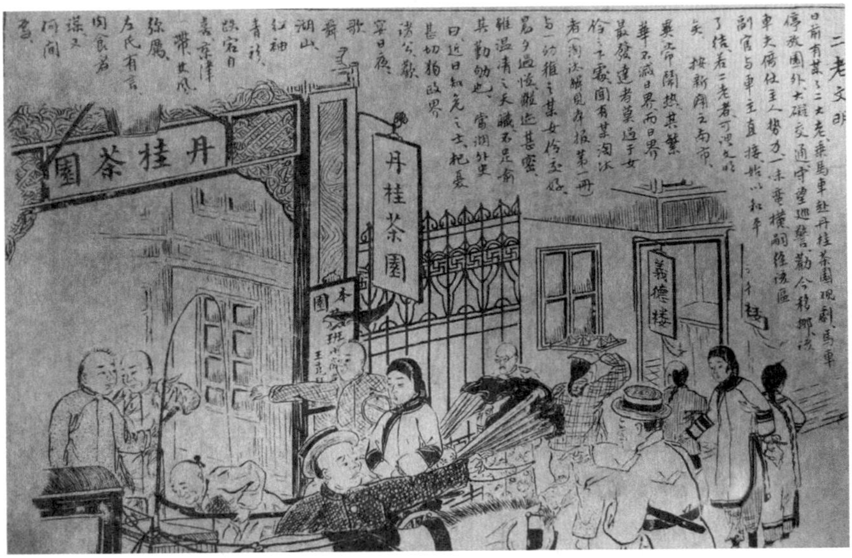

《人镜画报》有关茶园的消息

《人镜画报》有关旧天津茶园的内容概括来说有三个方面：一是反映茶园陋俗。如有人通过恶作剧方式，乘乱偷窃他人衣物。第七期《诈火图窃》一文记载，某日晚，丹桂茶园（即后来的南市影院，今已不存）因有新角演戏，坐客盈满，几无插足之地。至 11 点钟，正值王益芳演唱《白水滩》进入高潮之时，池座内突然有人大喊失火，一时观剧者异常惶恐，楼上楼下的座客纷纷向外逃避。后来，始知其中有诈，多人衣物在乱中被偷。再如，兵匪在戏园打架闹事，也是常有的事。第九期《棋逢对手》一文载：天津西门外北小道子一带有个兴盛茶园，一日某陆军第四镇四标二营炮队张文勤等四人，因听戏争执在园内打架，被掌柜魏云波等率众殴打，后肇事者共七人全被带到警局查办。又如，第二十一期《是何妙术》一文载，“朱连奎，前以最矮之老媪在津中茶园登台，以为奇货。近又传闻，实非老媪，年只十余龄耳。”原来，为了达到吸引眼球的目的，所谓老媪，其实是被诱拐的少女，被人通过药物手段，变成了“鸡皮鹤发”的老媪。旧社会茶园真可谓乱象丛生。

二是反映民众对茶园乱象治理的呼声和要求。考虑到戏园乱象急需治理，所以，有读者早就呼吁加强对茶园管理。据第十期《论戏园之设监临》一文载，“天津警察学员某君，鉴于各戏园种种之流弊，禀请长官每园设立警察监视处，以便警员随时稽查，俾正人心而厚风俗，甚善甚善。”该报评论员认为，“夫以津城戏馆之繁多，家家座为之满，其伤风败俗之现象，几于罄竹难书，而惟戏价尤廉者，其流弊弥剧焉，若不设法整顿，本属不成事体，损害社会，固不待言，而影响于学界者尤大。”

三是反映艺人善举。茶园并非都是一团乱象，也有善人善事。如第六期《演戏助赈》载：1907 年 8 月，丹桂茶园曾举办赈灾义演。大公报社社长英敛之、“移风乐会”会长刘子良先后登台演说，一方面介绍筹款助赈的重要意义，一方面号召观众踊跃为直隶水灾捐款。“皆喘汗奔走不辞劳瘁，其勇义之气，可谓壮哉。”此次义演共募集捐款大洋 164 元，小洋 757 角，铜圆 11414 枚。后台老板高福安捐助两日演出的票款，戏箱之价 10 元；茶园园主郑玉昆捐助 10 元。

当然，由于历史的局限，当时被称之为乱象者，现在看来则属正常。如第十一期《是非场》一文，对男女混座现象大加抨击。南马路有一家“鸣盛茶园”，“终日开台演戏，名曰哈哈腔，丑态淫声不堪。闻见其地势甚窄，人浮于座男女混杂，日夜宣喧嚣。若不从速禁止，外则必有一场是非出于其间矣”。因此，该文作者认为，“戏园之卖女座者已属不可，乃更有男女杂座者，则尤伤风败俗之甚者也。”

宣纸套印的《醒华日报》

数年前，笔者在天津沈阳道旧书摊购得清宣统元年（1909）出版、宣纸石印的《醒华日报》数张。经笔者查阅《新闻史料》（天津日报社编）、《天津报海钩沉》《吴云心文集》《天津出版志》等资料得知，该报竟然是天津最早的老画报之一。虽经百年风雨蚕食，但其画面依然栩栩如生、生动有趣。

《醒华日报》是在《醒俗画报》的基础上增办的。《醒俗画报》于1907年3月23日，由温子荣、吴芷洲在天津北马路启文西阅报社内（后迁至鼓楼东大街）创办，著名报人陆辛农为主编。初为旬刊，粉画纸单页石印，32

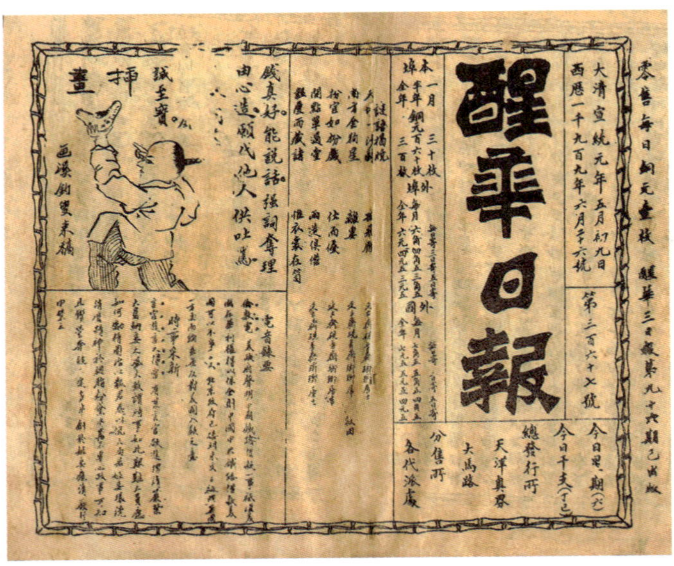

醒華日報

大清宣統元年五月初九日

西歷一千九百九年六月二十六號

零售每日銅元壹枚 醒華三日畫報第九十六期已出版

今日星期（六）

今日干支（丁巳）

總發行所

分售所

各代派處

插畫

錢真好。能說話。强詞奪理由心造。顛倒他人供吐罵。

《醒华日报》报影

开本共 10 页。封面绘有花卉，并印有刊名、期数、地址、电话等信息。1908 年 5 月 4 日起更名为《醒华》(3 日刊)，仍然为画报。从 5 月 16 日起增发《醒华日报》，开始为 2 日刊，后改为日刊，并于 10 月 30 日将馆址迁到奥租界大马路(即今天的建国道)。从 1909 年 1 月 29 日起又刊行《天津两日画报》。

《醒华日报》每期共 4 页(16 开)，采用宣纸石印。“录事概用图说，以期人人易解”，除保留《醒俗画报》一事一画的样式之外，还增加了《时事采新》《车站纪事》《电音》等栏目。画报秉承“唤醒国民，矫正陋俗”的宗旨，在内容上宣传新政和维新，具有较为强烈的启蒙精神。其思想和内容上的特点有四个方面。一是具有明显的反封建的革命倾向。如《覆盆谁雪》对“被夫虐待以致自戕”在法律上仅给予“杖八十”的处罚提出质疑，要求“修律大臣有以改正”。二是对晚清官员的恶德败行进行了揭露。如《贪官上下任》对官员“一年穷知县十万雪花银”的社会现象进行了讽刺和鞭挞。三是具有强烈的反帝爱国的精神。如《丑态百出》对德国人李德顺欺

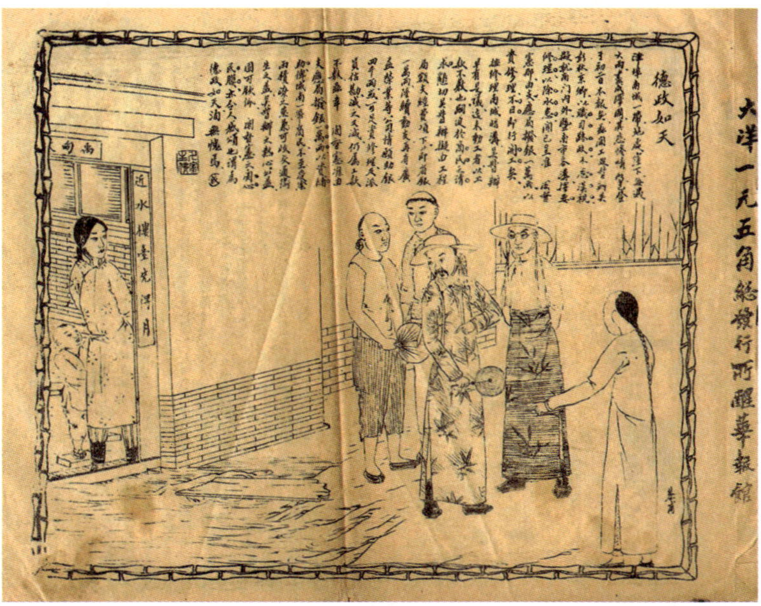

《醒华日报》内页

凌中国人的丑态进行了揭露和描绘。四是对清末民初天津的社会百态进行了即时性反映，这部分是这份画报的主要内容。如揭露社会时弊，其中包括自杀、偷盗、娼妓、巫术等种种负面现象。也有一些褒扬官员政绩的报道，如《德政如天》一文，便记述了督办吴彭秋利用工程局拨款以及由广益、荣业两公司赞助的 1 万元资金，整修南市及南门外水沟，解决积年水患的大事，深得民心，被作者誉为“德政如天”。

据专家考证，《醒华日报》大约在 1913 年停刊，其存续时间至少要超过四年，作为天津寿命最长的画报之一，其对于天津报刊史以及津沽民俗文化史研究都是不可多得的形象化史料。

刘云若主编《北洋画报》

《北洋画报》是1926年7月7日在天津法租界创办的，其办报宗旨在于“传播时事、提倡艺术、灌输知识”。画报为四开型，每期一张四开四版，初为周刊，继改为3日刊，最后为隔日刊。以照片、图片为主，兼有文字，截至1937年7月日本侵占天津后停刊，先后出版了1587期，其中刊载各类照片2万余帧，涉及时事新闻、重大事件以及戏曲电影人物等。1985年，书目文献出版社影印了全套《北洋画报》，除索引1册外总共达32厚册之多。

《北洋画报》创办人是冯武越。冯氏是广东番禺人，在北画发表作品时署笔名为“笔公”，他能书、能画、善经营，“慷慨有壮志”。16岁时曾赴法国留学，学习航空及无线电知识。1926年，受聘为《益世报》总监察兼撰述，同年创办《北洋画报》。他先后起用了王小隐、刘云若、吴秋尘等报界名人担任画报主编。冯氏的妻子为赵一荻之姐，因此，人们一般认为，《北洋画报》的后台为张学良。九一八事变后，冯氏又创办了一份《图画新闻》报，后由于战事吃紧，故将《图画新闻》停办，同时将《北洋画报》转让给天津同生照相馆经理的谭北林(冯武越之广东老乡)。七七事变后，冯武越病故。

《北洋画报》以其形式活泼、简洁大方、内容丰富并采用彩页印刷而开

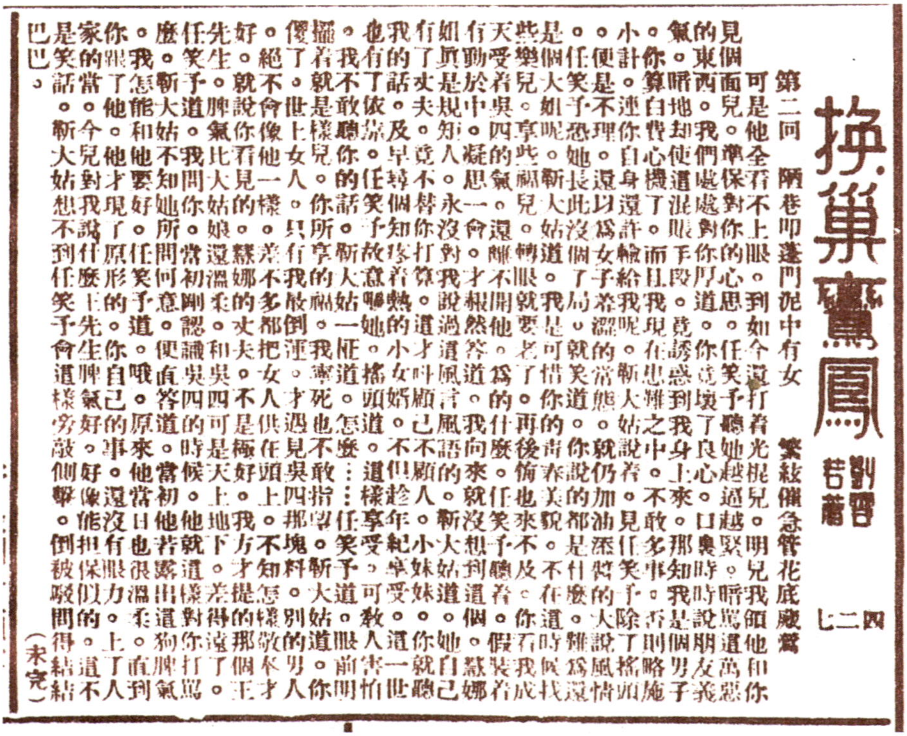

換巢鸞鳳 劉雲若著

第二回 陋巷叩蓬門泥中有女 繁絃催急管花底藏鶯

七二四

（未完）

刘云若小说《换巢鸾凤》连载

北派画报之先河，对我国的画报业产生了深远影响。画报的第一、四版，除例行的“名闺”图片外，几乎全为彩页广告。第二、三版的主要版面，则以文、图、书、画等形式，向读者展示丰富多彩的内容。创办之初，小说连载受到重视。先后连载了喜晴雨轩主（梅健庵）的《津桥蝶影录》、 赵焕亭的《山东七怪》、李熏风的《球场上的蔷薇》和刘云若的《换巢鸾凤》。

关于《北洋画报》及刘云若与《北洋画报》的关系，《吴云心文集》曾有过一些记载，但总体感觉不太可信。如他认为《北洋画报》是不给稿费的，只是过春节时大家在一起撮上一顿而已。而实际上，《北洋画报》是给作者稿费的，而且按照该报启事，稿费还是很高的呢。吴云心认为冯武越对刘云若剥削甚剧，刘云若又当编辑又当小工，最后竟然拂袖而去。其实，刘云若尽管对冯武越也有不满意的地方，但亦非到了非“拂袖而去”不可的程度。因为 1930 年 2 月,《天风报》正式创刊,沙大风看中了刘云若的才能,决定聘请其为《天风报》副刊“黑旋风”主编,所以,刘云若得了这个差事之后,便立即辞去了《北洋画报》职务。俗语说得好,人挪活树挪死,刘云若在《北洋画报》不顺心,另谋他就,大概也是这个道理。

刘云若担任《北洋画报》编辑的时间,大概是在 1928 年 5 月到 1930 年 3 月,也就是刘云若所言三年时间里(实际是跨越三个年头),除担任编辑外,还发表了很多随笔、杂文和旧体诗。另还发表了一部长篇小说《换巢鸾凤》。

笔者根据书目文献出版社出版的《北洋画报》(索引)统计,刘云若发表随笔、杂文及旧体诗使用的作者名字主要为“云若”,最早的文章发表在 1928 年 5 月 19 日,一直到 1930 年 3 月 20 日左右,也就是他担任主编的时间内,累计发表诗文 46 篇。之后几年没有诗文见报。一直到 1935 年 8 月 8 日,才复有文章见报,到同年的 12 月 31 日,不到四个月时间里,累计发表诗文 10 篇。这期间以刘云若署名的诗文只有 6 篇。

刘云若虽然没有接受过大学教育,但他却有着很深的国学修养。读刘云若的小说,会发现他读书所涉猎的内容十分广泛,除四大名著外,还包括唐宋诗词、元曲杂剧、明清野史等,其发表在《北洋画

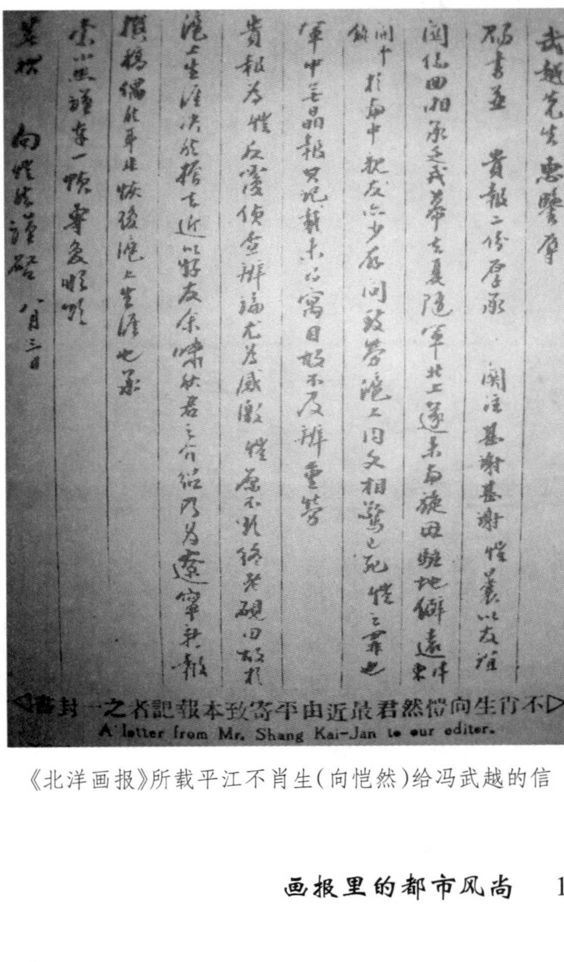
◁不肖生向愷然君最近由平寄致本報記者之一封書▷
A letter from Mr. Shang Kai-Jan to our editor.

《北洋画报》所载平江不肖生(向恺然)给冯武越的信

报》的旧体诗，代表了他在旧体诗上创作的成就。仅举几例。

1929 年春，刘云若有一首《暮春偶成》："肯教辜负生前酒，谁与追寻落户花。何事芳菲欺醉眼，吾心春已落天涯。"正是青春年少的刘云若，大有感春、惜春之慨叹，同时也有着年轻人都有的些许浪漫情怀。

自 1934 年 10 月，《北洋画报》开始连载刘云若的《换巢鸾凤》，这部小说一直连载了 624 次，直到《北洋画报》1937 年 7 月 17 日停刊时为止。1941 年 3 月，天津励力出版社出版了该小说的单行本。

《北洋画报》是一份高品位的画报，也是一份具有全国影响的大报。不仅保留了诗词、散文、游记及小说等大量的作家作品，还培养了一批在民国时期具有举足轻重地位的作家。以《北洋画报》编辑如王小隐、刘云若、吴秋尘、唐兰、袁寒云等为核心的作家圈，在天津乃至在全国文学史上都具有重要影响。

罗明佑与《天津华北画报》

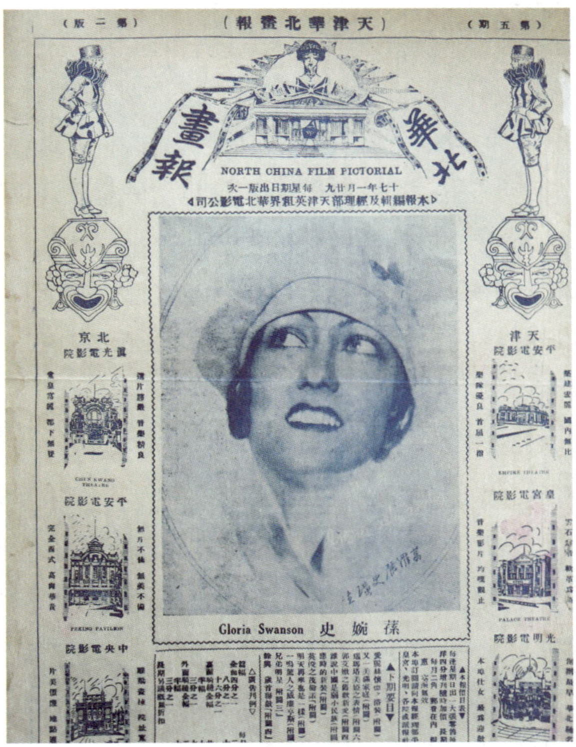

《天津华北画报》报影

《天津华北画报》是一张四开型彩色电影画报，创办于1928年1月3日，社址在英租界华北电影公司内，创办人罗明佑。

罗明佑，1900年出生于香港，著名电影事业家。1918年，毕业于广东高等师范学校，之后考入北京大学法学科学习。翌年，在北京开设真光电影院，课余兼任经理。1927年创立华北电影公司，任总经理。1929年，他在天津、太原、济南、石家庄、哈尔滨、沈阳等地所拥有的影戏院已达二十余家，控制了北方五省的电影放映和发行事业。

天津是罗明佑电影事业的重要基地，其所在的华北电影公司在天津拥有5家电影院。分别是平安电影院、光明大戏院、皇宫电影院、河北电影院、蛱蝶电影院。

平安电影院是中国北方地区第一家引进有声电影的电影院。它从美国引进有声电影机，于1929年12月31日开始，专放有声电影。其播放的第一部有声影片是由福克斯出版的《歌舞升平》，映出之前即引起津城轰动，皆以先睹为快，映出之后，莫不为之惊奇。据闻，有声电影机的价格每台至少需要3万元，租赁一部有声电影较无声影片价格至少高出5倍，因此，平安电影院上映有声电影，“实为天津娱乐业之大革命，华北影界之新纪元也”。光明大戏院，“是长江以北唯一伟大之‘现代影院’”，其建筑悉按照最时髦之样式，入其内，不啻身临纽约最新式之大剧场。在平安影院引进有声影片之后，考虑到不同消费群体之需要，光明大戏院仍以无声影片招徕顾客。皇宫电影院，为“平民的贵族影院”，票价虽低，而顾客竟能步云石之阶、卧软革之椅也。先是只用西片号召观众，近又增加中式影片，使之成为平民化的电影院。平民化影院还包括河北电影院，是天津租界之外，最为华丽而又最为廉价的电影院。蛱蝶电影院是租界一带专供西人光顾的电影院，因为与平安电影院是近邻，西人中喜欢无声电影的，仍可以到此院进行观影。

随着电影业的发展，需要做好宣传推广工作，为此，罗明佑创办了《天津华北画报》，该画报以电影发行广告及外国明星介绍为主要内容，设计新颖，形式活泼，格调高雅。每期都推介平津两地华北电影公司所属各大影院，并配发影院建筑图。所涉及的影星，如贾波林(即卓别林)、白兰蒂等，尤其是有关无声电影大家贾波林婚变的消息，更是长篇累牍。

为纪念平安电影院播放有声影片这一历史时刻，1930年1月1日，《天津华北画报》出版了套红印刷的新年专号，除在第一版发表罗明佑的纪念长文外，还在第三版辟有一个专版，介绍最新有声电影《歌舞升平》。

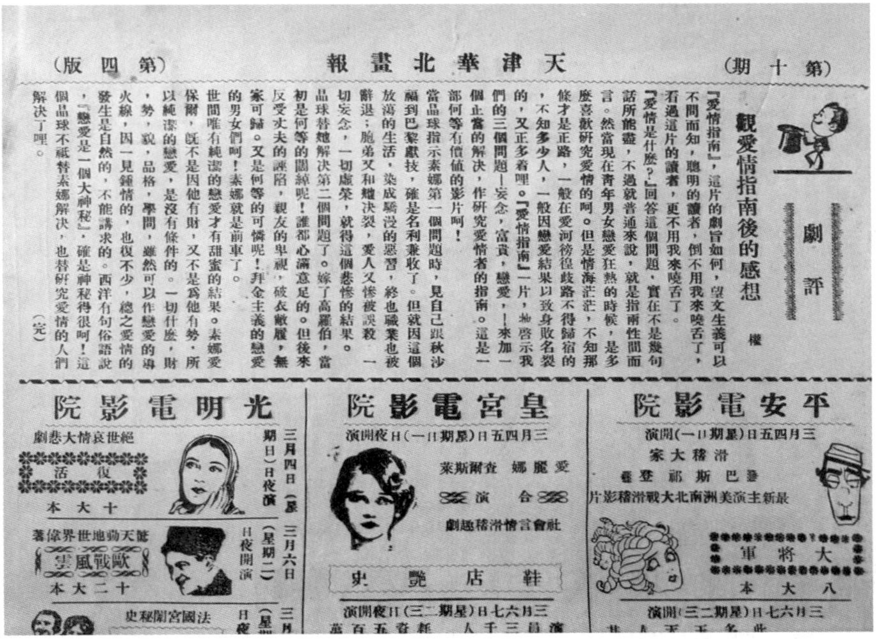

天津華北畫報　（第十期）　（第四版）

劇評

觀愛情指南後的感想

樓

『愛情指南』，這片的劇旨如何，望文生義可以不問而知，聰明的讀者，倒不用我來嘵舌了，看過這片的讀者，更不用我來嘵舌了。『愛情是什麼?』回答這個問題，實在不是幾句話所能盡，不過就普通來說，就是指兩性間而言。然當現在青年男女戀愛狂熱的時候，是多麼喜歡研究愛情的呵。但是情海茫茫，不知那條才是正路，一般在愛河徬徨歧路不得歸宿的，不知多少人，一般因戀愛結果以致身敗名裂的，又正多着哩。『愛情指南』一片，牠啓示我們的三個問題—妄念，富貴，戀愛，—來加一個正當的解決，作研究愛情者的指南。這是一部何等有價值的影片呵！

當品球指示素娜第一個問題時，見自己跟秋沙福到巴黎獻技，確是名利兼收了。但就因這個放蕩的生活，染成驕沒的惡習，終也職業也被辭退；胞弟又和牠決裂，愛人又慘被誤殺，一切妄念，一切虛榮，就得這個悲慘的結果。

品球替牠解決第二個問題了。嫁了高羅伯，當初是何等的闊綽呢！誰都心滿意足的。但後來反受丈夫的誣陷，親友的卑視，破衣敝履，無家可歸。又是何等的可憐呢！拜金主義的戀愛的男女們呵！素娜就是前車了。

世間唯有純潔的戀愛才有甜蜜的結果。素娜愛保爾，既不是因他有財，又不是爲他有勢，所以純潔的戀愛，是沒有條件的。一切什麼，財，勢，貌，品格，學問，雖然可以作戀愛的導火線，因一見鍾情的，也很不少，總之愛情的發生是自然的，不能講求的。西洋有句俗語說，『戀愛是一個大神秘』，確是神秘得很呵！這個品球不祇替素娜解決，也替研究愛情的人們解決了哩。（完）

平安電影院
三月四五日（星期一二）開演
滑稽大家
巴斯祁登
最新主演美洲南北大戰滑稽影片
大將軍
八大本
三月六七日（星期二三）開演

皇宮電影院
三月四五日（星期一二）日夜開演
愛麗娜　查爾斯萊
合演
社會言情滑稽趣劇
鞋店艷史
三月六七日（星期二三）日夜開演

光明電影院
三月四日（星期日）日夜演
絕世哀情大悲劇
復活
十大本
三月六日（星期二）日夜開演
驚天動地世界偉著
歐戰風雲
十二大本
法國宮闈秘史

《天津华北画报》影评

按照该文介绍，美国南方名叫乔治的少年，卖了林产，揣着五万美金，到纽约某戏院寻找他的情人丽莱。丽莱是歌舞班里的舞女，那时正在后台。乔治找到她后，亲了个嘴，然后就诚惶诚恐地向她求起爱来。影片里的丽莱能歌善舞，“她那浅笑双窝，令人魂意也消”，饰演丽莱的演员，其说白、歌唱、表情、舞蹈，无一不佳，受到观众热捧。

《天津华北画报》为周刊，每逢周日出版，是20世纪二三十年代颇具特色的电影画报，大概是在1937年7月，该画报因日本侵华而倒闭。

高龙生主办《东方画报》

高龙生（1903—1977），山东蓬莱人，自幼喜欢绘画，并逐步成为一名漫画家。他青年时期曾在一所教会学校专修英文，毕业后任天津英美烟草公司广告部画师兼翻译。20 世纪 20 年代，高龙生曾应著名学者、报人刘孟扬邀请担任《天津午报》副刊编辑，他与另一位编辑刘钟望配合，刊发《诗画配》专栏，发表很多时事漫画。30 年代初，高龙生又负责编辑该报副刊《星期二午报画刊》，其头版“时事投影”以其独特的视角和辛辣的讽刺引起了读者的广泛注意。

大约在 1934 年前后，高龙生离开天津到了南方，先在南京《新民晚报》任美术编辑，后转赴上海在联华影业公司担任电影美工。这期间，其抗日漫画《国破山河在》曾参加了 1936 年 11 月在上海举办的首届全国漫画展，引起了轰动。七七事变后，高龙生离开上海沿长江赴武汉、重庆等地，担任重庆《新民晚报》编辑，每天有一幅漫画作品发表，还在《时事新报》担任美编，发表了大量反映民生疾苦、支持抗战的漫画作品，在重庆先后出版了《陪都风情》《某某先生传》《醉生六记》等漫画集，成为抗战时期大后方的文化名人。

《东方画报》创刊于 1931 年 1 月 1 日，由高龙生担任主编。这份画报实际上是《东方日报》的附属画报，以刊载文艺创作、书画摄影作品为特

中華民國二十年一月一日（星期四） 東方日報新年號附刊 （第三張） （第一版）

東方畫報

第一號

文藝的園地裏開出了新

《东方画报》报影

色。每半个月发行一张，既可独立订阅又可随报附送。另据天津市政协文史委编辑的《天津报海钩沉》一书记载，《东方日报》创刊于 1930 年，社长为刘不同，编辑张越尘，副刊主编为高龙生。

关于这份画报的内容和办报宗旨，按照创刊号《开场白》的说法，“我们也不利用‘艺术’两个字，来号召并欺骗社会。我们所贡献的东西，不过是几个‘平淡无奇’的铜版和几张‘无名小卒的漫画’，虽然！我们大胆地说：他们也未必没有他们相当的价值和趣味！”当然，创办人从启发民智特别是青年的觉悟上还是寄予了很大希望。

《东方画报》创刊号分四版，第一版类似于当时颇为时髦的《北洋画报》，报头之下的中间位置是一幅美人画像，即由郎世宁所绘的《香妃戎装画像》。文字部分第一篇文章是社评，这篇名为《文艺的园地里开出了新花》的文字，对资产阶级和封建阶级的文学进行了批判，认为它们缺乏伟大的思想与时代的精神，应该在淘汰之列。该篇文章呼吁：“我们有志于文学的青年，我们有志于社会改造的青年，要担起来这创造新时代文艺的大任。”该报不仅提倡新文艺，而且还大力推出新文艺作品，这在第三版诗歌专版上得到体现。据笔者研究，旧天津的小报尽管十分发达，但辟有诗歌专版的并不多见。而且，该专版除翻译国外诗歌作品外，大部分为青年作者的抒情诗。如汪广度的《春景》，陈德才的《春闺》，前人的《寒酌》。其中，莲莲的《暮冬杂感》有以下几句：“津门潦倒厌繁华，啸傲湖山兴转加。昨日梦中行千里，万泉河上看梅花。”反映了都市青年的苦闷和对美好未来的憧憬。

正如该报在《开场白》中所言，漫画的确构成了该报的一大亮点。在第三版、第四版两个文艺版面上，刊有四幅漫画。除一幅为翻译法国人的作品外，其余三幅都是普通作者反映现实生活的创作。第一幅是由署名“宗由”所作的《肉林》，画面为几条修长的穿裙子的女人大腿组成的“肉林”，在肉林中间有一个拿着枪的日本兵张牙舞爪地穿行，表达作者对当局不抵抗政策的不满。第二幅是署名“书匠”所作的《走向光明》，画面为一扛枪的男人走在一条黑暗的廊道中，前面则有一盏闪光的电灯为其指明了方向，表达了只有抗战才有前途的思想。第三幅是由高龙生绘制的，画面上主角为一男一女，男的为一富有的官员，女的为一时髦女郎，男人用大手把女人搂在自己的宽肩大背之内。画面左下角是两条狗，一条大狼狗尾随在小母狗之后，似有亲昵之态，很明显，画家把此类官员比作畜生，讽刺、痛斥了官场腐化堕落的生活状态。

关于《东方画报》的终刊日期，尚未见相关文献记载，只得留待以后再深入研究。

面向女性读者的《妇女新都会画报》

据《天津报海钩沉》一书载,《妇女新都会画报》出版于 20 世纪 30 年代中期,创办人为尹伯梅。笔者曾藏有《新都会画报》,内刊有刘云若的《小扬州志(续集)》,从报头风格上看,与后来的《妇女新都会画报》颇为相像,因此笔者推测《新都会画报》即为《妇女新都会画报》的前身。日本侵略者占据天津后,日伪当局对报刊加以限制,连续两次进行清理,只保留了少数的几家报纸,大部分报纸被迫停止发行。被停刊的报纸就包括《新都会画报》。

1939 年 6 月 21 日,经天津特别市公署新闻事业管理所许可,《妇女新都会画报》正式试办创刊(其实应当是复刊),社址在特别第一区福州路 26 号。社长尹梅伯,编辑方竹筠。与 1940 年 4 月创办于北平的《新光杂志》属姊妹报。该画报是一份四开的彩色画报,创刊初期每期一张半,共计六个版面,后来变成四个版面,每周三、六各出版一期。每期价格为六分,每月四角八分。

1942 年 1 月 5 日起改为日报,并更名为《天津妇女新都会日报》,设有总代销处。此外,笔者在北京《新光》杂志第 3 卷第 7 期看到有关《天津妇女新都会日报》的广告,其社址在天津特别第一区唐山路恒德里二号,分社在北京西单二条八号。自称是"妇女界的威权,清闺中的良友,文学家的宝座，艺术者的璇宫”，且“宗旨纯正，文图并茂，华北独一无二的妇女日报”。

1943 年 7 月起又改名为《妇女日报》，并自称为“新光杂志姊妹刊物”，标榜“代表妇女界的新闻纸，响应战时体制下的大革新”（后又有“中国妇女界代表新闻纸，中国妇女言论总机关”的广告词）。其特色是“专载国际要闻战时确息，革新妇女生活宣扬美德。介绍正当娱乐针砭社会，暴露黄色新闻惩恶扬善。女子服务部解答姊妹们一切问题，副刊材料丰富智识总汇”。总社迁到天津法租界（当年改为兴亚三区）西开五十七号路 10 号，在北京新光杂志社设有分社，地址仍为北京西单二条 8 号。

该报第一版刊载京津沪名媛、名闺的大幅彩色照片，包括栾秀云、李英潘、朱增荣、柯晓岚、罗若兰等。头版还围绕妇女问题每期都要刊载一至两篇长文，如《社交公开与恋爱问题》《母职与妻职是否妨碍妇女职业》

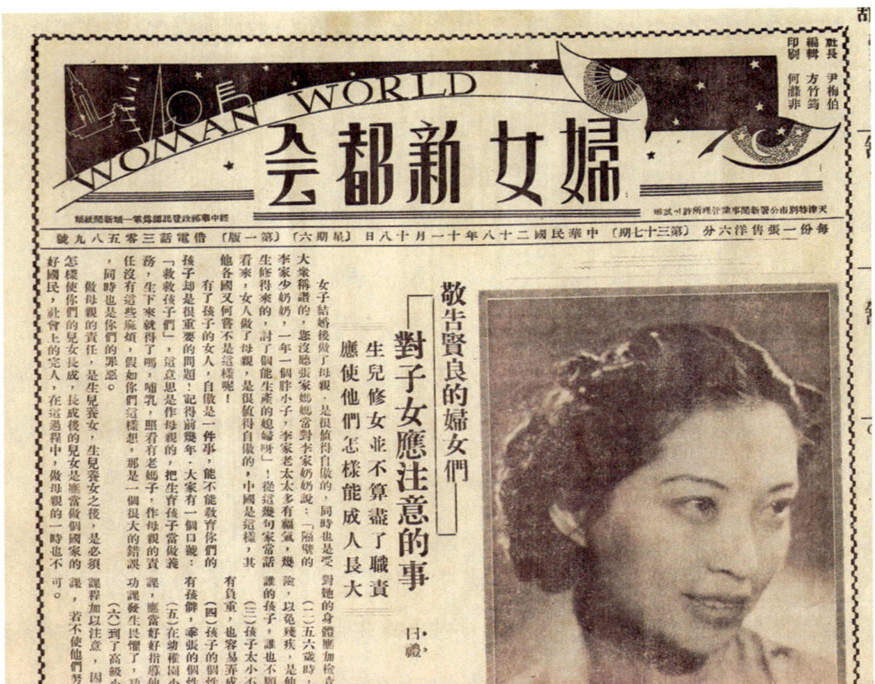

社長 尹梅伯
編輯 方竹筠
印刷 何滌非

WOMAN WORLD

婦女新都会

天津特別市公署新聞事業管理所許可試辦

中華郵政登記認爲第一類新聞紙類

每份一張售洋六分 〔第三十七期〕 中華民國二十八年十一月十八日 〔星期六〕 〔第一版〕 借電話三零五八九號

敬告賢良的婦女們

對子女應注意的事

生兒修女並不算盡了職責 應使他們怎樣能成人長大

日禮

女子結婚後做了母親，是很值得自傲的，同時也是受大衆稱讚的，您沒聽張家媽媽當對李家奶奶說：「隔壁的李家少奶奶，一年一個胖小子，李家老太太多有福氣，幾生修得來的，討了個能生產的媳婦呀」！從這幾句家常話看來，女人做了母親，是很值得自傲的，中國是這樣，其他各國又何嘗不是這樣呢！

有了孩子的女人，自傲是一件事，能不能教育你們的孩子却是很重要的問題！記得前幾年，大家有一個口號：「救救孩子們」，這意思是作母親的，把生育孩子當做義務，生下來就得了嗎，哺乳，照看有老媽子，作母親的責任沒有這些麻煩，假如你們這樣想，那是一個很大的錯誤，同時也是你們的罪惡。

做母親的責任，是生兒養女，生兒養女之後，是必須怎樣使你們的兒女長成，長成後的兒女是應當做個國家的好國民，社會上的完人，在這過程中，做母親的一時也不可。

對她的身體應加檢查，

(一)五六歲時，小

險，以免殘疾，是他們

誰的孩子，誰也不願成

(三)孩子太小不應

有負重，也容易弄成畸

(四)孩子的個性，

有孩僻，乖張的個性。

(五)在幼稚園小學

課，應當好好指導他們

功課發生畏懼了，功課

(六)到了高級小學

課程加以注意，因爲

課，若不使他們努力

《妇女新都会画报》报影

《职业妇女应具的条件》《应该怎样处理家庭》《怎样解决三角恋爱》《结婚需要有理智》《如何养育你的子女》《夫妻的礼貌》《妇女职业的检讨》《漫谈人生观问题》《孩子们的冬季流行病》等等，涉及教育、社交、就业、恋爱、婚姻、家庭、穿着、人生观、夫妻关系、家庭育儿等问题的讨论文章。许多观点非常有趣，也有观念变革的味道。如《妇女职业琐谈》一文在讨论“看护”职业时，对“女招待”的看法就区别于传统认识。作者认为：“有人将看护和女招待女售货员相比，认为都是一种下贱的职业。这是他们观点上错误。其实女招待和女售货员的职业，何尝不正当？何尝下贱？一半是环境，逼着她们如此，一半是她们的一部分人不知自爱。以职业论职业，原不是如此的。”

第二版内容与第一版相同，只是文章篇幅短小，栏目众多，内容丰富。如设有《谈男人》专栏，由茉莉女士撰文，每句话都很睿智，都像一句格言警句，很类似于20世纪宣永光在《北洋画报》开设的“老宣妄谈”。每期有一则漫画，由著名漫画家窦宗淦绘制的《民间情歌》系列漫画，所配诗文别具一格。《妇女新都会画报》自第2期起，在第三版开始连载王朱的长篇故事漫画《阴阳河》。作者在《我为什么要画〈阴阳河〉》一文中说明：“这次画这题材的动机，是在读刘云若兄的一首打油诗之后，恍惚还记得两句：‘君不见旧剧阴阳河，多管闲事有阎罗。’本来阎罗多管闲事，人家夫妻恩恩爱爱，那里晓得会惹起神鬼的嫉妒，而将人家的爱侣生生拆散，捉到阴间横受折磨。又将那个女的发给自己手下的鬼头去蹂躏。若不是南海观世音菩萨大慈大悲，以天地间的真爱来救助，恐怕她这一天可就惨了！”据王朱《告新读者》一文，张茂生和李桂莲是一对爱侣，因在中秋夜过度欢娱，为大阴影娘娘所嫉妒，嘱阎王使五鬼捉之。适张茂生远行，李桂莲思念成疾。王朱是民国时期天津著名的报人，曾接手主办《银线画报》，结交了一大批文化界名人，20世纪40年代，曾在王伯龙主持的《立言画刊》“天津专页”，发表漫画及文学作品。《阴阳河》文字简短，画面古朴，具有传统山水画的味道。

第三版开设文艺作品专栏，刊载作者的新诗。如有一首由差兰撰写的《新妇女》（刊于 1939 年 12 月 9 日第 43 期），饱含激情地歌颂了新女性的形象，希望女性们赶快醒来，冲破封建的牢笼，争得与男性一样的社会地位，摆脱被统治被奴役的局面。

第四版是戏剧及小说连载和大幅广告（如洋行、金店、饭店、绸缎庄、理发馆、照相馆、香水等与女性有关的广告）。

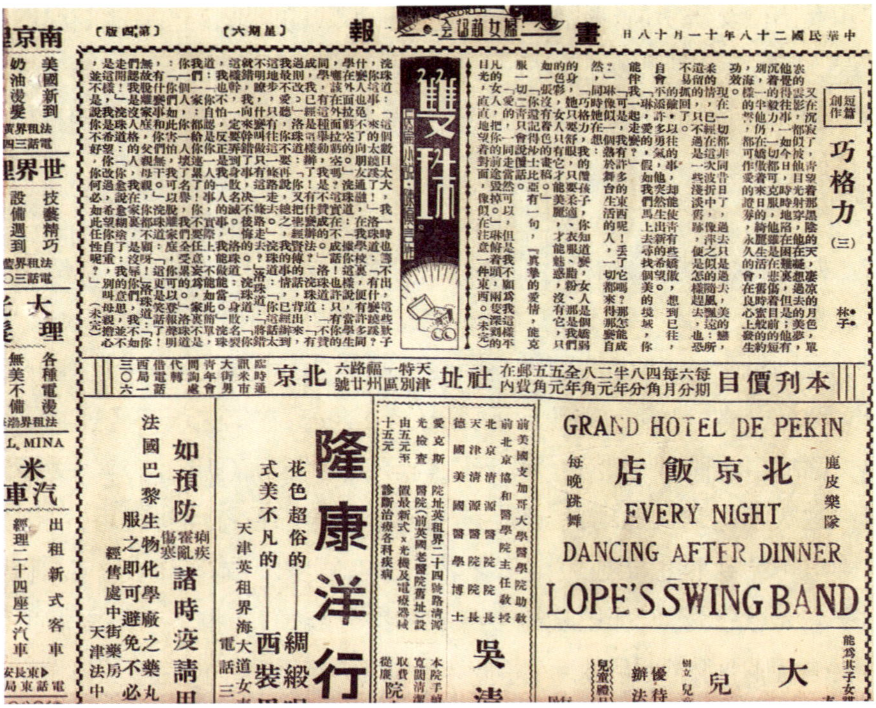
中華民國二十八年十一月十八日　畫報　（星期六）　（第四版）

短篇創作　巧格力（三）　林子

雙珠

本刊價目　每期一分每月四角半年二元全年五元八角郵費在內

社址　天津特一區廿六號

北京飯店
GRAND HOTEL DE PEKIN
EVERY NIGHT
DANCING AFTER DINNER
LOPE'S SWING BAND
每晚跳舞　鹿皮樂隊

隆康洋行
花色超俗的式美不凡的綢緞西裝
天津英租界

如預防諸時疫請用

汽車　出租新式客車

《妇女新都会画报》连载刘云若小说

在创刊号开始，就连载了刘云若长篇小说《画梁换燕记》。笔者所见的为第一回，回目为“妙手宝山来摸金有术，痴心春水绉惜玉无功”。故事以女主人公玉樱与韦竞华之间的爱情悲剧为主线，围绕自由恋爱对抗包办婚姻这个重大主题，通过竞华退婚、气死韦父、毛贡堂逼债、竞华与玉樱互表衷心等故事情节的描绘，肯定了青年对自由爱恋的大胆追求，痛斥了包办婚姻这种封建遗毒对人性的摧残，体现了作者人道主义思想和批判现实主义的创作方法。

《画梁换燕记》是一部难得的社会小说，它围绕自由恋爱和反对包办婚姻这个重大社会议题展开故事，在当时封建思想仍然居主导地位的情况下，刘云若的这部小说无疑具有重大的思想解放意义，对青年人追求自由恋爱思潮的形成无疑具有超前的引导作用。对这部小说的选用，无疑体现出该画报的商品价值取向。

《妇女新都会画报》是日本侵略时期除《新天津画报》之外，为数不多的画报之一，其在新诗创作及小说连载方面发挥了重要作用。尤其是连载了刘云若的小说，不仅为我们保留了这位大家的作品，也为我们了解日据时期文学面貌提供了实证资料。因此，这份沉甸甸的画报自有其独特的历史地位。

《立言画刊》设有“天津专页”

《立言画刊》是一本综合性的文艺杂志，创刊于1938年10月1日，1945年8月停刊。该画刊为周刊，大16开本，每期由开始时的30多页，增加到将近40页，后来因为纸价上涨原因又缩减为30多页。七年间累计出版356期。该画刊的创办者为金达志，特邀金受申为该报撰稿。

该刊以戏剧内容为主，兼有民俗风物研究以及长篇小说连载等内容。但其中有关京剧的内容很多，主要栏目包括传统及新编剧目，特别是失传冷戏和名家表演、脸谱艺术的评论介绍与史实钩稽；名伶小史、老艺人回忆录；名伶访问记及演艺活动报道等。该刊聘请徐凌霄、陈墨香、郑菊瘦、刘步堂、哈杀黄、汪侠公、景孤血、翁偶虹等多位知名戏剧家为该刊撰写稿件，很受戏曲界内外读者的喜爱，发行量较大，当时在社会上有一定的影响。白羽所著的《大泽龙蛇传》、耿小的所著的《清平断》、屠钧所著的《梨花压海棠》、吟秋所著的《琥珀珠》，可谓脍炙人口。

除北京民俗内容外，于1939年4月增加的“天津专页”也颇具特色。关于“天津专页”的创办，王伯龙曾在1940年5月18日第86期《立言画刊》“天津专页”发表《“天津专页”增加维他命——精神焕发欣欣向荣》一文，回忆了创办时的背景：“立言画刊首轫‘天津专页’之起始，自前岁之秋，经京友合君御秋介绍金社长达志，一拍即合，开市大吉。编辑方面由伯龙约集三五知好，每周星期六在舍聚会发稿，情况异常热烈，并有漫画家数人，担任分绘插图版头，各式小幅画稿，如‘新十美图’‘民间情歌’，皆自创刊号发端，得与诸位读者相见于尺幅之上。直迄去年秋间，大水巡礼津市，始告中辍。但只一期之隔，即行再接再厉，鼓起水后精神，连出各类专刊专号。嗣后又分一宅为两院，自‘天津专页’内辟出‘漫画专页’一版，相互依序刊行，各不相扰。虽为本版最鼎盛时期，讵意两年来朝夕相从诸笔友，相继连袂外出旅行，或担任外埠记者及主编等职务，顿令我‘天津专页’同人感到劳燕分飞……迨至今春正月之半，内子卧病，龙亦偶感风寒，同时与药罐病榻为侣，不得已决定暂时停止专页发稿。一面邀王朱兄来舍商办担任主编专页，俾免令多数爱护读者殷殷盼念，并将立言社长及读者来函多件，交王君代复（尽催促出版函件，病中无法答复），初尚拟将‘天津专页’停止刊行，碍于读者热诚，两年来同人垦殖之小园地，又不忍忍痛割爱，一再磋筹，乃规定自八十二期起改由王朱先生主持编辑事务，一般旧日稿友，仍继续按期与王君晤见，另约聘新稿友数人，共策进一步之势力，必令此小小专页，永沐活泼

《立言画刊》报影

泼地之春光，虽寸草豆花，亦不能听其枯萎憔悴，伯龙决按期涂抹拙作，在版面与诸位会晤，断无丝毫改易旧观之遗憾，切望读者时时予以督促指导，毋任此径尽小园，日就荒废，则不第‘天津专页’之荣幸，抑亦爱护本刊诸君子之荣幸。”

王伯龙在1940年4月20日第82期《立言画刊》发表《天津专页与有荣光——愿同人互相策勉》一文，对一年来《立言画刊》开设“天津专页”情况作了总结。“增辟‘天津专页’，好像是从第二十五期起首，时间是民国二十八年四月左右。在编辑‘专页’的第一次，同人们都抱着编一期算一期，几时稿子拉不到了，就停办大吉。伯龙个人更是没有把握，只有靠着诸同人的努力。后来偏又赶上闹水，大家东离西散，无法招集在一处，遂致中辍一月有余。幸而龙王爷在天津住腻了，带领他的鱼兵蟹将，搬回大海中。我们的‘专页’居然又复活起来。这不能不感谢《立言画刊》主人的毅力，和读者诸公的督责。一直到今日，一年零四五个月了，不但没有半途而废，而且还分出一家联号‘漫画专页’，特邀冯朋弟先生主持一切，好像比我们的这‘天津专页’更来得起劲，每期出版很多读者们注意她的内容。现在‘天津专页’亦较前半年蓬勃许多，其缘故因为主持编务者，由伯龙推荐王朱先生代负全责，他是天津有名的白描漫画家，写稿子更是浑脱浏漓，极生动活跃之至，京津大小报纸以及刊物，常常见到他的作品。他的太太谭琪女士，在华北妇女文坛上，散射出百丈光芒，最近在天津《妇女新都会画报》里，读到她的杰著《飙风女性》，是应该属第一的杰作。有此基本人才，我们‘专页’何愁何惧？只有看清认准了前途迈进，走上前去，更盼望爱护《立言画刊》而联爱到“天津专页”的诸君，常常给我们勇气与新的题材，不仅仅限制在天津一隅，就是北京、青岛、上海各地，凡是肯寄给我们文字或图片的，无不竭诚欢迎。将来‘天津专页’，由两半页而扩充到四整篇，亦是意料所能做到的事。不过我们不愿自我宣传，仍本着以往的小小成绩，谨慎去做，但能做到一步，我们必不轻轻放过，一定要给爱护我们的读者满意的微笑。本期为庆祝《立言画刊》百期纪念，想要写些公祝文字，又惜篇幅已占满，就以本专页自相助惋的话，作一个来日方长，努力不息的结尾吧。”

同一期“天津专页”载《过去的检讨和未来的希望》一文，还提供了相关天津籍作者的一些情况：“溯本页发刊，瞬已一载有余矣。初为同人游戏笔墨，又适值‘银线报’停刊之后，抑郁无聊，遂集力于斯，为文会之园地。由伯龙先生发起，当时参加者有窦宗淦、朋弟、郑梦塘、招司、王朱、郑桐六人。无不奋发，精益求精，冀顽石生芝，亦不负同人心血之灌溉。每至土曜，伯龙府中弦歌相应。发刊以来，备承读者奖掖。同人感幸之余，又出刊‘漫画专页’，遂由于读者之要求，由本页朋弟先生另辟‘漫画专页’与本页间周轮流发刊。嗣又为增进读者之兴趣，陆续出刊‘文艺’‘翻译’……即水灾期中，同人流离失所，亦令延一期，即得复刊，并发‘水灾专页’，以报告同人自击之水灾惨状。此本刊经过大概也。乃事甫经年，人事沧桑，宗淦、梦塘先后离津，郑桐因公务

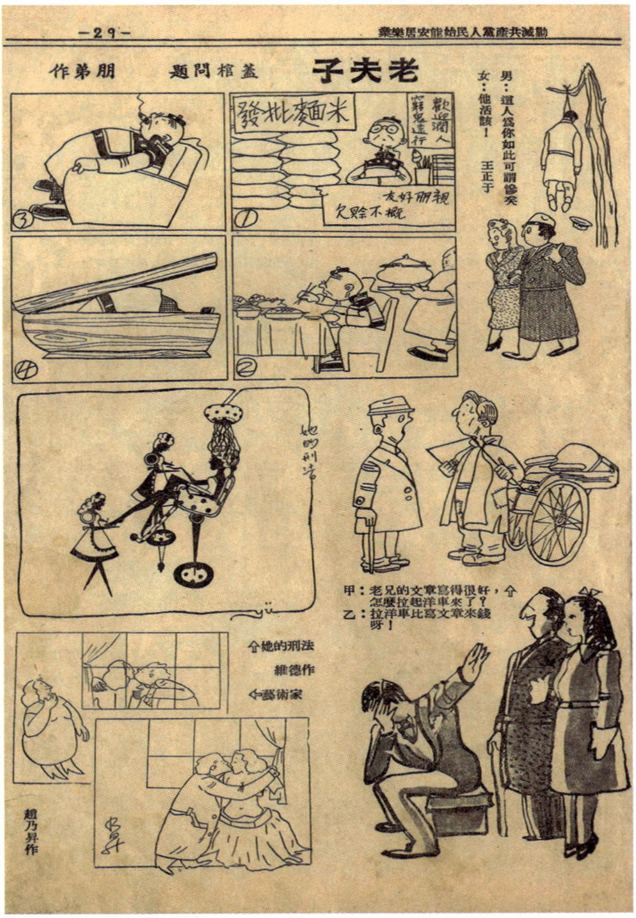

《立言画刊》刊载著名漫话家朋弟的“老夫子”

未暇兼顾，所剩者仅伯龙、朋弟、招司、王朱四人耳。或奔走于生活，或复昔年之余兴。是以累次脱期，万分致疚于读者也。回溯前尘，惘如梦幻，不胜今昔之感。幸近津地新进作家李草荫、杨承伯、苏铭林、银朱、黄冠廉诸君加入本页，阵容坚强，此颓败之专页，为之一振。决自本期起，努力刷新，力图振作，以求勇猛精进，恢复已往之声誉，及不负读者之期望。"

自 1944 年 7 月 29 日第 305 期始，刘云若的《银汉红墙》在该刊连载，一共连载了二回，共 41 次，约 12 万字，到 1945 年 7 月 26 日第 347 期止（未连载完）。具体回目是：

第一回　一水隔烟村花明柳暗，十步寻芳草犬吠鸡鸣
第二回　廿年归鹤有恨托鸳鸯，三度惊莺无心脱罗网

这是一部市井言情小说，故事发生在天津市中心的"柳摇村"和隔河相望不到里地郊外的沟头村。作者用现实主义的笔法，以秦竟与黄美妤曲折的恋爱为主线，通过医师秦竟救治穷人家小孩吕石头、富家小姐黄美妤义助吕石头、女伶梅又芳示好秦竟、地痞麻林图谋美妤、秦竟协助美妤逃离麻林魔爪等主要的几个故事情节的描绘，肯定了富于正义感的秦竟与富于人性美的黄美妤之间纯洁爱情，对穷人家的孩子吕石头因作仆役意外受伤深表同情，表现了刘云若深藏其内心的人道主义思想。而对以麻林、褚金生、辛庆成为代表的官僚恶势力给予讽刺和鞭挞。小说反映了民国时期旧天津多侧面的社会生活，是一部难得的市井生活"清明上河图"。

可惜由于《立言画刊》终刊之故，这部精彩的小说也落得"永无续稿"的命运。

"天津专页"是日本侵略时期由北平出版物开辟的天津作家的平台，在天津文化一片沙漠的情况下，它就像一盏明亮的油灯，在黑暗中指引着天津作家文学创作之路。王伯龙、王朱、冯朋弟、刘云若都是当红的作

家，也是天津文学园地的顶梁柱。“天津专页”延续了天津文脉，也给作家搭建了舞台，是特殊历史时期天津籍作家的重要的文艺阵地，单从这一点上看，“天津专页”便具有了足够的历史地位。

《美画》是唯一的美术画报

《美画》是一份独特的美术画报，也是目前为止天津所发现的民国时期的唯一的美术类画报，创刊于 1931 年 9 月 21 日，由恽派工笔画馆主办，每月三期。社址在日租界秋山街（今锦州道）23 号，每期四开纸一大张。

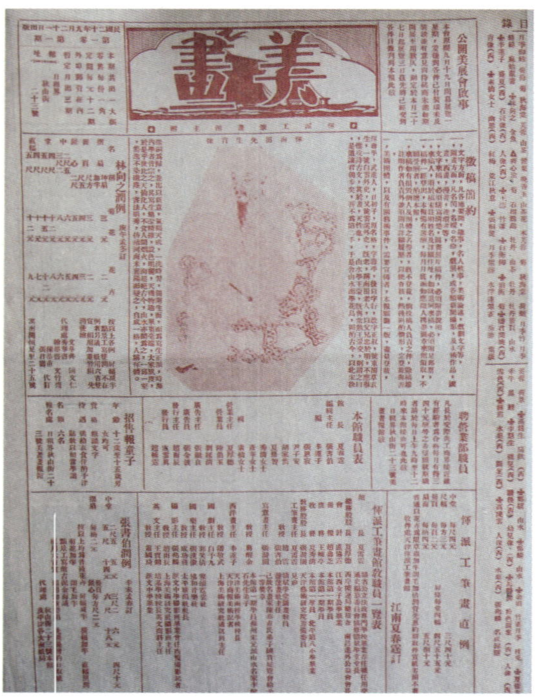
美畫

《美画》创刊号

报馆共有职员 18 人，其中馆长为夏春霆，编辑主任张书伯，编辑有辛莲子、张思寂、尹子安、胡家隽、夏修智、秀清女士、彦华女士、素仙女士。此外还有营业部、广告部、发行部等多人。

恽派是指人们对恽南田为代表的常州画派的一种称谓。恽派工笔画馆则是一家规模比较大的专业性画馆，也是一所以培养专业画家为主业的美术学校。之所以创办这所美术机构，据刊于该报第四版的《恽派工笔画馆招生简章》所言：是因为“二十世纪艺术薄弱，文化萎靡，特发‘促进社会艺术，倡导世界文化’之宏愿，创办恽派工笔画馆”。

该馆具有较为正规的管理机构，其中有总务股、教务股等行政管理机构，另有美术教师 15 人。其中工笔画主任是夏雷震，老师有赵震（赣斌学堂图画教员）、张书伯（蘧蕖画社主任）；写意画主任张漪园（已故名画家陈恭甫弟子），教师有蒋醒余（苏州宋元派山水画家李醉石弟子）；西洋画主任辛莲子（天津美术函授学校校长、天津商报美术记者），老师有潘敬武（上海美术研究社通讯班主任）。此外，该画馆还配有国剧、国乐、摄影、英文等教师。恽派工笔画馆适应不同人群需要，分别开办了正班、早班、午班、晚班、星期班、便利班、特别班等班次，每班名额为 20 名。开设的课程有《花卉》《草虫》《翎毛》《点苔》《湖石》《作稿》等。为鼓励学员，凡“学员成绩优良者，可随时擢升为本馆助教或介绍其他艺术学会充任导师，其作品本馆有介绍出售之义务”。除培养学员之外，画馆经常举办画展，包括王颂余、周馥生、王辅霆、赵奉霆、辛莲子、陆伯玉、孙之瑞、李慧生、张兆鳞在内的大批画家的作品均参与展出，一时引起轰动。

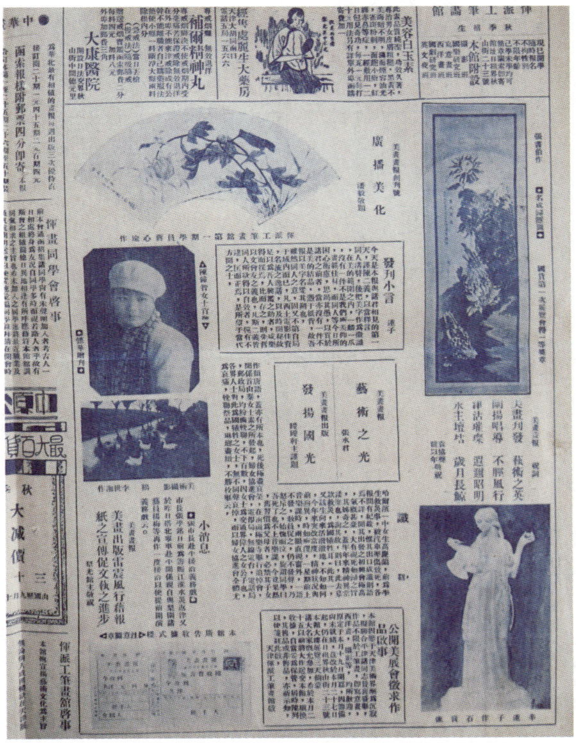
藝術之光
發揚國光
小消息

《美画》的美术作品

《美画》的创刊号共有四版。第一版，刊有恽派工笔画创始人恽南田的肖像及生平简介、公开美术展览会启事以及招聘售报童子、营业部职员的广告，另有夏春霆、张书伯、林向之(陈恭甫弟子)等画家的润例广告。

第二版推出了三位画家的小传及其画作。其中包括王颂余(即王文绪)。据《王文绪小传》载："王文绪，字颂余，为已故画家陈恭甫先生之大弟子，所绘山水花鸟虫兽，无不精绝，及先生故后，复从指画大家李石君先生，习指画进步一日千里，石君先生恒对人谓：'传其衣钵者，当属此子。'中山公园第一次展览，曾获一等奖状，深博好评也。"第二版还推出了王文绪的《安素阁画记》(连载)，介绍他自己绘画的体会。

第三版是有关《美画》创刊的发刊词、祝词和题词等。其中创刊词是由辛莲子撰写的，他认为，之所以出版《美画》，即是"以文会友之义也"。

第四版连载著名画家李珊岛的《绘事名物略说》。李珊岛名海昆，河北衡水人，精于绘画，"丁卯(1927)春来津，求教者甚伙。门墙桃李，几遍三沽"。他著有绘事画籍多种，"兹承允以《绘事名物略说》，先付本报逐期刊载"。

《369 画报》的“天津专页”

1939 年 11 月 9 日，朱书绅在北京创办了《369 画报》，社址在宣外椿树下三条甲八号，编辑部负责人王泰来（笔名莱子），编辑有吴宗祜（1941 年辞职，1946 年仿《369 画报》曾创办著名的《一四七画报》）、王柱宇（曾有《柱宇谈话集》问世）、丁弦、黄勤等。后来又调整增加了莫陆（哈杀黄）、黎朔（小渔）、侯峡风（笔名老猴头）、霍荫龄等。该画报为 16 开本，每期 24 页（1941 年 1 月开始增加到 32 页），为三日刊，每月 9 期，逢每月之三、六、九，十三、十六、十九，廿

《369 画报》报影

三、廿六、廿九日出版。

1942 年 7 月 3 日第 16 卷第 1 期(283 卷)开始，开辟了“天津专页”。这是自 1939 年 3 月 19 日第 25 期《立言画刊》开辟“天津专页”之后，北京刊物里所辟第二个“天津专页”。关于辟“天津专页”的目的，编辑刘雁声在《关于“天津专页”》开栏语作了清晰的说明：

为了天津读者的便利，为了一个地方的描写，为了增加地方动态的雨丝风片，为了一个地方的俗尚、生活、变迁的记载，为了介绍前人关于一个地方的种种记述，所以由这一期起，把‘风雅颂’改为一版，而以这一版的地方，增刊这‘天津专页’。为什么注视到天津呢？因为天津这个地方，有他的神秘豪爽，与众不同之点。而且与北京相隔只区区二百四十里地的远近，坐火车也不过只有两个多钟头的工夫。可是天津却使你‘初到贵宝地’的一刹那，而感觉有让人住下去尝尝味道之感！编者虽非天津人，却以天津当作第二故乡怎样？因为编者从民国十六年踏到天津的土地以后，接连不断的到现在有十五年的历史了。所以现在一提起天津来，就不由得想起河北‘锦衣卫大桥’和‘狗不理’的包子。不过，是十二分热诚欢迎咱们‘天津’的‘老哥儿们’，踊跃赐稿，至于‘天津专页’的范围，可以说什么都行。上逢‘圣安娜’‘维多利亚’下至‘稻米饭’‘江米藕’‘茶鸡子’，都可以写。尤其是含义深刻的漫画，天津社会的摄影，名胜照片，都是切实需要者，而且‘不吝惠酬’！如今，宁园中的情侣，不是又是成双成对了吗？何妨写一点‘宁园风影录’来！”

同期刊载启事一则，说明“天津专页”需要的内容，包括“地方特写、风俗纪实；趣味文字、活动记述；社会摄影、深刻漫画；风景照片、人物描写，以及天津上中下三层阶级中的一切一切的特定与照片，酬金从丰，稿、片直寄《369 画报》‘天津专页’编辑部”。

确如启事所言，自 1942 年 7 月 3 日到同年 8 月 29 日不到两个月的时间里，累计刊发各类稿件 60 余篇，其中署名“文”的作者撰写的《天津的古迹》连载 5 篇，杨毅的《沽上谈热》连载 3 篇，姜贵媛的《天津雅趣》连载

7 篇，津生的《津拾录》连载 5 篇，《天津游艺报道》连载 2 篇，《天津俏皮话》连载 4 篇，将军的《谈天津竹枝词》连载 3 篇，峡风的《津游琐记》连载 2 篇。此外，还有《屋顶》《忆津门大方先生》《蹦豆萝卜的势力——夜生活里面的妙品》《天津物产——黄韭铁脚泥人银鱼》《宁园风景线》《天津卫三宗宝——现在仅存的一宝》《土妓在天津——过着人间地狱的生活》《宁园的情侣何其多》《天津魂——落马湖》《天津魂——三不管》《天津的厕所》《津埠缩写》《青果》《小彩舞在天津》《吃冷食》《不夜的都市——巴黎道拾零》《天津的夏夜街头——练车白热化小姐们与姨太太们》《天津人吃蚂蚱》《义界消夏盛地——夕阳西下时是鼎盛的一刹那》《天津的人早点心》《天津文人》《天津魂——小巴黎》《暑夜杂话——屋顶娱乐鼎足而三》《津埠缩写》《大东亚博览会轰动三津》《硕果仅存坤书馆——中华茶园》《屋顶的神秘》《天津的饭馆》《津门异彩——群芳会》《青龙潭》《天津的二爷》《七夕在沽上》《天津的夏夜街头》《天津卫的河》《艺术在天津》等精彩文章，涉及风物、古迹、民俗和市井生活的方方面面，是了解那个特定历史时期天津都市生活难得的历史资料。

《369 画报》

在创刊之初，小说连载有许吟秋的《枫林情侠》。此后，增加了耿小的(即耿郁溪)的《爱火心风》。刘云若的《江湖红豆记》，这部小说也在第一期开始连载。该部小说原本连载于北京的《戏剧报》(《369 画报》姊妹报)，一共连载 57 次。自 11 月 6 日移刊于此。第一回回目是“空谷来风春云辞旧岫,深宵多露明月下高楼”。但至第 1 卷第 10 期刊载到第 67 次便不再连载,大概又回到《戏剧报》上去了。这部小说的主人公有梁沧波、海冰等。梁沧波在饭馆邂逅海冰,因为看到海冰落魄的样子很是好奇,所以便与其搭讪。结果知道海冰想自杀,便决定搭救于他。他介绍海冰给一名女性做私人秘书。这位女性的名字叫江浦珠,是梁沧波的朋友。据梁沧波介绍,这江浦珠几年前在上海大出风头,那时她的名字叫陈杏文,“这位小姐实在是个奇人,虽然飞扬荡逸,却绝非现时一班外表摩登,乱出风头,实际没一点才具的漂亮的女人可比”。她把心术都用在玩弄男人身上了,她外表仅有二十几岁，而实际年龄却在四五十岁了。早先做过女学生、“野鸡”,并且曾在上海“三堂子”落水为娼。以后嫁过上海的小流氓、全国闻名的大学者、洋货店的老板及署理内阁的红总长。前三年,才跟那位总长离异,据说她抓住了那位总长的致命把柄,狠敲了一笔大竹杠。然后就跑到北方来,先是在北京找她的旧好,可惜这位旧好因政局变动下野出洋,只得在天津租了一座大楼居住。不久因为存款最多的银行倒闭,立即退出大楼另租了一座小房子居住。闲来无事,加入一家咏霓社票房。这家票房原是当地一班无聊名士和有钱闲人组织的,里面男女兼收。江浦珠因为在南边跟俞栗庐学过几天正旦,所以加入昆雅部。恰巧因为满腹块垒,无以发泄,常常长歌当哭,学唱些昆曲净角的戏。因为梁沧海对她没有野心,反而赢得了江浦珠的青睐,但一直保持朋友关系。江浦珠因为发现了几本曲谱,让梁沧波替她物色一位秘书负责誊写存留。另一个人物陶立庸,他是咏霓社社友。原是个有名的财主,在《雅趣报》上刊载广告,自扬家丑。为了巴结“长”字号人物(指内阁总长一类的人物),把年仅十八岁的女儿陶湘瑟送给“长”字号人物做老婆。陶湘瑟并不想嫁给可以当自己父亲的老头,就在一天夜间跳窗逃走。这位总长托出嘉宾商谈订婚事宜,但他并不知道陶湘瑟已经出逃,这陶立庸隐瞒了几日,知道不是长久之计，所以在报纸上发了启示，说女儿有了男子追求，言外之意还发生了关系，警告这位男子不要再纠葛自己的女儿。这位总长知道了这个消息，就断了念头，在天津裕德里娶了个妓女做妾，就再也不理这位陶立庸。海冰接受了梁沧波的二十元钱赞助款去买衣服，半夜里又到一家馆子吃饭，碰到了餐桌对面的一位所谓的胡局长，现在已经变成了车夫。这车夫是好心眼，捡到了一个外国人的皮包，他是好心眼送了回去，这位外国人当时正为丢了皮包报警，发现车夫送回来了，直竖大拇指，竟然给了他四五百元钱报酬，使这位车夫发了笔小财。关于这部小说，笔者目前未见到单行本，也没有完整的连载本，所以，这部小说的故事和人物命运还是待解之谜。刘云若曾在《天津商报画刊》上连载《春水红霞》，其主角文绯雪的原型是著名昆曲票友陈文娣。而江浦珠的经历与身世背景几乎就是文绯雪的翻版，某种意义上，可以认为这部小说是《春水红霞》的续集。

在日本侵华时期，天津作为日本侵略者的大本营，对新闻出版界的控制相对较严。天津合法出版的刊物少之又少。在此情况下，很多天津作者依托“天津专页”这个平台发表作品，使天津文脉在令人窒息的情况下得以苟延残喘。值得注意的是“天津专页”的编者和作者清一色为天津人，而且差不多都是文化界名流，单从这一点上看，“天津专页”便足以奠定其在天津文学发展史上的重要地位。“天津专页”虽然是北平出版的杂志的专栏，但却是天津文脉传承的重要阵地。外地城市为天津人开辟“专页”，这似乎是天津文学史上的奇葩，是一个非常有意义的事件，也是一个值得研究的有意思的话题。

《天津商报画刊》连载《红杏出墙记》

《天津商报画刊》作为主报的附刊，创办于 1930 年 7 月 6 日(第 1 卷第 1 期)，最初叫《天津商报图画周刊》，自 1931 年 6 月 14 日出版的第 2

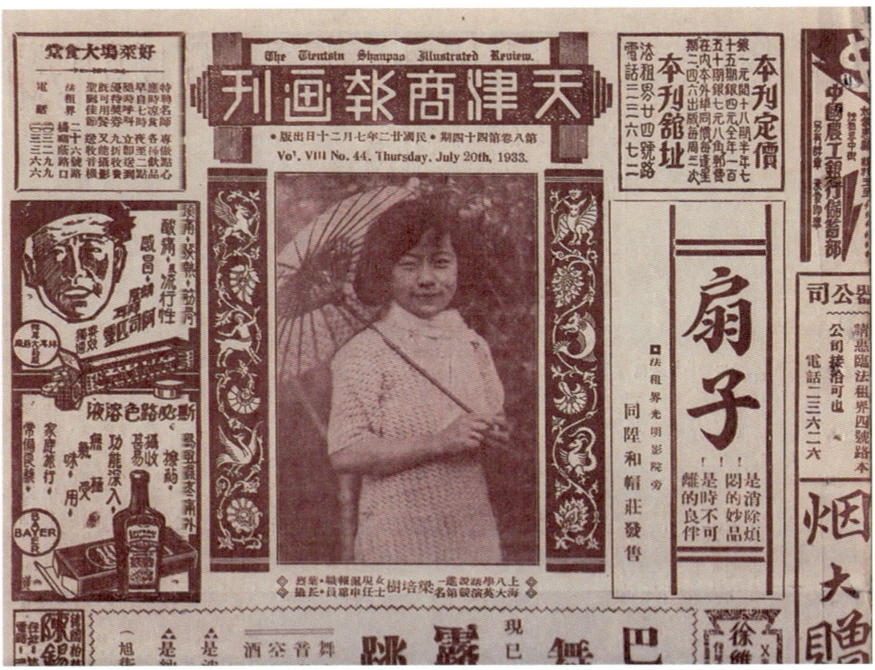
The Tientsin Shanpao Illustrated Review.

天津商報畫刊

第八卷第四十四期・民國廿二年七月二十日出版

Vol. VIII No. 44. Thursday, July 20th, 1933.

《天津商报画刊》报影

卷第31期开始，更名为《天津商报画刊》，并由周刊改为每周2刊。同年8月2日，第2卷第45期起，改成每周3刊(逢周二、周四、周六出版)。1936年6月5日第18卷第1期起，改为《天津商报每日画刊》。1937年2月23日第23卷第7期起，复更名为《天津商报画刊》(仍为日刊)。七七事变后，由于天津被日本侵略军占领，《天津商报画刊》于1937年7月22日出版了最后一期（第24卷第39期），便结束了自己的历史使命，合计出刊1189期。

天津商報每日画刊

TIENTSIN SHANPAO ILLUSTRATED DAILY.

内政部登記證警字第一八〇三號

第十九卷第二十七期•民國廿五年八月二十日星期四

陳俠堪氏之女公子三人及其甥女合影

走馬競賽會

每晚八時起賽

義租界花園旁

義商運動場

每晚八時起賽

回力球賽

每逢星期日增加日場二時起

蔭華

秋裝衣料到齊

花色新穎 價目低廉

秋季風衣上市

手工精巧 式樣美觀

蔭華店址法界綠牌電車道中間

電話三局四四二二，二六二六

聚元票行

第十六期黃河獎券

頭獎 019315 誌禧

The Yellow River Flood Relief Lottery

三獎三個

(020311)(162230)(172840)

雙誌禧

(外埠函購加寄費一角三分)

《天津商报每日画刊》报影

《天津商报画刊》是高品位的画报，它以小说连载、影剧动态、摄影美术为主要内容，一开始便赢得知识阶层的关注，也吸引了一大批中上阶层人士的注意。该画刊在每期第一版中心位置，设有名人专栏，刊载名闺、名伶、明星彩照。

根据刘云若在《中华画报》创刊300期纪念专号上的文章记载，刘云若在《北洋画报》担任编辑达三年之久，之后担任《天津商报画刊》编辑，时间仅为一年，刘云若担任《天津商报画刊》一职应当在1930年7月，即《天津商报图画周刊》创刊之日起。

自《天津商报画刊》创办之日，刘云若的《红杏出墙记》便连载于该报，大约到1936年6月初连载结束，几乎达六年之久，累计连载12回，约884次（目前笔者见到的仅771次），根据《天津商报画刊》有关《红杏出墙记》的广告，该书由天津商报出版了单行本，共计三大厚册，合计80万字，当时售价每册大洋1元。仅上册第一版即出售1万册，后来根据读者要求加印了1万册，可见其受欢迎的程度。《红杏出墙记》连载结束后，紧接着是刘云若的《海誓山盟》的连载。该小说连载的日期大约在1936年6月30日，一直到终刊之日起，累计连载四回296次。1941年1月，由北平二友书社出版的《海誓山盟》单行本，其回目与报纸连载时是一样的。但1941年7月由励力出版社出版的单行本，其上下三册，和连载的回目是一致的，但其续集两册则是《天津商报画刊》没有连载的，据此推测，这两册应当是另有其他报刊连载。

刘云若是当之无愧的小说大家，《天津商报画刊》自创办之日起，到1937年7月结束，累计存在时间长达七年之久，仅连载了两部小说，且全部为刘云若小说。刘云若小说与《天津商报画刊》相始终，这在天津乃至包括北平在内的华北报刊史上，可能只有刘云若具备这样的实力。

刘云若主编的《天津商报画刊》，与当时的《北洋画报》《中华画报》等著名画报形成了鼎足之势，给20世纪的天津都市社会带来了一股清新风气，成就了这个时期的文学创作的空前繁荣。刘云若数部小说的连载，不仅成就了刘云若这位大家，也使这张报纸随着刘云若的大名而名扬四海。

介绍影星的《电影画报》

《电影画报》创办于 1932 年 6 月，社址在英租界小营门。该报为周报，逢星期六出版。《天津报海钩沉》一书没有该画报的记载，故该报很可能是一份轶报。

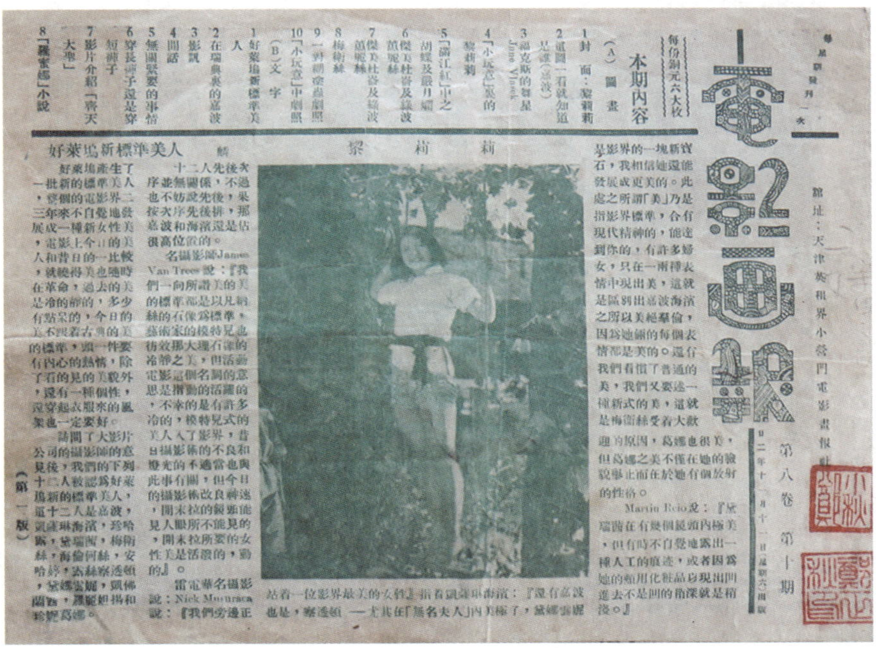

電影畫報

每星期發刊一次

館址：天津英租界小營門電影畫報社

第八卷 第十期

廿二年十一月十一日星期六出版

每份銅元六大枚

本期內容

(A) 圖畫

1 封面：黎莉莉
2 這圖一看就知道是誰(嘉波)
3 福克斯的舞星 June Vlasek
4 「小玩意」裏的黎莉莉
5 「滿江紅」中之胡蝶及嚴月嫻
6 傑美杜當及綠波茵妮絲
7 傑美杜當及綠波茵妮絲
8 梅衛絲
9 一對甜蜜蟲劇照
10 「小玩意」中劇照

(B) 文字

1 好萊塢新標準美人
2 在瑞典裏的嘉波
3 影訊
4 閒話
5 無關緊要的事情
6 穿長褲子還是穿短褲子
7 影片介紹「齊天大聖」
8 「飄零燕」小說

好萊塢新標準美人

好萊塢產生了一批新的標準美人，整個的電影界二三年來不自覺地發展成一種新女性美，電影上今日的美人和昔日的一比較，就覺得美也隨時在革命，過去的美是冷的靜的，多少有點呆的，今日的美不拘着古典的美的標準，須一件要有內心的熱情，除了看的見的美貌外，還有一種個性，還穿起衣服來的風架也一定要好。

詢問了大影片公司的攝影師的意見後，我們的下列十二人被認爲好萊塢新的標準美人，這十二人是嘉波，凱薩琳海潑，珍哈露，琪瑞陶，梅衛絲，海倫何絲，安哈婷，法絲密透頓，琪娜雷妮，凱佛蘭西，羅妮妲揚和珍妮葛娜。

(第一版)

十二人先後次序並無關係，不過也不妨說先後，果按次序先後排，那嘉波和海潑還是佔很高位置的。

名攝影師James Van Trees說：『我們一向所謂美的美的標準都是以凡納絲的石像爲標準，藝術家的模特兒也彷效那大理石像的冷靜之美，但活動電影這個名詞的意思是擺動的活躍的，不幸的是有許多冷的，模特兒式的美人入了影界，昔日攝影術的不良和燈光的不適當也與此事有關，但今日的攝影術改良神速，開末拉的鏡頭能見人眼所不能見的，開末拉所要的女性美是活潑的，動的』。

雷電華名攝影師Nick Musuraca說：『我們旁邊正站着一位影界最美的女性』指着凱薩琳海潑：『還有嘉波也是，密透頓——尤其在「無名夫人」內美極了，琪娜雷妮是影界的一塊新寶石，我相信她還能發展成更美的。此處之所謂「美」乃是指影界標準，合有現代精神的，能達到你的，有許多婦女，只在一兩種表情中現出美，這就是區別出嘉波海潑之所以美絕羣倫，因爲她倆的每個表情都是美的。還有我們看慣了普通的美，我們又要逵一種新式的美，這就是梅衛絲受着大歡迎的原因，葛娜也很美，但葛娜之美不僅在她的臉貌舉止而在於她有個放射的性格。

Martin Reio說：『琪瑞茵在有幾個鏡頭內極美，但有時不自覺地露出一種人工的做造，或者因爲她的濫用化粧品致現出凹進去不是凹的陷深就是稍淺。』

黎莉莉

《电影画报》报影

从出版于1933年11月11日第8卷第10期看，该画报分为四版，除第四版有长篇小说连载外，其余各版面都是电影明星单人照或剧照及相关影片的介绍，有风头正劲的黎莉莉，有当红影星胡蝶、阮玲玉等，还有外国的明星、舞星等。其中，有关影都好莱坞的相关消息占了很大篇幅，特别是外国最新大片接连在天津放映，把天津与世界联系起来，这表明，作为开风气之先的城市，在20世纪二三十年代，天津的电影放映业已经是相当发达了。

《电影画报》刊载的胡蝶及严月娴照片

该期画报曾有署名际麟的作者撰写的《闲话》一文，披露了当时电影业的一些现象，读来颇为有趣。如该文载："每看中国片，必感到一次麻烦事——即字幕之如何读法。"那个时候，字幕排列有从左向右的，有从右向左的，还有从上到下的，观众看电影，要好半天才了解其中的规律。再如，派拉蒙影片公司曾拍摄了一部名为《上海特别快车》的影片，因有辱华内容，被中央电影检查会查禁，要求其"进京焚毁"，并不得在他国开映，否则就不再允许派拉蒙的影片进入中国市场。这一命令一度引起震动，忽忽间一年过去了，这部电影不但未被焚毁，而且在国外开演时还备受揄扬，某外国还给它颁发了特别奖项。在失去尊严的国度里，中国人所谓的禁令就如同一张废纸，对外国人根本不会产生任何作用。

在电影界，有关对“美人”的标准，一直有不同意见。特别是不同时代，对美的理解也明显不同。有意思的是，当时的一些记者们闲来无聊，在征求一些摄影家意见后，推出了好莱坞十二大美人，这十二大美人有嘉波、凯萨琳.海滨、珍哈露、黛瑞茜、梅卫丝、海伦何丝、安哈婷、露丝察透顿、黛娜云妮、凯佛兰茜、罗丽妲扬、珍妮划娜。梅卫丝是著名性感女星，《电影画报》上曾刊载一张她的照片，她的头上为毛卷烫发，脖子上悬挂着黄金钻坠，双手各佩戴四枚宝石钻戒，胸部丰满，笑脸迎春，一副抚媚多姿的情态，这幅照片真不知会迷倒多少观众，难怪她被列为十二大美人了。

有意思的是，在笔者所藏的该期画报第一版上有两枚分别为著名电影导演郑正秋和郑小秋父子俩的钤印，这足以说明津沪两地电影业之间的密切联系，据此推测，这份画报应当是从郑正秋或郑小秋家里流出来的。

《语美画刊》与城南诗社

《语美画刊》创办于 1936 年 9 月 9 日，周刊，16 开本，每期 8 页，每周三出版，社址在东门外联艺社内（后移至东门外袜子胡同西口路北楼房）。主编刘幼珉。

按照编者《发刊的话》一文表述，该画刊是以“金石、书画、戏剧等内容的小型刊物”，以“提倡美育，语人之美”为揭橥的使命，“想着做到一种有美皆备的美满小玩意儿”。正如其所言，该画刊内容有金石、书画、戏剧、电影、集邮以及小说连载等，作者群差不多都是当时天津的知名学者，而尤以城南诗社成员最多，这其中就有赵元礼、王仁安、韩补庵、马仲莹、任传藻、陈筱庄、章一山、金息侯、马诗癯、管洛声、陈诵洛、杨味云、张一桐、吴子通等人。除诗作之外，王仁安开设了“拙老人笔记”专栏，赵元礼开设了“藏斋随笔”专栏， 陆辛农开设了“沽水旧闻”

《语美画刊》创刊号

专栏，忆贞开设了“介绍弘一法师”专栏等。这些专栏，为了解天津历史文化及名人事迹提供了丰富史料。

除个人作品之外，画刊还披露了城南诗社雅集的一些情况。据《水西庄重九觞咏小记》一文，“津西水西庄，为津门文人胜地，只以年代久远，渐就荒芜。城南诗社同人，为兴复旧观起见，例于佳节晴明之候，雅集于此。本年重九盛会，倍于往昔，到名流高彤皆、王豹叟、赵幼梅、方地山凡四十余人，分韵赋诗，以莲坡赏菊诗‘黄菊窥篱作好秋，五年清梦隔悠悠。何来野老敲门入，欲送霜枝破客愁。直植几丛当槛列，更删数朵小烛留。花开便是重阳节，莫惜风轩洗盏酬’为韵，当场拈阄，即席觞咏，直至夕阳西坠始散，颇极一时之盛也。”在城南诗社资料中，有关严范孙的内容最为珍贵。

如有一篇题为《严范孙先生事略》的小文，介绍了严范孙先生的生平事迹。该文载：“先生讳修，字范孙，原籍浙江慈溪，先世移居天津，遂家焉。十四岁入邑庠，有神童之目，性至孝，父丧，三年不入内寝，前清壬午举人，癸未进士，历官翰林编修、贵州学政、学部侍郎，民国以来，虽袁政府任以教育总长参政等职，均不就，居家二十余年，专心教育社会事业，创设南开学校等。年七旬，卒于里第，门人私谥为静远先生，著有《严氏教女歌》《欧游讴》《张文襄公诗集注》《诗集日记》等书。”

文光先生的《静绿洲与涤耻湖》一文，记录了严范孙陪同客人游历北宁公园的一则往事：“乙卯(1915)秋，无锡侯保三来津，严范孙先生邀游种植园，荡舟湖中，侯君一时兴到，名湖曰‘涤耻’，范孙先生赋赠诗曰：‘亭台掩映水弯环，小景聊供半日闲。莫向南中轻比拟，芙蓉湖与惠泉山。’并手题摄影片上。今广智馆尚存其物。按：‘涤耻湖’者，即今宁园划船处也。私冀于湖中，或湖旁，择一适当所在，题曰‘涤耻湖’，此三字在今日，则其寓意尤为深远矣。”

在 1937 年 2 月 24 日出版的画刊上，赵元礼在《藏斋随笔》连载中，提到了“严范孙不作狎斜游”，高度评价了严范孙先生的人品。在民国时期，文人喜作“侠斜游”，但偏偏要掩饰一下，并美其名曰“应酬”，而“友人中之终身未入妓馆者，严范老一人耳”。有一次，“邑富翁刘君，极慕范老之为人，拟约之小酌，预请订期并订地点，范老难却其意，订于某日正午在某酒肆，范老届期至，予与尹澄师及于泽九、王仁安诸君亦至。甫入席，忽一小妓坐主人旁，盖刘君昨夜所约者也。范老卒然起立曰：‘予仍有他约，此间恕不陪矣。’匆匆去。刘君诧曰：‘今日之聚，渠所订，何以稍坐即逝耶？’予笑曰，‘渠是真道学，不敢入妓席，君特不知也。’其律己之严如此”。

1937 年 7 月 21 日，受日本侵略天津的影响，《语美画刊》被迫停办。从此，这份高品位的画报别了津门父老，城南诗社亦在不久停止了活动。

□介紹弘一法師

□弘一法師李叔同先生□

□藏齋隨筆

□拙老人筆記

新秋服裝已料到齊陳列候選

大衣呢料萬種

新新時裝綢緞公司

《语美画刊》连载李叔同的传记

张圭颖创办《银线画报》

《银线画报》创办于 1935 年，创办人为张圭颖及《益世报》副刊编辑刘一行。社址在金汤大马路菜市胡同(1942 年迁往天津特别第二区兴隆街 85 号)。

銀線

女明星陳燕燕之造像

銀線

《银线画报》报影

张圭颖是天津著名的老报人，原籍河北省冀县。20世纪二三十年代曾在《民报》《晶报》《大中时报》《醒狮半月刊》等报纸、杂志任编辑，1934年还曾担任《国货日报》总编辑。

《银线画报》号称“游艺报导先锋”，它以报道京津两地戏剧界动态为主要内容。当时全国的电影业正处于上升期，有声片取代了无声片；以上海为中心的各大影片公司制作了大量的包括故事片、纪录片在内的不同类型的影片。作为北方工商都会的天津，其影院之多、规模之大，上映影片之丰富，堪与平、沪比肩。在这个背景下，电影招贴画、电影海报、电影活页广告、电影期刊、电影画报等纷纷问世。为适应这一形势，天津第一家电影画报——《银线画报》便诞生了。

《银线画报》创立之初，为六开型周报，由《益世报》代为印刷（彩墨）。内容包括影片介绍、影星生活、影坛轶事等。还包括话剧、京剧、评剧等艺界演出消息、动态等。稿源主要由各大影院、剧团提供。另，漫画家冯朋弟、黄冠廉，摄影家郑桐等经常提供漫画和摄影作品在该画报刊登。尽管内容丰富，印刷精美，图文并茂，但由于报业间竞争十分激烈，其销路并不看好，故创办不久即停刊。

1937年9月，张圭颖与大陆广告公司经理华延九合作，把已停刊的《银线画报》改为四开型小报复刊出版，由正文印刷局代印。每日一张（后改为两张半），每周另出一张六开型画报。这一时期的《银线画报》版面相当丰富，内容也多趣味性。设有电影版、戏剧版、文艺版等不同版面。编辑有吴云心、金息侯、王伯龙、冯朋弟、张聊公、刘炎臣等津门报界、文化界名人。尤其是刘云若（《情海归帆》）、宫竹心（《外遇》）、吴云心（《阴山背后》）等名家的小说连载，以及冯朋弟的《老白薯》漫画，均为该报看点，很受读者欢迎。每当刘宝全、金万昌、荣剑尘、林红玉等曲艺名家来津演出时，该报还要增出特刊，随票奉送。但好景不长，复刊后的《银线画报》不到一年，因日伪整顿报刊时被列为废刊而被迫停刊。

1940年，张圭颖买到了《大北三日刊》（即原《大北报》）的出版许可证，将《银线画报》以《华北银线三日刊》名义出版。由位于法租界的直隶印字馆代印，采用胶印彩纸印刷。这一时期，该报增设《青年园地》栏目，由杨鲍、招司、李木等人撰写文章，启发青年的爱国思想，很受青年读者欢迎。1940 年 3 月 2 日《立言画刊》载《北文坛新型读物——华北银线报出版》(副题：是新闻界的强心针，是文艺界的兴奋剂)一文载，“在沉寂的华北文坛，突然地在悄悄的春寒里，发出一枝旺壮芽儿，来打破这消沉的空气，号称沙漠的天津，这芽儿是在沙漠中展放开她的花儿了！这便是本月十一日(旧元旦)出版的华北银线报。事先我们没有看见什么宣传，而出版后却得到莫大的安慰，这是事实胜于雄辩。”《华北银线三日刊》，四裁型，图文并重，内容包括文艺、电影、戏剧、舞蹈、等。有王伯龙、江寄萍、冯贯一、许颖、萧钟纳、王朱、招司等著名作家的作品。翻译作家有李木、王敏、宋昆、张汝翼等。游艺版作家有刘炎臣、徐溶孙、郑梦塘、王协欧等。漫画有窦宗淦的“民间情歌”和朋弟的“老白薯”，此外还有黄冠廉等漫画家多位。北平方面的作家也有多人，都是读者所喜欢的。尤其妙绝而且空前的是，以社会言情著称的小说家刘云若，反串武侠小说《峨嵋杂霸录》。反之，以写武侠著名的白羽先生，则反串言情小说《外遇》。上述创意均出乎读者之想象，而且每期还有一个好的特写，读者自然有耳目一新的感觉。张圭颖曾主办《银线画报》日刊，与周刊并行。以往的成绩，早已记忆在读者脑子里，这次仍本其一贯精神，努力前进，务使银线较之以往更为进步、更为新颖。

1945 年，该报与北京《沙漠画报》合作出版，将报社迁至天津西开三经路义德里，并在北京东安市场及济南设有分社，以《银线画报》名义出版。这时因纸价飞涨，故该画报只出两版，形式上相当于电影广告。内容除了电影、戏曲外，还设有小说连载栏目，如还珠楼主的《蜀山剑侠传》等。有趣的是，该报第 608 期还刊载北平沙漠书店有关张爱玲散文集《传奇》一书的发行广告。可见，正在上海走红的作家张爱玲，在北方也同样受到读者欢迎。

《银燕》书影

值得一提的是,《银线画报》社还出版了银线丛书,取名《银燕》。16 开本,每期 12 页,封面为彩色。内容取自《银线画报》,每页均有数幅艺人、影星照片,共出版十余期。抗日战争胜利后,由于时局变化,加之销路不畅,在十年间累计出刊 300 期后,《银线画报》停刊,“银线丛书”亦随之寿终正寝。

《银线画报》是存在时间较长的小报,主编王朱是著名报人和作家,他团结了一批著名文人,如王伯龙、吴云心、白羽、刘云若、招司等,为繁荣天津地域文学创作发挥了重要作用。同时,《银线画报》作者群,还是北平出版的《立言画刊》“天津专页”的骨干力量,在促进京津两地文化交流方面也起到关键作用。

《宇宙画报》记载的“小蘑菇”轶事

《宇宙画报》是由张北侯、王润珊（鹤亭）合办的星期刊，创刊于 1947 年 4 月 25 日，社址在张北侯家中（天津二区河北博爱道荆华西里 5 号）。张北侯为社长，王润珊为总编辑。据张北侯《〈宇宙画报〉隐藏着地工人员》一文（原载于《天津报海钩沉》），张北侯“在递出申请出版登记证的呈文以后，就设宴请来国民党市党部、市政府新闻处、社会局等部门的头面人物，经他们允许在内政部出版登记证未颁发前可以先行出版”。

《宇宙画报》创刊号

该画报为 12 开方型小报，每期 12 版。据《天津报海钩沉》一书载：“除张、王二人直接参与编报外，还有由王鹤亭介绍的《益世报》资料室刘书绅，以及李山野、王粹林、李颖等分别负责各版的编排、组稿和校对工作。

天津解放后，才知道刘书绅、李山野、王粹林都是共产党的地下工作人员，刘书绅介绍一位给报社画漫画并供话剧消息的张孝禹，白尽义务，不要稿费。天津解放后是人民艺术剧院的话剧演员。”

该画报的第 6 至 10 版，是游艺专版，刊有戏剧、电影、杂耍(曲艺)等艺人艺事。其中很多文字出自张北侯之手。据闻，他当时每周去北京，到熟识的演员家中了解情况，自己撰写报道。

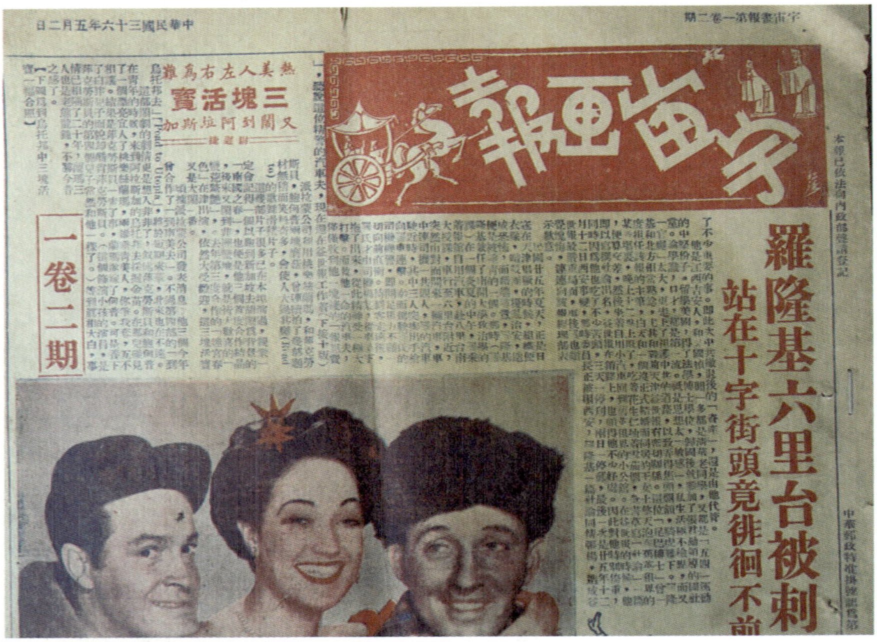
中華民國三十六年五月二日

宇宙畫報第一卷第二期

宇宙畫報

本報已依法向內政部聲請登記

羅隆基六里台被刺

站在十字街頭竟徘徊不前

熱美人左右為難

三塊活寶

又聞到阿拉斯加

一卷二期

《宇宙画报》有关报人罗隆基被刺的消息

在民国时期，艺人们实在不容易，不管是唱戏，还是说评书，无论是撂地表演，还是在戏院上台，随时都有可能发生一些意想不到的事情。《宇宙画报》第二期有一篇《愿判十年徒刑》(作者老蘑)，记录了“小蘑菇”(著名相声演员常宝堃)的一段奇闻轶事，抄录如次：

“小蘑菇这家伙直是鸿运当头。自北平返津后，仍率兄弟剧团在庆云上演。并在天津第三广播及宇宙等电台分别播音。据小蘑菇说：每月可得包银千余万元，如此庞大的收入，较一般公务员及教书匠，可以一比四十。在表面看他是很舒服了，其实不然，他感情更有难过的事情。前天他跟一个朋友说，吾们做艺的，真是祖上缺德，您说在台上说相声不把主顾逗乐了行吗？可是把主顾引乐了，这里就许出毛病。有一次在台上学人说话，赶到说完这个玩艺，将到后台，正有二位军人在后台等着，因为我学山东人说话，非要打我不可。结果好多人跟着解释，我这里作揖打躬，直至对不起，才算完事。还有一次在北平吉祥上演《骗》，我扮的山西人，上台说了两句山西话，赶上到演完，便接到某部一位先生的警告说：'你唱戏就唱戏好了，何必学山西人说话？下次再这个样子，咱们就不客气了。'还有……坏人上一言难尽，现在我们指着说相声吃饭的简直不如坐上十年大狱舒服，由这地方看来，艺人心里的难过或者不止于小蘑菇一个吧。同时还有不知应酬一般唱玩艺儿的小姑娘们，亦跟小蘑菇唱着一样的调调儿。"

《中华画报》三百期纪念刊

《中华画报》与老牌的《北洋画报》在形式上如出一辙，其发行范围亦南达上海、山东，北至辽宁、吉林，因此，从影响上看，它是20世纪30年代继《北洋画报》《天津商报画刊》之后的天津第三份彩色画报。

《中华画报》创刊于1931年3月13日，最初为周刊，旋改周二刊，复改周三刊，每周一、三、五出版。该画报终刊时间不详。1933年5月31日出版到300期，根据纪念专刊的《启事》有关征文刊于下期的记述得知，第300期并非是最后一期。另据周利成的《天津老画报》资料，已知的现存《中华画报》最后一期是346期。该画报社址设在法租界三十三号路(今河南路之锦州道至赤峰道段)仁和里10号，创办人管孟仁，编辑王受生、宫竹心等，记者有金新吾、华连瀛、张家彦等。

作为一位老报人，管孟仁在20世纪30年代曾是天津报界举足轻重的人物。他于1930年5月创办了中华通讯社，主要是为各报馆(日报和晚报)提供新闻，奠定了其在天津新闻史上的地位。其创办的《中华画报》号称以"表现时代精神、介绍艺术结晶、暴露社会内幕、暗示人生片段"为办报宗旨，并自诩"有大报的材料，画报的味道"。但由于管孟仁每月接受了军阀孙殿英500元津贴，故该报所发稿件中免不了掺进为孙歌功颂德的内容。但由于该报毕竟属于文化艺术类报纸，因此其要闻版内容少之又少。每期头版除刊有名闺、名伶、名票大幅彩照外，只有一个评论专栏《良心话》，对社会热点问题进行点评，初由编辑王受生撰稿，1932 年 3 月王受生离职(失踪)后改称“时针”，头版由编辑宫竹心(即白羽)撰稿（地方史专家王振良曾辑录白羽先生上述文章 150 余篇)。其余内容则为各大商业银行、商号的广告。该报的第四版为小说连载，主要刊载天津作家的作品，如曾任《庸报》《天风报》副刊主笔的何海鸣就曾在该版发表了长篇社会小说《藏春记》、王伯龙的《银羽集》，编辑王受生的武侠小说《奇人奇侠录》亦在该版连载。第二、三版则全为图片及书画作品。介绍全国及世界各地的自然风光、人文遗迹及各种文化体育活动。1932 年 8 月 1 日该画报改版，除保留戏剧专刊外，每周增出一版专刊。

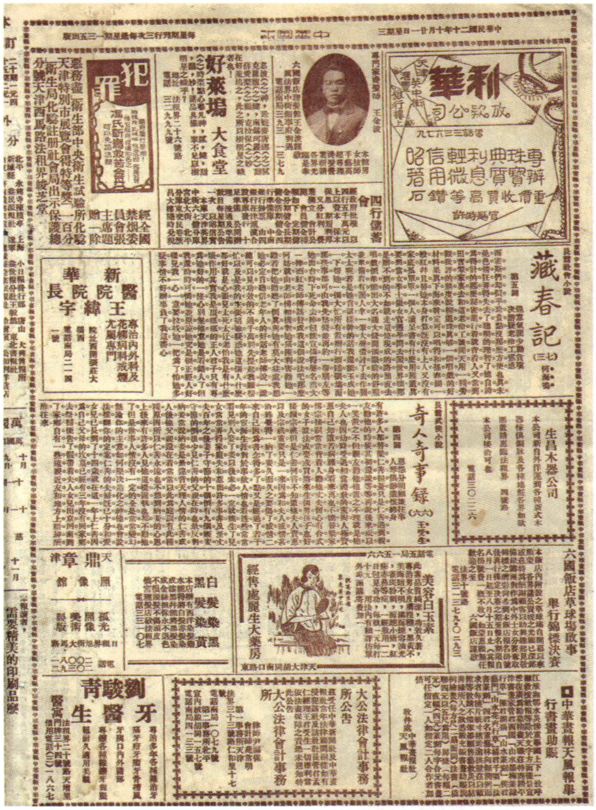

《中华画报》报影

1932 年 3 月，在《中华画报》的基础上，增出《中华新闻画报》日刊，与《中华画报》联合发行，同时增加了新闻容量，每日出版 2 张，日出 5000 余份，是小报中规模较大的一种，1937 年七七事变后停刊。

据刊载在 1932 年 3 月 2 日《中华画报》中的广告，《中华新闻画报》亦由王受生担任总编辑，“取材纯用大报方法，注重实际评论，广采各项新闻。派有摄影专员，每日刊载实时事写真。副刊采用画报方式，图文杂排，正张铜板至少刊用八块。副刊执笔者系为南北知名之士，在新闻界文艺界有相当历史与经验者。副刊内容有刘云若先生社会长篇小说《小扬州志》，名记者施冰厚先生《塞水集》，吴楔云的《银屏腻语》，并有张恨水、何海鸣、潘凫公等先生近作文字等。每日有关于戏剧电影之评载。”

自 1932 年 8 月 1 日起，刘云若的《妫婳英雄》开始在《中华画报》连载。该小说只有两回，这两回的回目为：

第一回，玉拨歇冰弦戎马客来拗莲捣麝，红墙隐银汉画楼人散打鸭鸳鸯

第二回，家庭创四角新盟酌爱斟情友于兄弟，歌舞传三阳开泰携云握雨如此朋友

到终刊时止累计连载 124 次，每次大约在 500 字左右，合计约 6 万余字，显然因画报停刊影响了小说的创作。这部小说描写的是梨园界的故事，主人公为慧文小学校长魏冤渊受地痞常伯堪的蛊惑，利用天声大戏院戏班演出的空档组织义务戏演出，结果蚀本。这其中还有几个主人公。其一是天声戏院老板宁振先，这是一位精明算计的商人形象。其二是顾影莲，这是一位女票友，后来成为职业女伶。其三是恽蓉楣，与顾影莲建立恋爱关系。他是个男票友，规矩本分，和新闻界有联系。故事包括约角、筹办义务戏和逃戏等几个情节故事，反映了民国时期梨园行乌烟瘴气的社会生态。从内容上看，似乎应当是《云霞出海记》(《梨园春秋》《梨花魅影》)这部小说前身，只是《369 画报》及《麒麟》杂志上连载时重新进行了改写润色。另外，笔者曾翻阅了 1943 年 5 月由奉天惠迪吉书局出版的由刘云若创作的同为《婝婳英雄》的小说，以及 1947 年 2 月由上海平津书店出版的《婝婳英雄》(上述两种书内容一样)，它们与《中华画报》连载的小说一点联系也没有，真可以说是风马牛不相及了。

《中华画报》是20世纪30年代，继《北洋画报》之后出现的具有重要影响的画报。刘云若、宫白羽都是这家画报的作者。宫白羽还经常以性呆、耍骨头斋主等笔名发表杂文随笔，画报保留了这些大师级作家的重要文献。因此，其历史地位是不可忽视的。

《银都画报》有关周璇的花边新闻

《银都画报》创办于1946年11月，社址在天津一区大沽路33号，主编为陈书田。从内容上判断，该画报实际上是一份以电影为主体，旁及曲艺、京剧、文学、交谊舞等内容的综合性画报，每10天一期，每6期合称1卷，每期都是16开本20页，其中第一张内页是方型彩页，这种样式还是第一次见。

《银都画报》

该画报分为几大板块，第一张彩页，是电影专版，多为演员、影星的花边新闻。如在1947年第3卷第5期里，就刊载了杨曼华、周旋等人消息。其中有一段关于石挥与周璇的恋爱故事，读来颇为有趣，也为我们了解20世纪40年代电影界提供了有价值的史料。据《遥远的爱》一文载，“石挥很快地追得了周璇，正在谈论婚嫁之际，她却上香港拍电影去了。一去三四个月，乐不思沪，石挥虽然奉‘命’住在她的香榻上‘守门’，究竟有点乏味，上

‘榻’上，一阵阵之香味刺激，盼她来回沪之心更切了。这真叫天南地北，大家都是‘长相思’，千里姻缘一线牵，这一线也者，一根情丝也，石挥是跑香槟的能手，他估计到一根情丝要牵上这许多手，似乎有些危险性，未来太太的香槟只能在情书上跑了。在上海，丈母娘可天天见面，这香槟要跑得好，她的女儿可不再费吹灰之力到手。于是，夜夜搂了丈母娘在舞场里大跳特跳，把这位老太太跳得团团转，在满足之下，立刻把女儿召回，遥远的爱在今日已变成了密切的爱了。”

《银都画报》报影

其实，这段花边新闻还是非常真实的。据史载，周璇确与石挥有过一段恋情。石挥以他的才气和风度博得了周璇的好感，石挥一直是周璇难以忘怀的男人，但阴差阳错，二人并没有成为夫妻。1957 年 9 月，周璇因急性脑炎在华山医院去世。追悼会上，她生前所有文艺界的朋友都赶到了，唯独石挥没有到场。那个时候，很多公开场合他已经没资格出现了。天气开始转冷的深秋，石挥失踪了，再也没有回来。后来人们在吴淞口的海滩上发现了他的尸体，他是跳海自杀的。他们彼此错过了对方，却不曾料想到，竟会在同一年离开人世，一前一后仿佛约好了一般。那年她 37 岁，他 42 岁。

抗战胜利后，南开得以复校，如何办好南开，南开有没有前途，一直是师生们关注的热点问题。为此，张伯苓曾四次往返美国，试图回答这一问题。他在《上海文化》发表了《世界·中国·南开》的论文，从世界大势、中国形势入手，对南开学校的发展提出了自己的见解，认为南开是有前途的，他要把南开“一直办到我死”。他自认为自己是乐观者，南开同学们又替他起过一个诨名——不可救药的乐观者。这篇文章被《银都画报》全文转载，引起津城教育界人士关注。另外，张伯苓校长自美返津后，南开校友会举办了盛大欢迎游艺会，著名报人、《银都画报》记者李燃犀撰写了一篇名为《南开欢迎会纪略》的文章，详细记述了会议过程。众所周知，李燃犀本是报人和小说家，大家读到的也都是他撰写的小说，而这种新闻综述类的稿子则非常少，这也反映了他多方面的才能，研究李燃犀，不光要研究他的小说，同样要研究他的其他著述，这样才可以了解他的全貌。

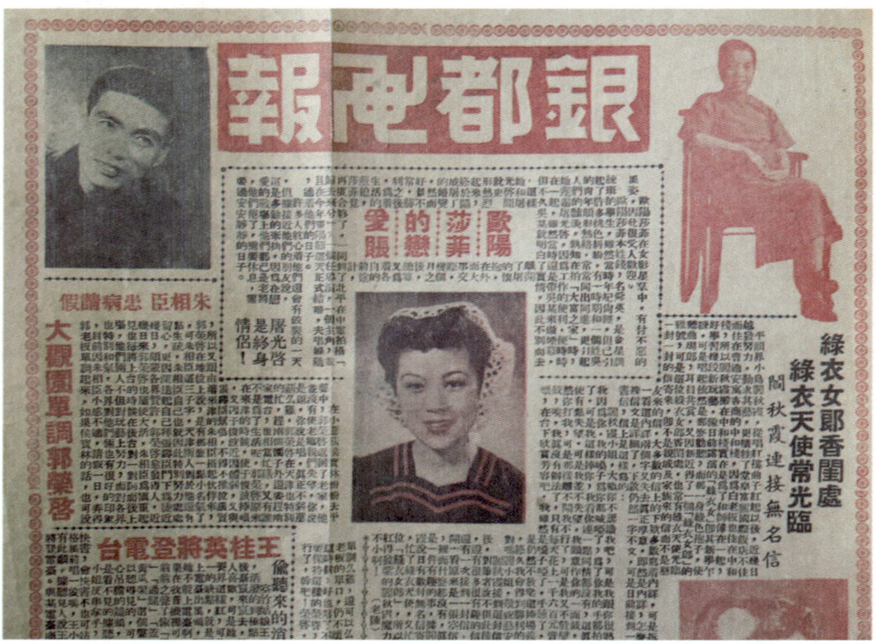
銀都畫報
歐陽莎菲的戀愛眼
大觀園舉調郭榮啓
王桂英將登電台
綠衣女郎香閨處
綠衣天使常光臨
閻秋霞連接無名信

《银都画报》彩页

《银都画报》还设置了小说连载，李燃犀的《山药列传》（署名大梁酒徒），萧声的《江湖英雄谱》，无名氏的《梅宝与罗湘绮》等几部长篇小说，都是在这家画报上连载的。

有趣的是，笔者看到一则“征稿启事”:“本刊园地公开欢迎各界投稿,一经本刊登载,每篇致酬三元至五元。”每篇稿子可得数元稿费,这在当时也算不少,即使按照现在标准来推算,也是非常高的标准。难怪,民国时期天津会有那么多的报刊了,若不是稿费刺激,哪会有那么多人写稿子呢!

《银都画报》何时停刊,迄今为止,没有找到相关史料佐证,留待以后由专家学者考证吧!

《北戴河》画报连载津味小说

《北戴河》画报创办于 1947 年 1 月，发行人曹养田，主编李逊梅，编辑有石愚吾等，社址在天津二区胜利路 12 号，与《星期五画报》《美丽画报》是姊妹刊。

《北戴河》画报属综合性文艺画报，每周一期，逢周日出刊。初期为方形画报，12 页，自 40 期之后改为 16 开本，每期也增加到 16 页。画报虽称画报，但实际上仍以文字为主，兼有图片、插图和漫画。内容以戏剧、电影、杂耍和小说连载为主，设有“世界新闻”“沽上风光”“春申影报”“梨园捷报”“旧剧讲话”“坤伶动态”“菊坛佳话”“戏剧之页”“杂耍圈”等小专栏。在有关电影内容里，有在上海谋生而为天津籍的沈浮、谢添、石挥、魏鹤龄等导演、演员在天津的活动情况，这对于研究天津电影史无疑具有史料价值。在“杂耍圈”栏目，经常与读者见面的有侯宝林、张寿臣、阎秋霞、林红玉、

《北戴河》画报创刊号

花小宝、石慧儒等京津艺人，对研究天津曲艺史自然也十分宝贵。当然，戏剧内容应当是最多的，涉及梅兰芳、尚小云、孟小冬、马连良、李保罗、李少春等当红名伶以及近云馆主等名票友。

自画报创刊起，连载武侠小说家郑证因的《贞娘屠虎记》，《天津商报》记者梅花生的戏剧小说《苏三起解》。后来陆续增加了曹龙孙的电影小说《重逢有日》，梅花生的《艺海传奇》《镜中人影》《水国烟云》等中短篇小说以及长篇小说《肉的复活》，还有徐春羽的《裙带狼烟》、郑证因的《蓉城三老》等。

该画报在内容上还有一个特点，就是喜欢刊载一些有关天津的风物掌故。如刘剑的《无墙的天津城》《河北鸟市》，石愚吾的《天津三宝鼓楼》《七炮台怀古》《张立山智擒飞贼》《西沽看桃花》《歌场漫话》等。

刘云若的津味小说，为该画报增色不少。笔者见 1946 年 4 月 27 日出版的第 16 号首页上，有一则名为《本刊特别预告》的广告，内容是这样的：“刘云若先生，为华北最著名的小说家，早已口碑载道。今应本刊特约，自17 期(5 月 4 日)起，连续撰著长篇社会小说《烟月楼台》，奇情曲折，超过在其他刊物所载之一切小说。请读者注意为荷！”

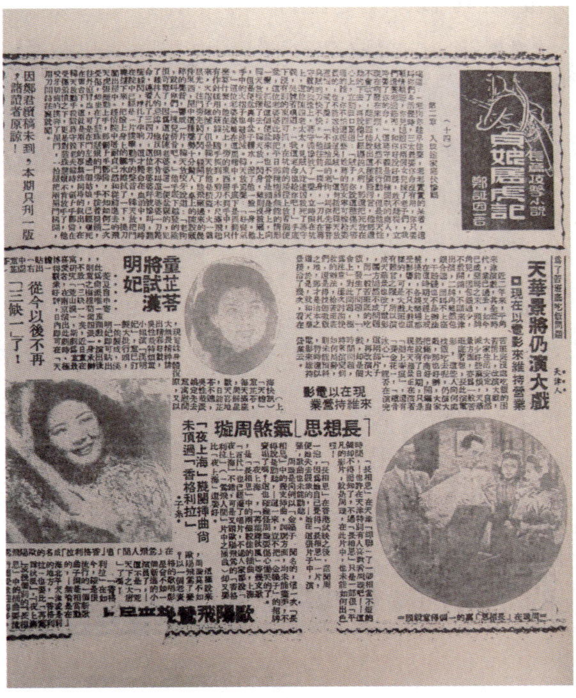

《北戴河》画报内页

笔者所见《北戴河》画报一共只有 38 期，连载《烟月楼台》这部小说一共 17 次，其中第 17 次刊于第 1947 年 9 月 21 日出版的第 37 期上，而第 38 期未连载。 内容全部为第一回，回目是“烽火弥天鸳鸯初作侣，竹歌匝地风雨忽摧花”。该章主要内容是，世家破落子弟尹竟生，父母双亡后，家产俱尽，孑然一身，住在已经分居的伯父家中。他本身却十分聪明，中英文都有功底，白天在洋行上班作书记，晚上在报馆当编辑，所以收入很好，又没有负担，能够优游自乐地过日子。父母去世时候，自己才十七八岁，无人管束，尽力发展自己放荡不羁的本能，把遗产耗尽。故事是从七七事变开始的，因为中日开战，日租界戒严，法租界过不去，华界也去不了。只得在日租界妓院暂时栖身，从而结识了妓女倩君。刘云若通过妓女之口，用大篇幅介绍了妓院的生活，是了解民国时期天津妓院黑幕难得的资料。笔者见过一本刘云若撰写的名为《返照楼台》的小说，由上海广艺书局出版于 1949 年 8 月，但回目上与《烟月楼台》并无相同之处，不知道这两部小说是否有联系。

从第 39 期起至终刊号 92 期止，尚有 54 期，若按照每天都连载该小说推测，《烟月楼台》大约累计连载 70 次左右，每期按照 2000 字计算，约在 12 万字，相当于一部单行本的容量。可惜，至今也未发现单行本，有关小说的思想内容也只得待以后研究了。

据周利成《天津老画报》一书，到 1948 年 12 月第 92 号止，《北戴河》画报宣布停刊。

《北戴河》画报是一份方形报纸，就其体量和形式上看，实际上相当于一份杂志。由于连载过郑证因、刘云若、梅花生、徐春羽等京津两地作家的作品，所以使这份画报具有了可读性，在保留文献和传承天津历史文脉方面发挥了重要作用。

《银光画报》与"混混儿"小说

《银光画报》是一本以电影、京剧、曲艺、文学为主的游艺类画报，创刊于1947年11月，主编是曹启云，社址在南市荣吉街65号。该画报为16开本，每期14页。

虽然是电影画报，编辑者为了迎合人们关心时事的心理，在首页里，往往要发表篇社评或介绍"政治内幕"，如《傅作义与孙连仲》，用平实的语言，向读者介绍了这两位将军的生平事迹及性格特征，读来觉得很亲切。《银光画报》也刊载一些有关天津市井生活的文章，如有一篇《天津人肉市场》的小文，详细介绍了国民党统治时期，天津妓院畸形发展的情况，为我们了解当时的社会情态提供了史料。如文章认为："由裕德里到烈女祠，侯家后到谦德庄，这一由东到西，由北到南的鬼蜮，裕德里在天津算是一二等的班子了，东升里、群英后，这里的姑娘们也是捯饬入时，红唇、纤指、细腰、肥臀、娜娜的步子、颤颤的乳房，也委实的动人心魄……"在画报里，还开辟了"新文苑"栏目，发表一些随笔、散文等作品，文字普遍简洁，情感丰富，如有一篇《秋感》的散文，用细腻的文字，抒发了作者因秋叶而伤秋的心理变化过程："秋天，原是凉爽的，尤其是在这已经荷残菊茁的深秋里，更现着十分凄凉的里子。与其说处在这种境地的人，伤感是多于乐观的，不如武断地说这凄凉的感应，根本便没有使人

銀光画報
第一卷第二期
東方吟虹近照。
36.1.14.
穿便鞋皮鞋棉鞋
快請到河北大胡同新青年
高膠皮棉鞋現已備齊
樣子美麗迎合潮流
式樣新穎材料堅實
新青年鞋店
地址河北大胡同中間路東便是

《银光画报》报影

快慰的可能，也就是深秋里不应该做出与景物相反的欣乐！”

曲艺是《银光画报》报道的重点内容之一，有相声演员小蘑菇演出的消息，有空竹艺人王桂英的专访，有杂耍大会串的专场策划等。有一则名为《小彩舞病嗓遇救星哑不成声竟能复原》的小文，介绍了小彩舞闹嗓子的一则掌故。原来，小彩舞经常赶场演出，由于早晚场都是压大轴，所以，唱起来十分卖力，因连续工作，她的嗓子出现了问题，严重时说不出声音。有一次，她去北平演出，在升平戏院演出才两天就辍演了，原因还是嗓子又坏了。起先尚能说话，后来就哑不成声，对人说话均以笔和纸代替，急得她直跺脚。到了第三天，升平戏院不得不回了戏。到了第五天，她遇到了一位朋友，这位朋友给她送来两粒西洋药片，是专治嗓子疼和声音发哑的，小彩舞吃了下去，转天就大见成效，可以说出话来了，紧跟着又托这位好友买了 10 片，花了不到 20 元钱，吃完后嗓子就复原了。

与其他小报一样，《银光画报》也开辟了小说连载栏目，有署名“老乡”的《银海沧桑》等。其中李燃犀（署名大梁酒徒）的《侠义英雄谱》也在其中连载。李燃犀是一位小说家，他专以“混混儿”为题材，先后发表过《同室操戈》《危机四伏》《李代桃僵》《沽上英雄谱》《粉红色的三不管》等具有浓郁地方特色的市井小说。他的这部《侠义英雄谱》，也是以天津混混儿为主角的小说，内有大量天津风物、风俗及历史遗迹的描写，特别是有关官府衙门及官员审案、办公场景的描写，为我们了解晚清时的旧天津提供了不可多得的形象化史料。

查《天津报海钩沉》《天津新闻传播史纲》等书，未发现涉及《银光画报》的资料，因此，这家画报终刊时间以及内容特点等问题还须作进一步查证。

《美丽画报》保留明星史料

《美丽画报》创刊于 1946 年 9 月，社址在天津二区胜利路 20 号，编辑李逊梅（笔者梅花生），发行人阎恩润。该画报为方形周刊，逢周四出版，长宽尺寸各为 25 厘米，每期 12 页。封面、封底为套红印刷，看上去颇为大

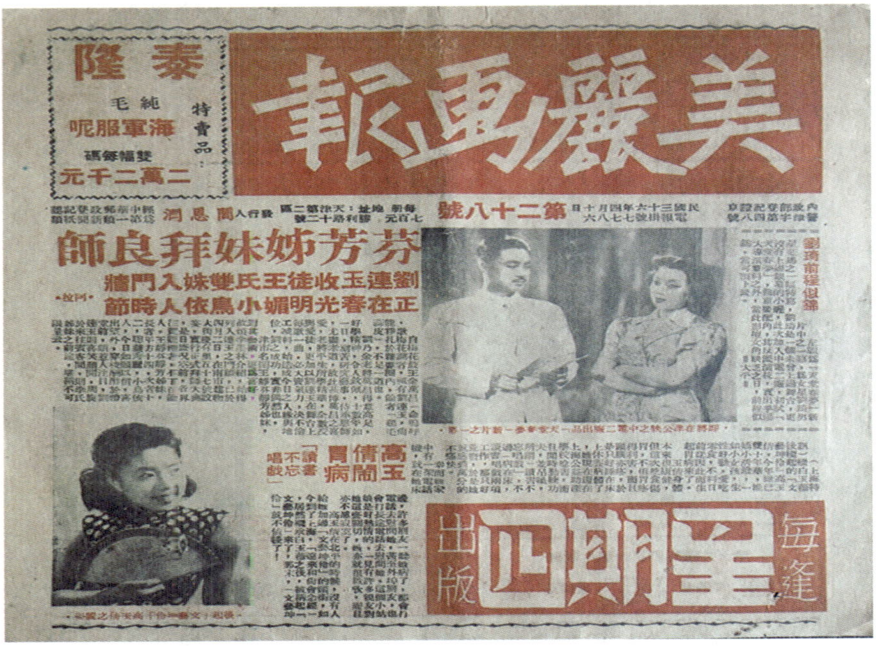
美麗畫報

泰隆

特賣品

純毛海軍服呢

雙幅每碼二萬二千元

民國三十六年四月十日

第二十八號

發行人 閻恩潤

芬芳姊妹拜良師

劉連玉收徒王氏雙妹入門牆

正在春光明媚小鳥依人時節

高玉倩胃病閒

每逢星期四出版

《美丽画报》报影

气。《北戴河》《星期五画报》亦由李逊梅创办，故三者是姊妹刊。

《美丽画报》刊载的文章，主要是电影、戏曲演员演出消息及名人轶事，并配以大幅“明星照”或“剧照”，此外是社会新闻和小说连载。

有关电影、戏曲演员的消息，多是花边新闻，用以博得读者眼球。如有一篇《唐大姐若青》的文章，披露了“旅行话剧团”唐氏父女“腐化的私生活”。该文提到，唐槐秋“溺于烟赌”，女儿唐若青“把恋爱当作玩戏儿”。基于上述情况，所以“经济拮据也是必然性的后果了”。一篇名为《李香兰有“狐臭”的毛病》的文章，介绍了日本籍演员李香兰的一些情况，文中提到“她的脸孔，是东洋婆风味，却也相当媚气，却不料她有一种极不受中国人欢迎的毛病，就是她的胳肢窝有‘狐臭’气，距离咫尺，中人欲呕”。其实这种暴露演员隐私的文字，实在没有什么价值，但作为花边新闻，它会引起读者的兴趣，这不过是此类小报赖以生存的一种手段罢了。

在有关电影、曲艺的消息中，有关天津的内容更有价值。如 1946 年

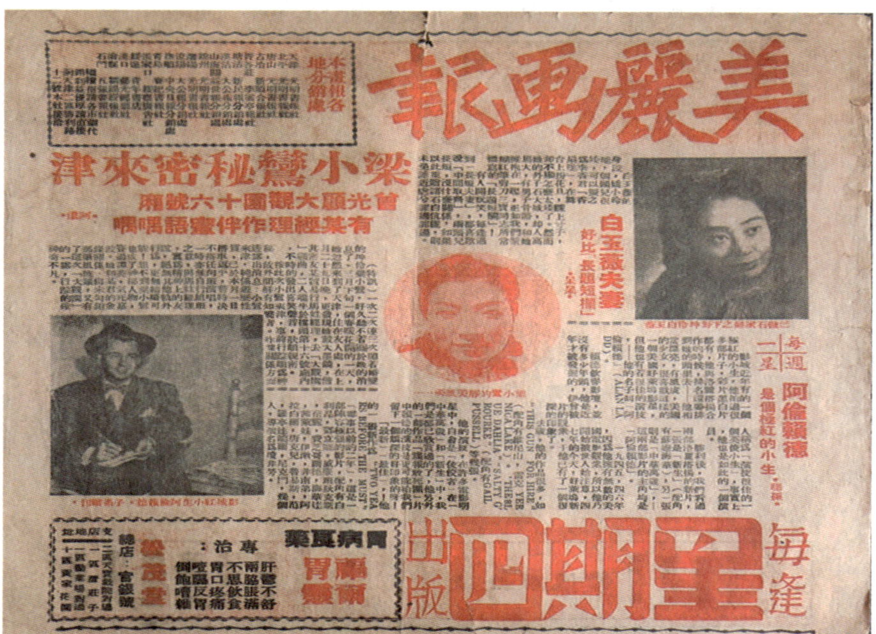

《美丽画报》明星照

10 月 17 日出版的第 3 号，提到了著名漫画家朋弟客串演出《乌龙院》的消息。据梅花生撰写的《田菊林与朋弟》一文载，田菊林在平津名气稍差，在外埠码头却十分走红，尤其是在青岛。她在天津的时候，时常参加义务戏演出，尤其和名画家朋弟配戏次数多。“朋弟笔下的漫画，长篇连读，以《老白薯》《阿摩林》《老夫子》等游戏人物，最为脍炙人口，可是他对于旧戏的修养也很充足，粉墨登场，不次于内行。”另据考证，朋弟的确是个多面手，除了漫画、戏曲外，他还是一个乐手，20 世纪 30 年代，他自己曾专门成立一个乐队，在各大舞场伴舞。

在 1947 年 4 月 10 日出版的第 28 期上，曾刊载一篇名为《沈浮将来津拍摄外景》的消息，文中提到了沈浮、谢添二位导演的情况。据该文介绍，沈浮的《追》开拍后，内景拍了好多镜头，外景也有几处。沈浮连日在北平西山摄影，之后将来天津，“在津拍摄外景，为东亚毛纺厂的工厂内工作之情形，及东亚毛仿厂之厂外情况，均须摄入镜头。闻来津拍外景之演员，只有谢添等三四人，预料沈浮来津拍摄外景时，东亚毛纺厂前，又为一般影迷所包围”。

《美丽画报》创刊不久，便陆续开始连载郑证因的《边城侠侣》和梅花生的《妖幻》，这两部长篇小说，一部为武侠，一部属志怪。无论是哪一部，里面的人物或刀光剑影，或飞檐走壁，非普通人可比。20 世纪 40 年代，正是社会剧烈动荡的时期，老百姓生活在水深火热之中，在此情况下，作家把希望寄托在侠客、神怪身上，一方面体现了作者积极浪漫主义的创作倾向，另一方面暴露出作者因在现实中看不到光明而另辟蹊径的心路历程。

《国风画报》连载《湖海婵娟》

《国风画报》是一本综合性的戏剧、曲艺、电影类杂志，类似于北京的《立言画刊》和天津的《星期六画报》等，创办于 1946 年 8 月，社址在南市广兴大街 112 号（与《中南报》社址同），发行人张化南（即张幼丹）。另在北平府右街李阁老胡同 2 号设有分社。

该画报为 16 开本，每期 15 页，封皮为彩色，内页为黑白色。每月 9 期，逢1、4、7，11、14、17，21、24、27 日出版。

《国风画报》是一份游艺类小报，除刊载李玉茹、吴素秋、童芷苓、章葆苓、周璇、夏佩珍、李世芳、白玉薇、黄宗英、阎秋霞、程砚秋等名伶、明星及鼓姬新闻和演艺消息之外，还连载过著名报人、作家梅花生的《销魂手册》《晚香玉》，郑证因的《子母金梭》，耿小的（耿郁溪）的《思无邪》及刘云若的《湖海婵娟》。

《国风画报》报影

《湖海婵娟》也是妓女题材，书中

的主要人物有素馨、高亦云。亦云曾与班子妓女玉琴交好，并将其赎身，与母亲和太太同居。太太看不惯竞争对手，就千方百计找碴儿打架。母亲也瞧不上玉琴，最后摊牌要求亦云把玉琴驱除出去。在孝与爱的选择上，亦云选择了孝。玉琴离开亦云后不出半年，因为缺少生活来源，就重操旧业。素馨在一家班子混世，被称作五姑娘。亦云曾与大槐在班子避雨，因见素馨翻看《红楼梦》，认定她的学识一定很深。素馨又从亦云手里拿过扇子瞧看扇面上的题诗，原来一面是姚茫父山水，一面是瞿兑之写的四首诗。

窑台一径走秋蛇，茗碗诗囊胜赏加。油幕何劳障风日，□□秋雪爱芦花。

碧落真宜集酒仙，江南风景杏花天。坛空树老怀尘梦，不见花枝照绮筵。

迈绝东南支道林，宣南一衲闭门深。尚书再踏花阶影，斜日依然冷罄音。

两峰妙笔写繁枝，记得冬心是本师。寂寂万明们寺里，朝回雪霁打门时。

虽然素馨把其中的几个字念错了音，但是当时文化低落，国粹销亡，人们不通小学，只念偏旁的读书人尽多，又何能责备一个妓女？所以，亦云对素馨一下子产生了爱情。素馨对亦云感情浓烈，亦云对素馨颇有好感，但一直没有到过素馨所在的班子找她。之所以避而不来，原是恐怕陷溺。这一天，在众人起哄下，亦云护送素馨回班子。但素馨负气在前，亦云像跟包一样在后面紧随。素馨到了班子门前，很快进去了。亦云知道素馨负气，当时心里也是矛盾。现在若是趁此赶快回头，转身一走，回家去睡觉，就可以脱开了。若是进去了，就等于是自投罗网。他虽然这样想，心中终是不忍，同时被伙计看见了，只可走进去。素馨记得亦云自第一次见面，已经有三个月零四天没有来了，在这期间，素馨对亦云一直在期待中。所以，当亦云随素馨到了班子，素馨与亦云的爱情言归于好。

抗战结束后，天津的小报如雨后春笋一般活跃起来。许多小报为了生存，总要拉一些名人支撑门面。《国风画报》便是众多小报中的一种。但无论如何，其历史地位和价值是应当得到肯定的。正是由于它保留了众多名流的作品，所以，其在报刊史上才有了相当的地位，从而在文学史上书写了重要一笔。

大俗大雅的《游艺画刊》

《游艺画刊》是由潘侠风主编的以戏曲生活为主体的娱乐性、综合性的半月刊。1940 年 4 月 15 日创刊于天津特别第一区墙子河路 4 号(今属和平区),除天津外,该杂志还在北京、保定、青岛设有分销处。

《游艺画刊》报影

画刊设有戏剧、电影、杂耍、艺术、文艺、漫画、台球、国术、象棋、词谱、小说等十几个栏目。内页配发戏剧界名伶的彩色演艺照片，并都有主编潘侠风的“编者话”。该画刊经常刊载著名报人娱园老人(戴愚庵)、聊公(即张聊公）等人有关戏曲知识的杂文，还有京剧界名伶的轶闻趣事。另刊有戴愚庵的社会长篇小说《串巷歌儿》,以及王曰叟的武侠长篇《桃色的水浒》。为活跃版面，各栏目还经常搞一些征文活动，并以赠送该刊作为奖励。

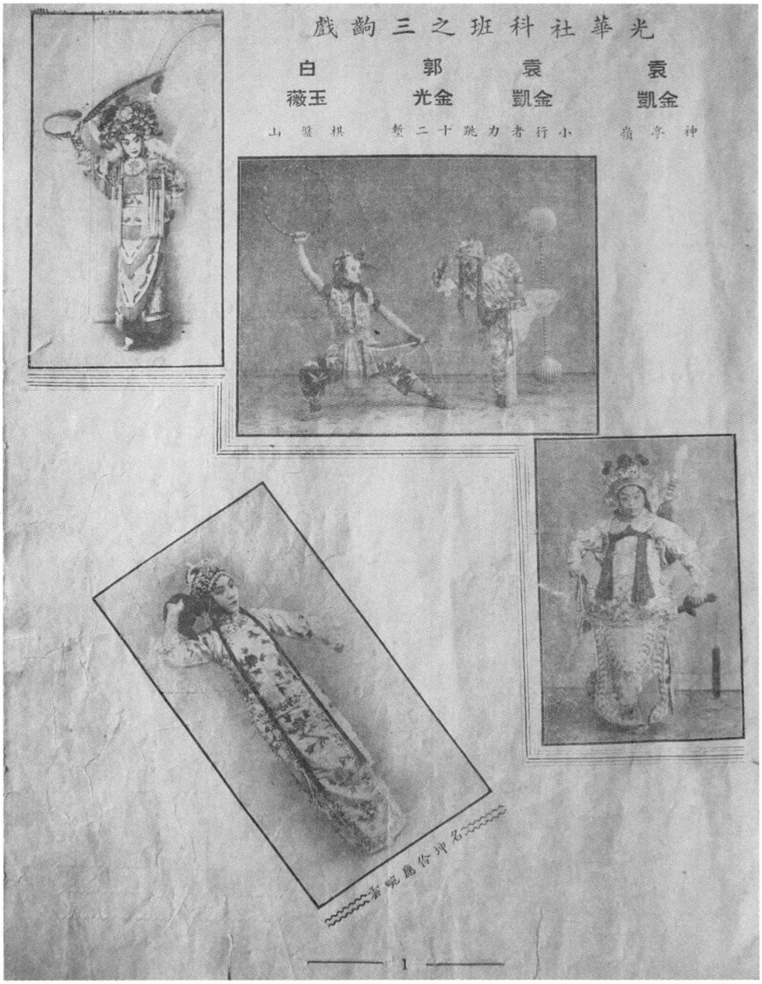

《游艺画刊》内页

由于《游艺画刊》很受欢迎，因此，戏剧界流传着“南张北潘”的说法。“南张”指的是在上海办《立言画刊》的张古愚，“北潘”指的是著名戏剧家潘侠风。潘侠风 1914 年生于北京，中学时代曾向武花脸名角骆连翔学习京戏。毕业后，在北京、天津办戏曲报刊，曾担任《游艺画刊》《国风画报》

《游艺报》等报刊的编辑。1952年，他开始在北京宝文堂书局做剧本编审负责人，其后又转到通俗文艺出版社做主任编审。1957年初，调入北京戏曲编导委员会，他负责编辑《京剧汇编》，一直到“文革”初期，八年时间里一共编辑109集，包括477个剧目，为保存戏剧史料做出了贡献。另外，他还著有《京剧知识问答》《京剧艺术欣赏》(英文版)等；创作了《赵氏孤儿》《义狐传》《于谦》《溜须老店》等京剧曲目。

潘侠风为人正派，确有侠义之风，与旧社会所谓的“报棍子”不同，他对演员从不欺辱，因此在演艺界口碑很好。不仅如此，潘侠风还非常有骨气。据说，他在主办《游艺画刊》期间，日伪政府要求他宣传“中日亲善”“大东亚共荣圈”，他以戏剧报刊搁不进政治内容为借口，从不为日伪当局涂脂抹粉。

《游艺画刊》还发表了一些诗词大家的作品，为了解他们思想和创作风格提供了史料。如1941年出版的画刊上，有著名教育家、武清王庆坨学者王猩酋的一首诗作，题目是《唐花》：“闻说猪油灌牡丹，花开供奉岁朝寒。陡然富贵非徒热，直是腥臊肉一团。”唐花，又名堂花，是指室内供养的花卉。用猪油浇灌花木，只有富贵人家才能想得出。但花卉得到意外的滋养，不仅不会得到益处，还会带来腥臊味。诗中的“唐花”寓意温室里的孩子，富贵人家用黑钱培养他们，只会毁了他们。王猩酋以幽默风趣的语言，讽刺了不平等社会现象，读来很有意趣。在同一页码上，还刊载了另一位诗词家、武清敖嘴村人杨轶伦的一首诗，题目是《梦痕》：“夜来一梦自家知，醒后寻思意若痴。恨不此身仍入梦，梦中仍会那人儿。”这是一首爱情诗，表达了作者对“那人儿”的思念之情。感情真挚、内敛，代表了杨轶伦的诗风。

《游艺画刊》保留了许多有关天津的演艺资料，对于挖掘、研究天津的戏剧、曲艺发展史具有重要价值，因此，我们天津人应该记住潘侠风。

《星期六画报》的“鲜花庄”

《星期六画报》创刊于 1946 年 5 月 18 日，16 开本 16 页，彩色封面(多为坤伶照片)，每周六出版一期。报社地址设在罗斯福路 189 号(今百货大楼对过的新华书店)，主办人是社长兼总编辑的张瑞亭，由郑启文担任经理。

《星期六画报》虽称画报，而实为以文字为主的文艺性杂志。每期除前几页的时事新闻外，大部分内容为电影、戏剧(主要是京剧、话剧)、曲艺等消息和评介文章(多为演艺界内幕消息和演员行踪)。涉及童芷苓、梅兰芳、白玉薇、唐若青、周曼华、花小宝、小彩舞、小黑姑娘等当红的演艺界人士。另辟有《小雅》文化副刊，每期一页，涉及历史、地理、民俗等内容。曾连载新沈外史的《杂拌集》、砚斋的《杂曲与民俗》等。

“风光舞池”是《星期六画报》最早的设置的栏目之一，它以天津舞场和舞女的介绍作为该报的促销手段。如《林红裳照红仙乐，舞技湛妙态度好》的文章，以“面庞俊丽，肢态婀娜，舞技湛妙”来形容舞星林红裳，并配发照片。这可能是该报被《自由晚报》冠以渲染“黄色”的一个理由吧。但编者在创刊号上曾刊有《我谈交际舞》的一篇文章，认为“交际舞是全世界普通的娱乐，交际舞是社会各阶层无不欢迎的……跳舞在现在是谁都能持有的最大的共有财产，它不但可以快乐享受数小时，而且可造成和

星期六畫報
第五十七期
SATURDAY PICTORIAL
星期六
6月14日
「天津羅斯福路郵局第二十五號信箱」
「內政部登記證京警津字第九十九號」
「經中華郵政登記認爲第一類新聞紙」
聖源
電機織染廠
織機數十台
織染十餘載

《星期六画报》报影

其他人们会语的一切机会，并能解放精神上的烦恼痛苦”。同时认为“跳舞是一种精神上艺术的修养，舞客只图搂抱女人，拥抱拥抱，那就失去了跳舞的意义了”。可见编者虽然觉得开设《舞池风光》可以引起人们的兴趣，但并不认为一定是低级趣味，而是一种艺术修养。这种认识直到今天

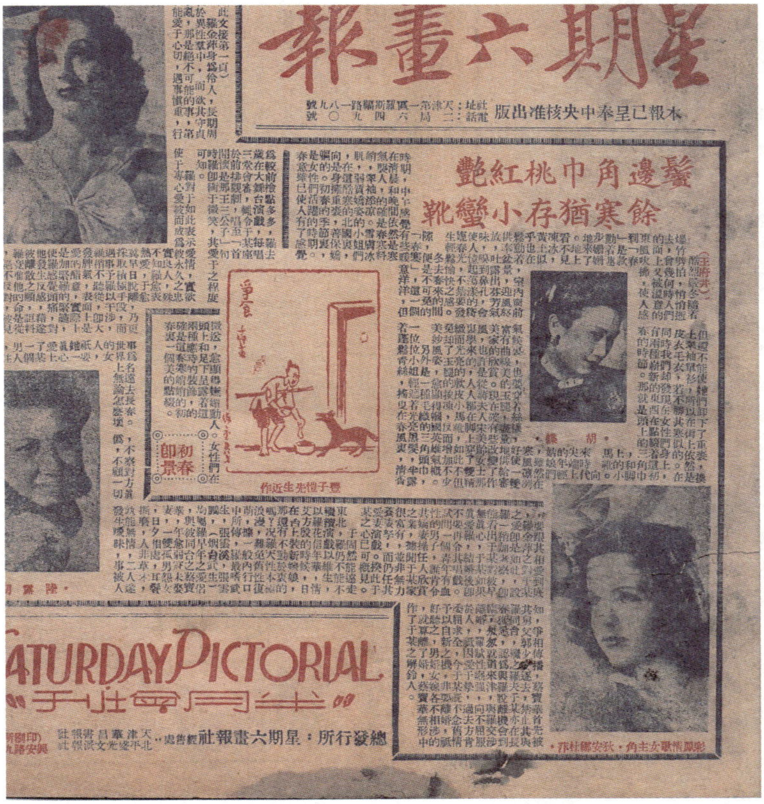
星期六畫報
本報已呈奉中央核准出版
鬢邊角巾桃紅艷
餘寒猶存小蠻靴
SATURDAY PICTORIAL
總發行所：星期六畫報社

方型版《星期六画报》

仍是非常正确的。大约在 1947 年后期，《星期六画报》上出现了所谓“内幕新闻”，大篇幅报道国内外新闻，一度减少了游艺类等读者喜闻乐见的内容，使该报销路受到影响。1948 年 12 月份，天津正处于战争状态，由于交通阻隔，有《钱佛尘》《桃蕊嫩》《天马鸣銮》《梨园逸史》等四部小说续稿未到，刘云若的《水珮风裳》也因“天时不正又告病”，所以，第 137 期杂志上

几乎全为所谓的“内幕新闻”所代替，天津解放后不久，该杂志被军管会明令停刊。据周利成兄《天津老画报》一书资料，《星期六画报》一共出版了139期。

《星期六画报》以京津名家的长篇连载见长，如刘云若的《水珮风裳》，郑证因的《鹰爪王》《钱佛尘》，白羽的《牧野英雄记》，李熏风的《天马鸣銮》，耿小的的《桃蕊嫩》，梅花生的《男结婚十年》《新阴阳传》，何怪石的《红袖青衫》，寇泰逢的京韵大鼓词《八年抗战史》，编剧乔铭勋的《燕落枭群》，上海戏剧家刘菊禅的《梨园逸史》等。所以，用今天的视角来看，《星期六画报》并未渲染“黄色”，倒是其保留的文化史方面的资料还是可圈可点的。

《水珮风裳》自创刊号起开始连载，一直到终刊时止，可谓与杂志相始终。它是《星期六画报》最早连载的一部小说，之后才是郑证因的《钱佛尘》。《水珮风裳》一共刊载了115次，每期约2000字左右，合计约23万字。据考证，1948年12月，上海广艺书局出版了《水珮风裳》，1949年1月出版了《翠楼杨柳》《逐水桃花》，1949年6月出版了《落花归燕》等四部书。这四部书每部有两回，一共八回。这四部书从回目和内容上看是连贯的，其实就是一部书。刘云若的小说都是先在报刊上连载，然后才结集出版，因为时过境迁的关系，且出版社与原连载报刊并非一定是一家，所以连载时与结集出版时出现回目和内容上的差异，甚至书名都可能调整的情况，也就不足为奇了。

刘云若曾受张瑞亭之邀，在《星期六画报》辟有“鲜花庄”专栏，主要刊载刘云若本人的时事评论、社会评论和随笔杂感一类的文字。这是刘云若少有的以杂文形式，直接关注时局、关注民生、关注社会的文字。其中许多文章具有资料价值，对于研究刘云若的思想和创作同样是不可或缺的。这些文章包括《街头巷尾纪见闻》《半生长是乱离身》《天津人把希望寄托在三个人身上》《救命毫毛望美援》《人才论》《倒霉座谈会追忆录》《关于豪门》《驰马卖驴之类》《系铃解铃放火救火》《禁止打牌论》《呻吟语》

《忧国歪嘴记》《“肉”的抗议》《有秋有饭记》《说官》《深深体会人生两句好诗——不如意事常八九，可与语人无二三》《太平有象》《譬如作梦章》《梦作杨妹的弟弟：我成了和平之父》《望谈改币》《裙带学》《老百姓的心理和眼光来看政局》《一篇关于饮食的话：安得山中千日酒，酩然直到太平时》《中华哏国》《集团自杀志盛》等。

《星期六画报》是天津老资格的画报，与《星期五画报》《星期日画报》等类似风格的杂志相比，它的影响力更高一筹。而且相对而言，该杂志创刊时间较早，存续时间较长，发表和连载的文学作品也比较多。在保留天津文学作品方面发挥了独到作用。由于是一些名家的小说，借助于这一平台得以为读者欣赏和传播，奠定了其在天津文学史上的重要地位，在同时期的文艺性杂志中发挥了中坚作用。

《星期五画报》的“漫画之页”

《星期五画报》创刊于 1947 年 8 月 1 日，发行人曹天培，编辑初为李苏梅，后改为王秋风，编辑部地址位于天津二区胜利路 39 号。该画报为综合性文艺刊物，逢每周五出版一期，16 开本，普通新闻纸，每期 16—17 页不等。封面为红黑双色套印，内页为黑白色。该画报于 1948 年 10 月终刊，总计出版了 69 期。

《星期五画报》刊影

根据《发刊词》，我们可大致了解该画报的创办宗旨和主要内容。“星期五是耶稣受难日，我们现在虽都不是耶稣，但在这个时代，其受着大苦大难则一。因为这个意思，我们创刊了《星期五画报》。”“《星期五画报》的内容，是个综合性的刊物，它将是无所不包、无所不容，在帮助一般人正确地理解国际形势的目的下，我们将尽量介绍一点儿世界知识、科学常识。在增进一般人对艺术的爱好之目的下，将尽量刊登一些有关戏剧电影的文字。又在普遍地介绍家庭生活知识的目的下，特辟了妇女与家庭版。总之，只要有益于各阶级生活的文字，将无不网罗在内。”

《星期五画报》最突出的亮点有三个方面：一是，每期设有《漫画之页》，而且放在首页。除刊载朋弟等名家的漫画作品之外，还连载傅基的《漫画研究》。傅基毕业于北平艺术专门学校，毕业后从教，是知名的漫画家。连载的《漫画研究》于1948年3月由该画报社结集出版，有70余页，内附漫画数十幅，发售价2元。二是，游艺类专刊专页。涉及电影、曲艺和戏剧等方面的内容，保留了大量的天津演艺史料。包括曹禺、黄宗英、周漫华、花小宝、郭小霞等人的艺事活动，其中

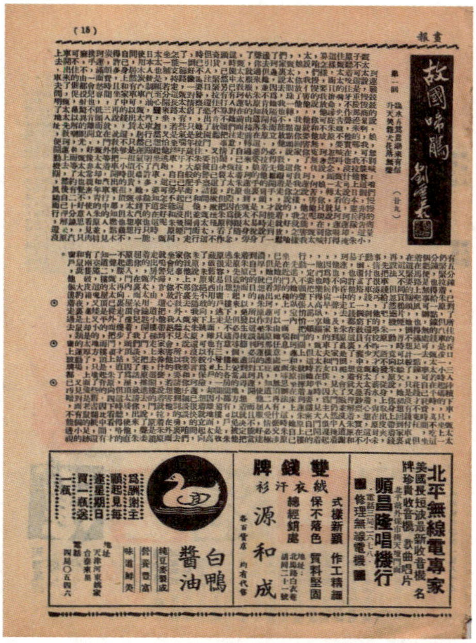

刘云若小说《故国啼鹃》连载

有关鼓姬林红玉的史料尤为丰富。三是，小说连载。有梅花生的《玫瑰花王》、徐春羽的《铁马银旗》、耿郁溪的《樱桃绽》、刘雁声的《如意珠》、郑证因的《十二连环索》、刘云若的《故国啼鹃》等。除郑证因、刘云若、梅花生等津籍作家外，徐春羽、耿小的（耿郁溪）、刘雁声等均为北平籍有着重要影响的作家或报人，可见《星期五画报》的影响还是相当大的。

《故国啼鹃》是刘云若的一部社会言情小说，自1947年8月1日在创刊号连载，一直到该画报停刊时结束。这部小说只有一回，回目为“临水弄鸳鸯潮来有信，升天笑杂犬花落无声”。笔者见到的《星期五画报》第61期所连载的《故国啼鹃》为第53次，故据此推断此小说连载基本上在60次左右，按照每次2000字计算，合13万字左右。

《一四七画报》也有“鲜花庄”

《一四七画报》是北平出版的一份综合性文艺杂志，由吴宗祜创办于1946年1月，三日刊，16开本，因逢每个月的1、4、7，11、14、17，21、24、27日出版，故名。社址在北平干面胡同3号，在天津广兴大街设有分社。1949年1月11日停刊。累计出版23卷。

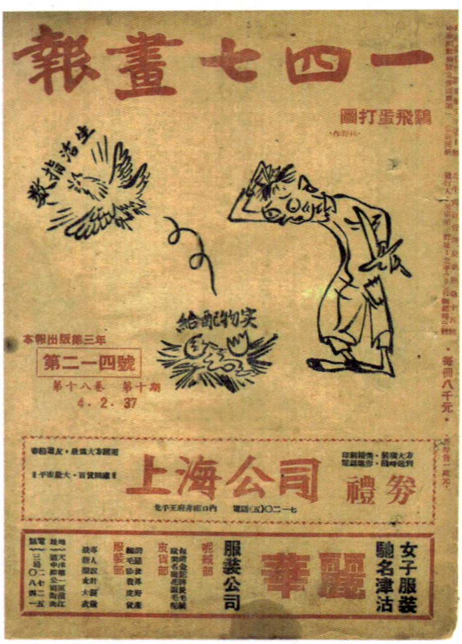

《一四七画报》报影

《一四七画报》以京剧、电影和小说连载见长。内容以北平为主，旁及天津、上海等地。金受申的《北平通》《北平社会黑幕之一》、景孤血的《连天谣》、轶名的《香会纪略》等多为北京掌故，作者娓娓道来，颇为引人入胜。郑证因的《鹰爪王》自创刊时便开始连载，足见郑证因武侠小说在北平的重要影响。

1946年9月1日，《一四七画报》为充实内容，增加了白羽小说

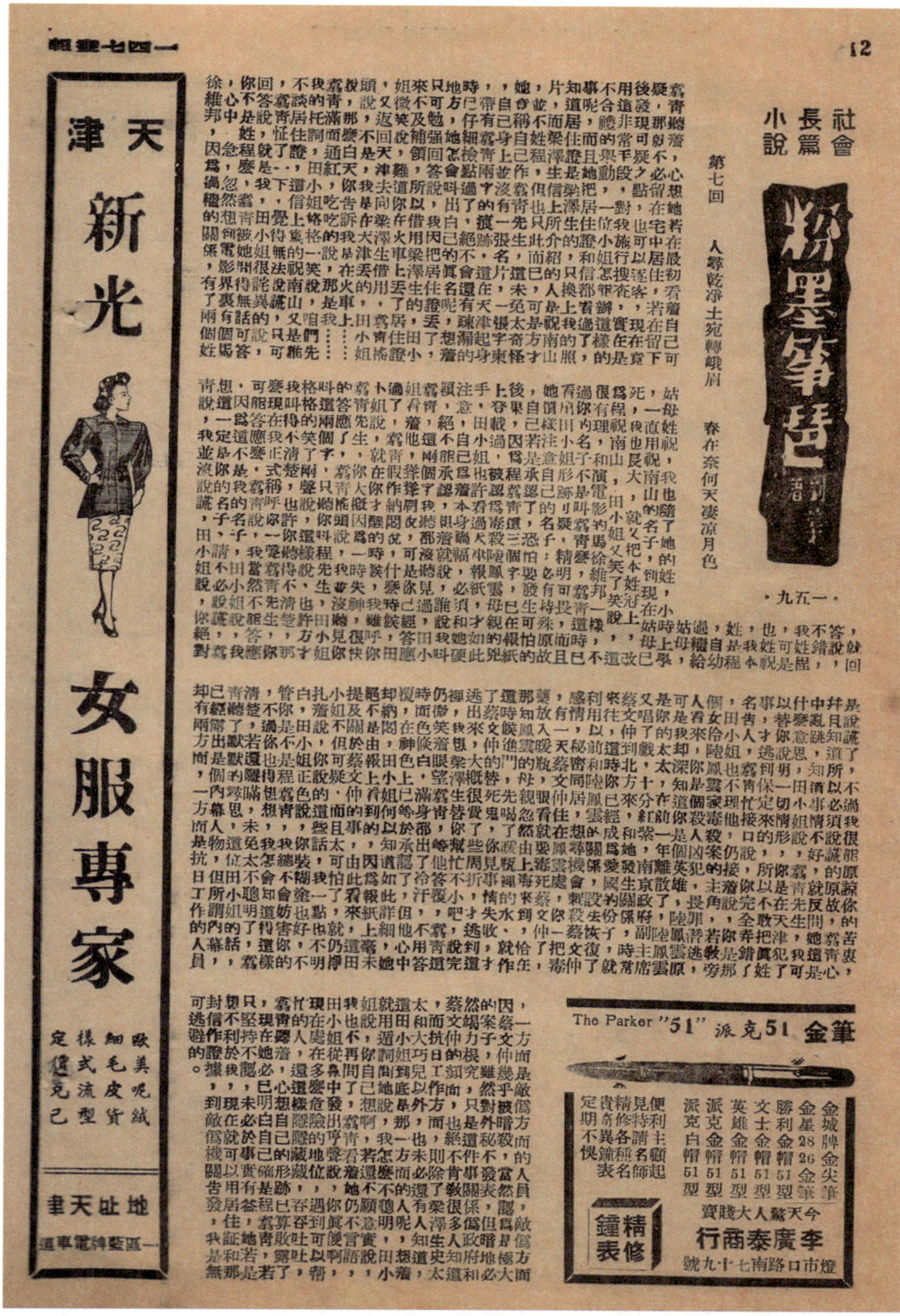

刘云若小说《粉墨筝琶》连载于《一四七画报》

连载《师林三鸟》，同时根据《一四七画报》社长吴宗祜及编辑景孤血（他与刘云若有20年交情）的请求，在《一四七画报》（从第6卷第1期开始），开辟了“鲜花庄”命名的专栏。据1947年3月11日《一四七画报》（第10卷第11期）刘云若在“鲜花庄”栏目上的“前言”介绍：“鲜花庄”的前身是吴秋尘主编的“杂货店”，是创办于1928年《天津商报》副刊的名字。“杂货店”取“兼收并蓄”之义。吴秋尘离开《天津商报》后，由小说家刘云若接办了副刊，随即更名为“鲜花庄”。之所以要用这个新的名字，是希望“用鲜花熏熏他遗留的气味”。1946年12月1日，《一四七画报》（第8卷第4期）曾载文盛赞《天津商报》的“鲜花庄”：“《天津商报》副页，生香活色、古艳今谐，蜚誉报坛。一时名流作者，竞秀争妍，撷一时之盛。主编者，即刘云若也。”20世纪30年代初，“鲜花庄”曾与“大公报”副刊“小公园”可谓双峰并峙，在天津报刊史上留下了辉煌的一页。但为时很短，刘云若便离开了《天津商报》，这个栏目也就因之取消了。

按照刘云若的说法，“这名字并不好的。然而本社吴社长和孤血、慰秋两兄，对‘鲜花庄’印象特深，要我借‘一四七’版面重张，近因在天津应‘星期六’之约，又开了一处‘鲜花庄’津号，所以在‘一四七’设‘鲜花庄’总号”。这里提到的“星期六”即指《星期六画报》。该画报创刊于1946年5月18日，每期为16开本16页，彩色封面（多为坤伶照片），每周一期。报社地址设在罗斯福路189号（今百货大楼对过的新华书店），主办人是社长兼总编辑的张瑞亭，由郑启文担任经理。自1947年3月8日，《星期六画报》亦开设了“鲜花庄”栏目，因《一四七画报》早在1946年9月就设立了总号，故天津的“鲜花庄”只能设立分号，也就是“津号”。

按照第5卷第12期“本报充实内容启事”，自1946年9月1日第6卷第1期开始，《一四七画报》充实内容，增加了白羽小说连载《师林三鸟》，刘云若的专栏《鲜花庄》，谢冰莹（冰心）长篇小说《女兵十年续篇——在烽火中》等，页码也由原来的16页增加到28页。尤其是在第8卷第2期，又创办了刊中刊“小说界”，专门刊载小说界的新闻。如有一篇“小”字短文言："名家都有名家的癖好，文人都有文人特征。还珠楼主的原稿，字写得像蜢虫大小，还是一笔行书。刘云若写得比他的还小，字体有蚊子一般大。徐春羽的字，更小，小得比蚊子还小，也就像新五号字那么大。您说这门功夫，几儿个练的？"还有一篇有关刘云若的轶闻，题目是《谁说写小说的是没本的买卖？》。该文载："《粉墨筝琶》写到第三回的时候，正赶上天又闷又热。让人平白无故待着就那么起火冒油的，更何况小说写到'扣子'上。刘云若写完第三回，他把笔一掷，说：谁说我们写小说的，是没本的买卖？没下过本儿，写得出来吗？我在这里就花过真本钱呐！"一个人在京津两地开辟同一名目的作者专栏，堪称民国时期天津报界的一段佳话。

新旧交替时出版的《天津画报》

《天津画报》是由《天津日报》编辑并发行的 4 开画报，每月 3 期，逢每旬的第一日出版，创办于 1949 年 1 月，社址在陕西路 11 号。

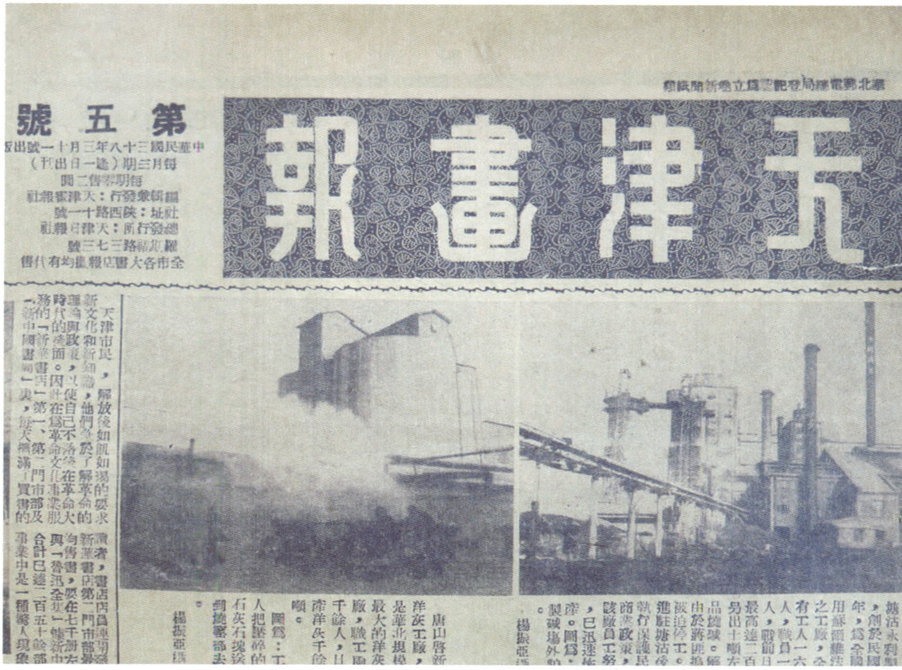
華北郵電局登記認為第一類新聞紙類

天津畫報

第五號
中華民國三十八年三月十一號出版
每月三期（逢一日出刊）
每期零售二圓
編輯發行者：天津畫報社
社址：陝西路十一號
總發行所：天津日報社
羅斯福路三七三號
全市各大書店報攤均有代售

《天津画报》报影

从 1949 年 3 月 11 日出版的第 5 期看，大致可以判断出这份报纸的情况。与其他画报不同的是，这份天津解放不久才出现的画报，有着崭新的面貌，看上去，每个版面并没有明显的区别，每一版都是以照片、连环画或版画为主，辅以不多的文字，在内容上，反映的也都是工人阶级和劳动人民翻身得解放的新生活、新气象。

在第一版上，有天津永利碱厂、唐山启新洋灰厂生产车间的照片，并介绍了上述两家工厂的基本情况。永利碱厂拥有工人 1636 人，职员 101 人，战前日产最高达 200 吨，天津解放前一度被迫停工。天津解放后，该厂迅速恢复生产。启新洋灰厂拥有职工 2000 人，是华北最大的洋灰厂，日产洋灰 1000 余吨。在第一版上，还有一篇介绍天津新华书店情况的文字，据这篇文章介绍，解放后，天津市民渴望了解新文化新知识，他们急于了解革命的理论与政策，因此纷纷到书店去买书，其中新中国书局、新华书店第一、第二门市部里挤满了读者。据第一门市部统计，每天平均售书 7000 册左右。另据新中国书局统计，《资本论》《鲁迅全集》预约合计已达 250 余部，这在出版发行行业是一种惊人现象。毛主席的著作、马列主义书籍供不应求。文字旁边配发照片两张，一张是位于百货大楼对面的第二门市部外景，另一张是内景(屋里挤满了读者)。在这版上，刊载了何必端的《假和平的证据》连环画，一共 8 幅图画，画面反映的是国民党军队积极备战，招兵买马以及屠杀上海工人领袖等行为，揭露了国民党统治者假和平真对抗的嘴脸。

第二版里有一篇长文，介绍天津解放后的南开大学所发生的变化。其中提到了南开文化服务社的一些情况。据悉，在天津解放前夕，南开文化服务社曾为天津新文化思想的传播作出了重要贡献，曾经代售上海、香港和天津等地的书报杂志，“八一九”大逮捕，服务社的书籍被窃取很多，工作也被迫停止，天津解放后恢复了业务。在这一版下半部分，发表了萧肃的连环画作品《劳动英雄赵占奎》，介绍了这位在解放区工作的劳动模范，从牧童成长为一名工人的人生历程，以及他为中华人民共和国

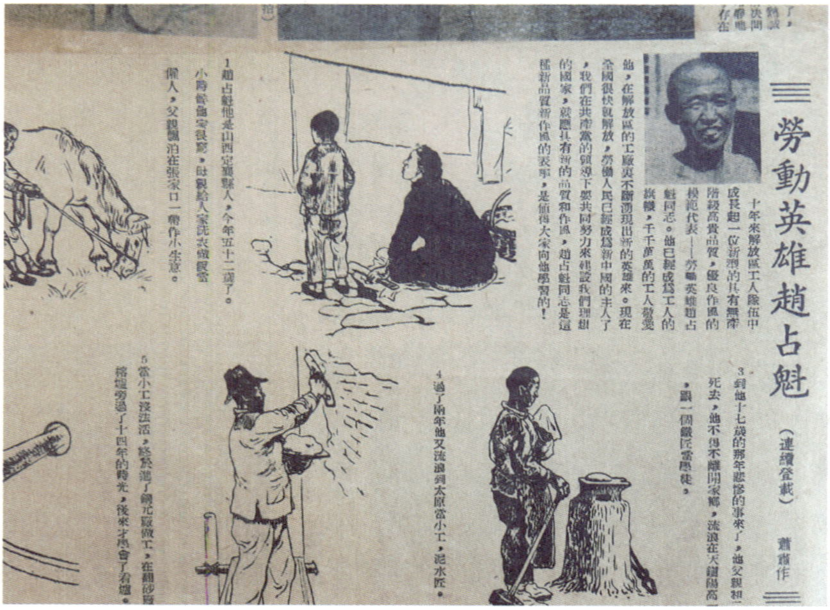

《天津画报》连环画

解放事业贡献聪明才智的事迹。

第三版是妇女专版，以图文形式，通过新旧社会对比，反映了妇女社会地位的变化，特别是通过纪念三八国际妇女节活动，颂扬了新社会劳动妇女与男人一样走向社会，同劳动、同学习以及同工同酬的生活画面。

在第四版里，有一篇由司马仑撰写的《〈白毛女〉的故事》，介绍了白毛女的遭遇。文字配发了三张照片，都是有关《白毛女》的剧照。其中有一幅描述道：恶霸地主黄世仁逼死佃户杨白劳，在大年初一拉走了他的女儿顶地租。还有一幅记述的是白毛女在娘娘庙里，遇到烧香磕头的黄世仁，白毛女恨之入骨，拿起供果就朝黄世仁打去。这一版还刊载了一支曲子，名为《新时代的妇女》，由童枚词曲。描绘的都是翻身妇女得解放的动人故事。这一版有三幅版画，其中有两幅是作者肖肃的《解放军战士帮老百姓锄地》《人民有权向人民政府建议和批评》，另一幅是张映雪的《胜利鼓舞着群众的心》。这几幅版画，画面朴素，描写真实，再现了中华人民共和国成立后人民当家作主的新气象。

小报里的民俗民风

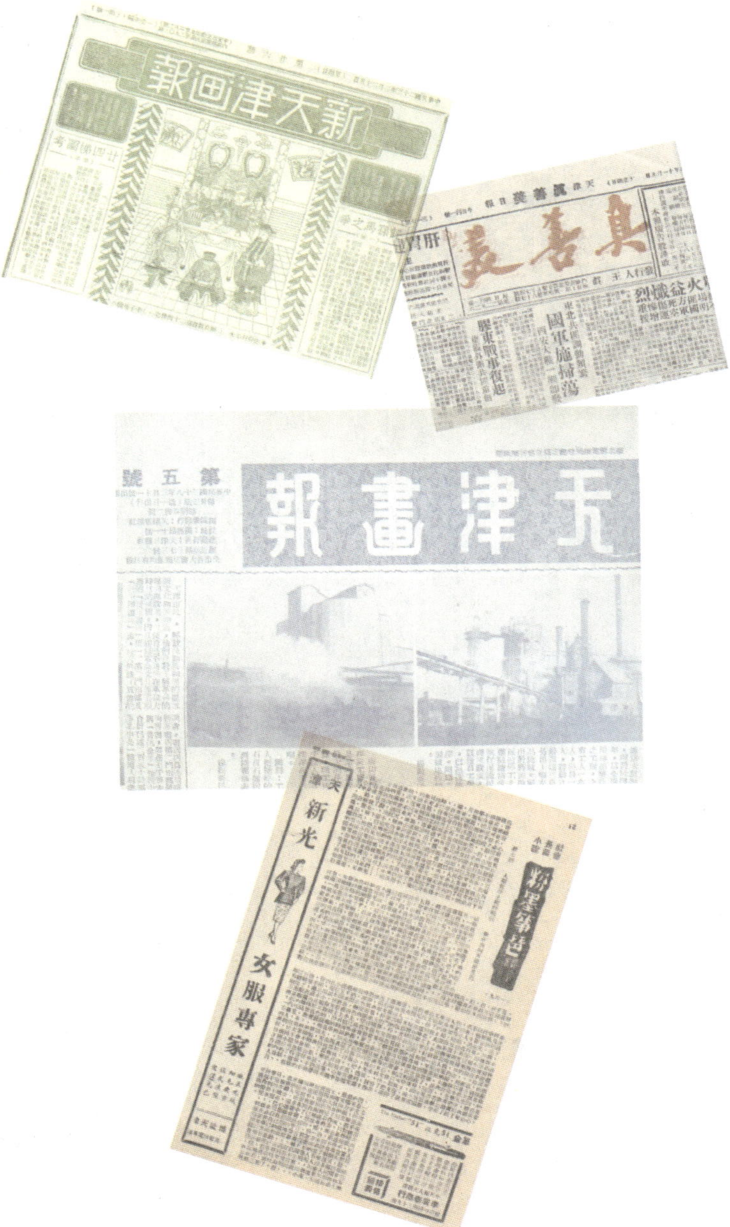

第一份官报诞生在天津

官报产生于唐朝，相当于现在的政府出版的政报。《开元杂报》出版于唐玄宗开元年间，是学界公认的目前已知的最早的一份官报。官报也称邸报，另外还有朝报、邸钞、状报等名目。1902 年，清朝第一份官报产生于天津，五年后北京才出现官报。由于印刷技术的发展，1910 年前后，全国相继出现了一百多种官报。

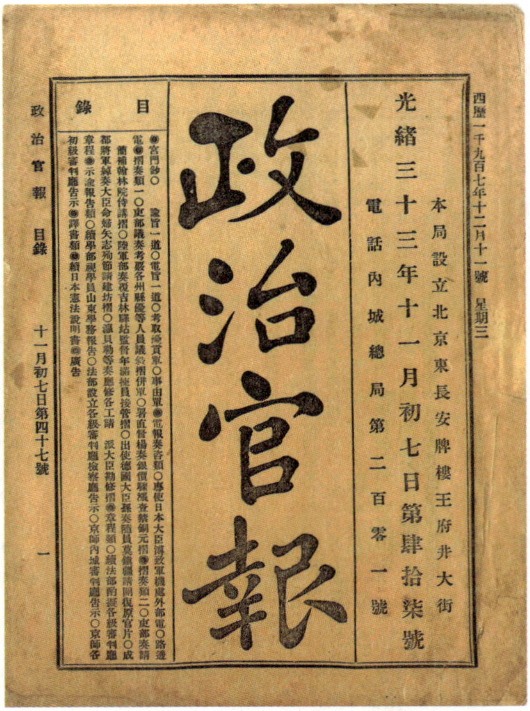
西曆一千九百七年十二月十一號 星期三

光緒三十三年十一月初七日第肆拾柒號

本局設立北京東長安牌樓王府井大街

電話內城總局第二百零一號

政治官報

目錄

◉宮門鈔○ 諭旨一道○電旨一道○考取繙貢單○事由單◉電報奏咨類○專使日本大臣溥致軍機處外部電○路透電◉摺奏類一○吏部議奏考覈各州縣優等人員議敘摺併單○署直督楊奏銀價驟漲查禁銅元摺◉摺奏類二○吏部奏請簡補翰林院侍講摺○陸軍部奏覆吉林驛站監督年滿接員接管摺○出使德國大臣孫奏隨員莫鑑請開復原官片○成都將軍綽奏大臣命婦矢志殉節請建坊摺○滇貝勒等奏廳修各工請 派大臣勘修摺◉章程類○續法部酌擬各級審判廳章程◉示諭報告類○續學部視學員山東學務報告○法部設立各級審判廳檢察廳告示○京師內城審判廳告示○京師各初級審判廳告示◉譯書類◉續日本憲法說明書◉廣告

政治官報 目錄 十一月初七日第四十七號 一

《政治官报》报影

笔者手头就藏有京津两地出版的两份官报。一份是出刊于 1907 年 12 月 11 日的第 47 号(期)的《政治官报》；另一份是出刊于 1904

年 8 月 14 日的第 376 号(册)的《北洋官报》。前者是清朝中央政府发行的第一份全国性官报,后者则是清朝出现的第一份正式出版的官报,在《政治官报》出现前,曾经起到了中央官报的作用。

20 世纪初,慈禧太后宣谕天下“预备立宪”,并根据御史赵炳麟的建议,委派庆亲王奕匡等人筹办《政治官报》,其宗旨是“开通政治之智识,发达国家之思想,以成就立宪国民之资格”。由考察政治馆办理,创刊的时间是 1907 年 10 月 26 日。社址在王府井大街路西的纱帽胡同与梯子胡同中间(今经济日报社)。《政治官报》为铅印日报,采用小 16 开册式竖体印刷,封面除了有刊名外,还有日期、期号、社址、电话和目录等内容。1940 年 12 月 11 日第 47 期报纸,共 24 页,主要栏目有“宫门钞”“谕旨”“摺奏”“译书类”“章程类”,另外还有一页“武学官书局”的广告。该报于 1911 年 6 月更名为《内阁官报》。

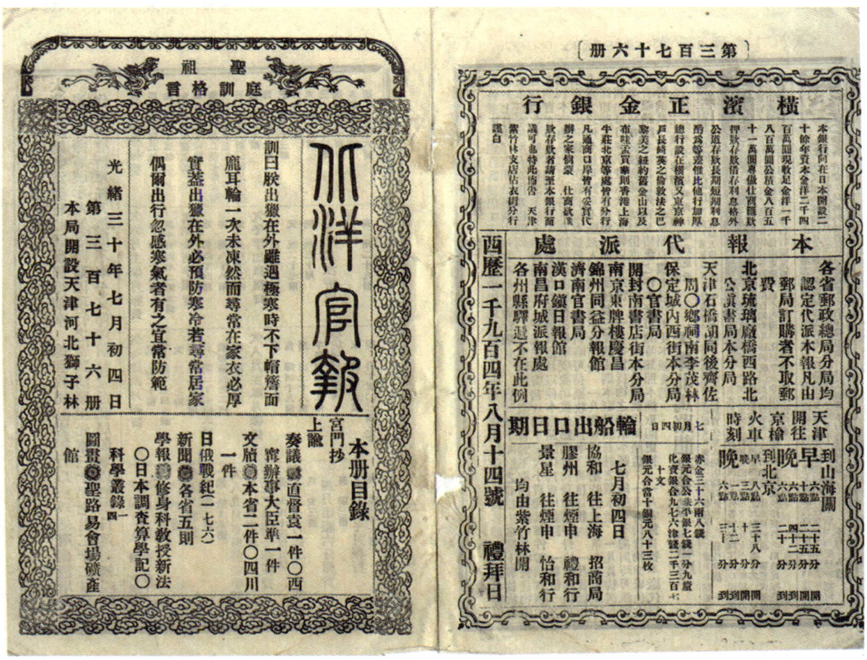
聖祖庭訓格言

北洋官報

訓曰朕出獵在外雖遇極寒時不下帽簷面龐耳輪一次未凍然而尋常在家衣必厚實蓋出獵在外必預防寒冷若尋常居家偶爾出行忽感寒氣者有之宜常防範

光緒三十年七月初四日
第三百七十六册
本局開設天津河北獅子林

本册目錄
宮門抄
上諭
奏議 直督袁一件〇西寧辦事大臣準一件
文牘 本省二件〇四川一件
日俄戰紀(一七六)
新聞 各省五則
學報 修身科教授新法〇日本調查算學記〇
科學叢錄四一
圖畫 聖路易會場礦產館

第三百七十六册

橫濱正金銀行

本報代派處

各省郵政總局分局均認定代派本報凡由郵局訂購者不取郵費
北京琉璃廠橋西路北公愼書局本分局
天津石橋胡同後齊佐周〇鄉祠南李茂林
保定城內西街本分局〇官書局
開封南書店街本分局
南京東牌樓慶昌
錦州同益分報館
濟南官書局
漢口鎮日報館
南昌府城派報處
各州縣驛遞不在此例

輪船出口日期

七月初四日
協和 往上海 招商局
膠州 往煙申 禮和行
景星 往煙申 怡和行
均由紫竹林開

天津開往京榆火車時刻

西歷一千九百四年八月十四號 禮拜日

《北洋官报》报影

《北洋官报》为大 32 开本，亦为竖体铅印，据说当时还采用了不少铜版照片。封面除刊名之外，也有日期、期号、社址和目录。据资料介绍，1901 年 8 月，直隶督署在位于天津河北狮子林的集贤书院旧址内设立了北洋官报局，并从国外聘请了技师，购买了印刷机器。1902 年 12 月 30 日，经过一年多的筹备，《北洋官报》在天津正式出版。除在河北(当时称直隶)发行之外，还借助大清邮政总办代发的优势，在山东、河南、江苏、浙江、湖北、湖南、江西、福建、安徽、广西、陕西、四川、广东等地的几十座城市设有代销处。因其刊登内容多是“圣祖庭训格言”“宫门钞”“上谕”“奏议”等与朝廷公务活动有关的内容，加之发行范围甚广，故在当时曾起到清朝中央政府官报的作用。

据专家称，无论是《政治官报》还是《北洋官报》，当时的发行数量都极其有限，比如，《北洋官报》在最辉煌的时候，其发行量也不过四千份，再加上经历了百年的风蚕雨蚀，能够保留下来的已属凤毛麟角。

刘孟扬与天津午报社

午报社是民国初期由津门著名报人刘孟扬在天津创办的最早的一份综合性小报，它集晨报、午报、晚报和画报为一体，具有通俗性、趣味性和丰富性等特点。

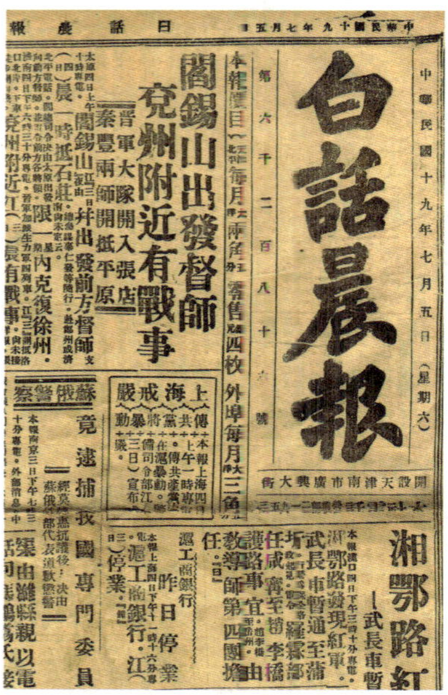
中華民國十九年七月五日 白話晨報
白話晨報
中華民國十九年七月五日（星期六）
第六千二百八十六號
開設天津南市廣興大街
閻錫山出發督師
兗州附近有戰事
晉軍大隊開入張店
秦豐兩師開抵平原
閻錫山并出發前方督師
晨一時抵石莊
限一星期內克復徐州
兗州附近（三日）晨有戰事
上海戒嚴
傳共黨將暴動
蘇俄警察
竟逮捕我國專門委員
湘鄂路紅
武長車暫
湘鄂路發現紅軍
武長車暫通至蒲圻
護路事宜
滬工商銀行
昨日停業

《白话晨报》报影

午报社址，初创时设在南市东兴大街，后迁至金汤大马路（今建国道与胜利路交口处）。报社经理由白幼卿担任。另一著名报人董秋圃任总编辑。编辑部则由刘孟扬的侄子刘钟望负责。

最先创办的是《白话晚报》，之所以用“白话”二字，是因为白话浅显、通俗，接近口语，因之，易为普通读者（当时识字者不多）所接受。自 1912 年 4 月开始发行。同年 10 月，又创办了《白话晨报》。四年后的 1916 年《白话午报》出刊，从此，形成了晨、午、晚报并存的格局。到了 20 世纪 30 年代前后，由于白话已为多数报纸所采用，故上述三报陆续更名为《天津晨报》《天津午报》《天津晚报》。

天津午報

日機炸我士兵柴山向我道歉

方部昨退至懷柔以南

日軍八百開至密懷牛

對方吉殘部加以追擊

《天津午报》报影

“午报”“晚报”“晨报”均为四开小报，其中“午报”每天两张，其余两报为一张。设有要闻、本市新闻、游艺等专版。“午报”每星期二还增出一张《星期二画报》，由著名漫画家高龙生主编，设有《时事投影》等栏目，刊载天津名画家和书法家的作品。三份报纸各有一个小社论栏目，名称分别为“晨钟”“午炮”“暮鼓”，针对当时社会上的不良现象给予评论，使用近于口语色彩的白话，因此赢得了市民的欢迎。

上述三报还以副刊见长，设有“家常便饭”“歌场午榭”“小游艺园”“余兴”“茶花”等文艺、戏剧栏目。此外，它以刊登天津当时发生的社会新闻为素材的通俗小说见长，如《南皮双烈女》《杨三姐告状》等。20 世纪 30 年代，报纸连载小说由名家执笔，并且以描写天津地方混混儿生活的内容为主，如戴愚庵的《沽上英雄谱》《秋雨销魂录》，李燃犀的《危机四伏》《同室操戈》《粉红色的三不管》。另有穆向葵的侠义小说《忠义图》，紫绶的武侠小说《云中燕》，曹久青的世情小说《烈女苦缘》等，适应了普通百姓的口味，从而使这些报纸不仅在市区，即便是附近的农村也非常畅销。

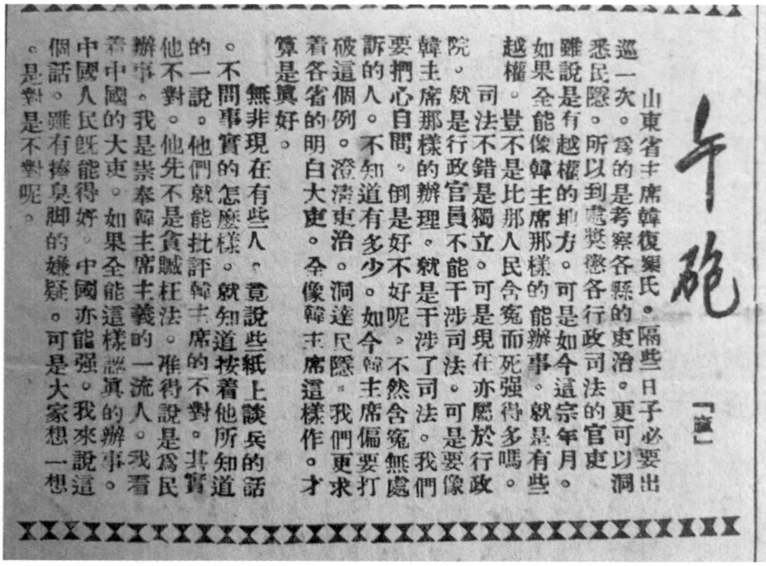

午砲

「[illegible]」

山東省主席韓復榘氏。隔些日子必要出巡一次。為的是考察各縣的吏治。更可以洞悉民隱。所以到處獎懲各行政司法的官吏。雖說是有越權的地方。可是如今這宗年月。如果全能像韓主席那樣的能辦事。就是有些越權。豈不是比那人民含冤而死強得多嗎。

司法不錯是獨立。可是現在亦應於行政院。就是行政官員不能干涉司法。可是要像韓主席那樣的辦理。就是干涉了司法。我們要捫心自問。倒是好不好呢。不然含冤無處訴的人。不知道有多少。如今韓主席偏要打破這個例。澄清吏治。洞達民隱。我們更求着各省的明白大吏。全像韓主席這樣作。才算是眞好。

無非現在有些人。竟說些紙上談兵的話。不問事實的怎麼樣。就知道按着他所知道的一說。他們就能批評韓主席的不對。其實他不對。他先不是貪贓枉法。誰得說是為民辦事。我是崇奉韓主席主義的一流人。我看着中國的大吏。如果全能這樣認眞的辦事。中國人民既能得好。中國亦能強。我來說這個話。雖有捧臭腳的嫌疑。可是大家想一想。是對是不對呢。

《天津午报》的“午炮”栏

1937 年七七事变后，与多数报纸一样，午报社的“晚报”“午报”停刊。“晨报”则由编辑部继续接办，一直到 1939 年停刊。抗日战争结束后，刘钟望有意恢复午报社的各报，因资金不济，故只恢复出版《星期二画报》，由刘孟扬的三弟刘铁庵主持。该报为长条形画报，每周一册，不到一年即自行停刊。从此，具有三十多年历史并有着深刻影响的午报社退出了历史舞台。

林墨青与《社会教育星期报》

《社会教育星期报》创办于 1915 年 2 月，林墨青任社长，韩补庵任主编，另有编辑、记者王斗瞻、戴蕴辉等。

林墨青(1862—1933)，名兆翰，以字行，又字伯嘿，晚年号更生，是天津著名的教育家，曾任直隶学务处参议，津郡学务总董、天津县劝学所总董、社会教育办事处总董、广智馆馆长和《社会教育星期报》社长等职。

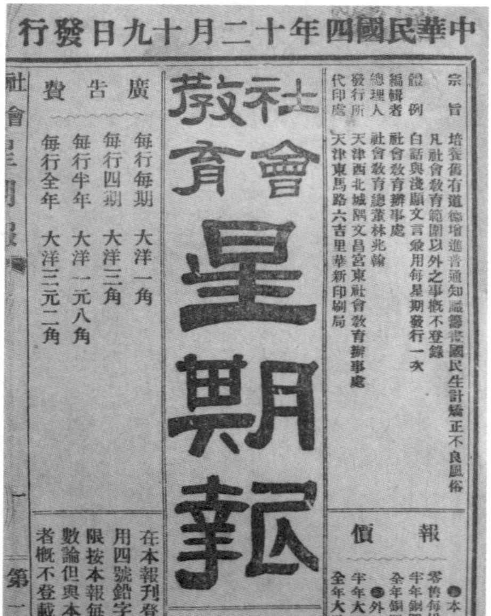

中華民國四年十二月十九日發行

社會教育星期報

宗旨 培養舊有道德增進普通知識籌畫國民生計矯正不良風俗

體例 凡社會教育範圍以外之事概不登錄 白話與淺顯文言兼用每星期發行一次

編輯者 社會教育辦事處

總理人 社會教育總董林兆翰

發行所 天津西北城隅文昌宮東社會教育辦事處

代印處 天津東馬路六吉里華新印刷局

廣告費

每行每期 大洋一角

每行四期 大洋三角

每行半年 大洋一元八角

每行全年 大洋三元二角

報價

《社会教育星期报》报影

庚子事变后，与许多先贤一样，林墨青投入“开民智、陶民德”的社会变革中，主要进行三个方面的工作。一是致力于基础教育工作。他利用会文书院地址，创办民立第一两等小学堂，利用原问津书院旧址，设立了民立第二两等小学堂，开天津民立小学堂之先河。此后近三十年里，先后设立各类小学数十处，并创立了女子学校、师范

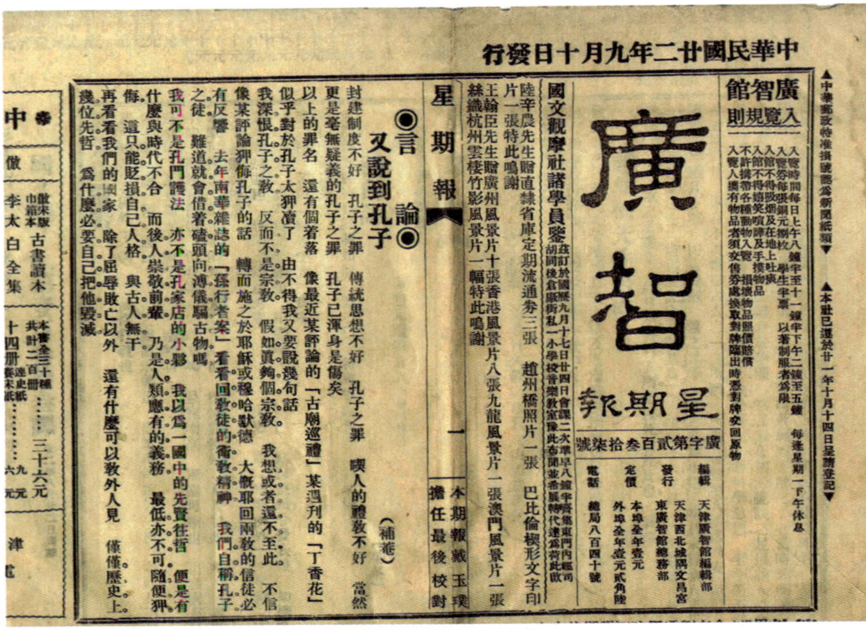

中華民國廿二年九月十日發行

中華郵政特准掛號認為新聞紙類

本社已遵於廿一年十月十四日呈請登記

廣智館入覽規則

入覽時間每日上午八鐘半至十一鐘半下午二鐘至五鐘 每逢星期一下午休息
入覽券每張銅元一枚 學生半票 以著制服者為限
入館不得吸烟及在地上吐痰
入館不得嬉笑喧譁及手摸物品 損壞物品照價賠償
不許携帶各種動物入覽
入覽人携有物品者須交傳券處換取對牌臨出時憑對牌交回原物

廣智 星期報

廣字第貳百叁拾柒號

編輯 天津廣智館編輯部
發行 天津西北城隅文昌宮 東廣智館總務部
定價 本埠全年壹元 外埠全年壹元貳角陸
電話 總局八百四十號

國文觀摩社諸學員鑒 兹訂於國歷九月十七日廿四日會課二次準早八鐘半齊集東門內經司胡同後倉廒街私立第一小學校音樂教室此布即並希展轉代達為荷此啟

陸辛農先生贈直隸省庫定期流通券三張 趙州橋照片一張 巴比倫楔形文字印片一張特此鳴謝

王翰臣先生贈廣州風景片十張香港風景片八張九龍風景片一張澳門風景片一張絲織杭州雲棲竹影風景片一幅特此鳴謝

星期報 一

本期報戴玉璞擔任最後校對

◉言論◉

又說到孔子 （補莼）

封建制度不好 孔子之罪 傳統思想不好 孔子之罪 喫人的禮教不好 當然更是毫無疑義的孔子之罪 孔子已渾身是傷矣 以上的罪名 還有個着落 像最近某評論的「古廟巡禮」某週刊的「丁香花」似乎對於孔子太狎瀆了 由不得我又要說幾句話 我深恨孔子之教 反而不是宗教 假如真夠個宗教 我想或者還不至此 不信像某評論狎侮孔子的話 轉而施之於耶穌或穆哈默德 大概耶回兩教的信徒必有反響 去年南華雜誌的「孫行者案」看看回教徒的衛教精神 我們自稱孔子之徒 難道就會借着磕頭向溥儀騙古物嗎

我可不是孔門護法 亦不是孔家店的小夥 我以為一國中的先賢往哲 便是有什麼與時代不合 而後人崇敬前輩 乃是人類應有的義務 最低亦不可隨便狎侮 這只能貶損自己人格 與古人無干 再看看我們的國家 除了屈辱敗亡以外 還有什麼可以教外人見 僅僅歷史上幾位先哲 為什麼必要自己把他毀滅

中華 傲 縮宋版巾箱本 古書讀本 李太白全集 本書全三十種共計二百冊 連史紙……三十六元 賽宋紙……九元 六元 十四冊 津

《广智星期报》报影

传习所及体操音乐传习班等特殊教育形式。

二是致力于社会教育。林墨青认为学校教育，不仅要与家庭教育配合，而且要与社会教育相配合，才能产生相辅相成的社会效果。为此，他在创办男女小学之后，更致力于开展天津的社会教育。他创立了社会教育办事处、宣讲所、广智馆等，还发起组织了“天足会”和“剪发会”，倡导改变女子缠足、男子蓄辫的陋习。他还组织了一些宣传人员，在街头为行人剪发辫。

三是致力于改良社会风尚。1915 年，社会教育办事处创办了一份名为《社会教育星期报》的科普报纸，作为改良社会风尚的舆论阵地。其编辑宗旨是：“培养旧有道德，增进普通知识，筹划平民生计，矫正不良风气。”该报文体是白话与文言兼用，主要内容是生物浅说、琐言、杂谈、常识和卫生等。每逢星期日出版一次，用四开毛边纸印刷，按照书页形式排印，裁开装订成册，如同一本书，便于保存。林墨青生前经常撰写文章，发表在《社会教育星期报》上。经常发表文章的还有陈宝泉、邓庆澜、李琴湘、赵幼梅、陆辛农等知名人士。1929 年,天津社会教育办事处撤销,从 689 期起,改由天津广智馆(位于西北角文昌宫,今已不存)继续出版,报名亦更为《广智星期报》,仍进行风俗教化。

1933 年 4 月 17 日林墨青仙逝,终年 71 岁,《广智星期报》随之停刊。

沈浮主编《国强报》副刊

《国强报》为四开小报，创办于 1928 年 2 月 15 日，社址在南市荣吉街天天坊饭馆隔壁，由杨绍林主办，著名电影导演沈浮(原名沈哀鹃)、袁无为等先后担任主编。

据孙新源先生的《沈浮从天津〈国强报〉踏入影界》一文载，北洋军阀统治时期，为了生存，《国强报》利用人们迫切需要了解时局的心理，每天编造一两条突出的所谓“电讯”，并配以各大军阀头目的铜版照片，受到读者热捧，每天发行量超过四五千份。1928 年，军阀混战局面结束之后，《国强报》失去了卖点，杨绍林研究后，决定进行转型，由原来主打新闻，向经营副刊方向转变。他约请青年作家沈哀鹃(沈浮)担任编辑，除了保留该报第一版、第四版要闻和本市新闻版面外，将第三版、第四版两块版面整

國強報
馮玉祥不忘抗日
張垣空氣突緊張
我國外交形勢轉佳
兆華綢緞莊

《国强报》报影

合成一个大的副刊，分别在报头上冠以“都市的显影”“鲜货店”两个名目，在内容方面，涉及电影故事、戏剧小品、都市随笔、津味小说和津门掌故等方面的内容。在体裁方面，有随笔、散文、小说连载和文艺评论等不同文学样式，其中每期都要连载两部长篇小说，著名津味小说家李燃犀的长篇小说《降龙记》即于1933年初在该版上连载。

沈浮酷爱电影，20世纪20年代，天津先后出现“天津”“北方”“新月”“渤海”等四家电影制片厂，沈浮担任《国强报》副刊编辑期间，曾考入了天津影片公司，并在渤海影片公司兼职，曾参加幽默片《大皮包》的拍摄。1933年，上海联华影业公司聘请沈浮担任《联华画报》编辑，后因沈浮在津具有从事电影业的经历，加之他有广泛的人脉，而被联华聘为编导，名

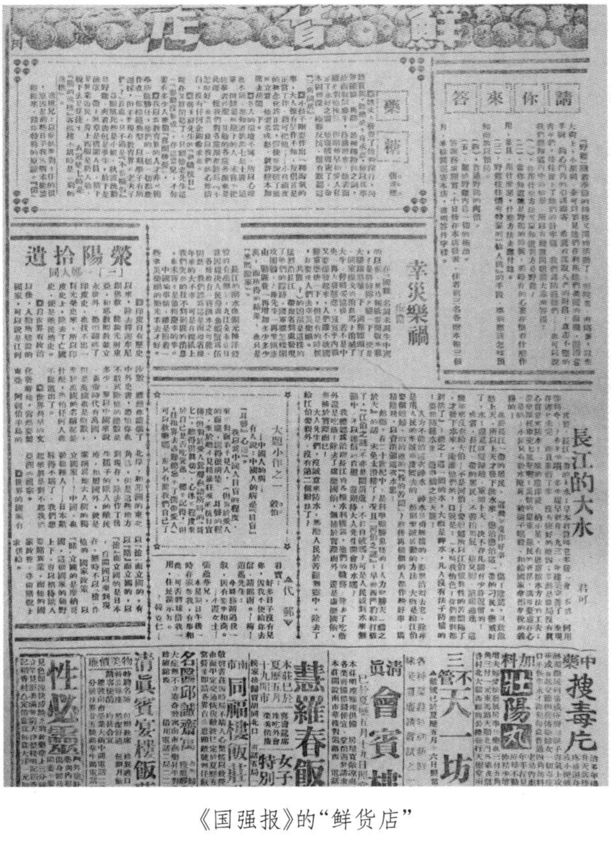
鮮貨店

請你來答

藥糖

幸災樂禍

榮陽拾遺

長江的大水

搜毒片

加料壯陽丸

三不管天一坊

清眞會賓樓

慧羅春飯

同福樓飯莊

名醫邱誠齋

清眞賓宴樓飯

性必靈

《国强报》的“鲜货店”

字就用沈浮这两个字，从此不再用沈哀鹃这个名字。除沈浮外，《国强报》副刊还有两位编辑，协助沈浮编辑副刊，一位叫郭伴海，另一位是卢粹言，这两个人都是写作高手，使副刊内容新、版面活，融知识性、趣味性为一体，使《国强报》畅销不衰。

沈浮离津后，杨绍林又请袁无为担任副刊编辑，仍以卢粹言、郭伴海为辅，袁无为的作风与沈浮不同，袁无为审美趣味较低，使副刊内容趋于黄色，这与杨绍林的价值观颇有距离，袁无为被迫辞去主编一职。由卢、郭二人担纲。这二人按照沈浮的做法，继续深耕副刊，使《国强报》保持了旺盛的生命力。直到七七事变后，才被迫停刊。

缺少记载的《天津时报》

《天津时报》出版于 1920 年，社址在意租界大马路 40 号。

关于这份报的情况，《新天津指南》《天津市概要》《天津快览》等史料中并没有相关记载，今人编辑的《天津报海钩沉》亦没有提到。现存的样报是 1934 年 12 月 24 日的，按照这天报纸“出版十四年第五千零八十八号”，推断该报出版于 1920 年，可能是天津民国时期存世最长的小报了。

天津時報

留滬各要人
將開時局會議
胡北上期在明年二三月
王寵惠區芳浦赴奉化謁蔣

《天津时报》报影

这份报纸是四开小报，第一版是要闻版，主要是各地发生的重大事件。有意思的是，这一版有一半空间是广告，差不多都是有关医药方面的，如治肺丸、保肾丸、滚痰夺命丹、吐血奉贤丹等，可见那个时候发生的疾病也是五花八门。第二版是小说、评书专版，每期连载二三部小说，有雅浓著社会小说《情海遗恨》，冷公著言情小说《摩登小姐》等。另有评书连载，有吉评三讲述的《清义明侠》，武书彬讲述的《精忠全传》，孔鹤翔讲述的《彭公案》等。第三版是综合性副刊，副刊名称很有意思，叫“大罗天”。大罗天是天津著名的游艺场，在今鞍山道原天津日报社附近，也许是为突出副刊轻松的风格特点，故给副刊起个游艺场的名字。大罗天副刊的主编是“徐刺儿”，单从名字上看，肯定是笔名，这或许

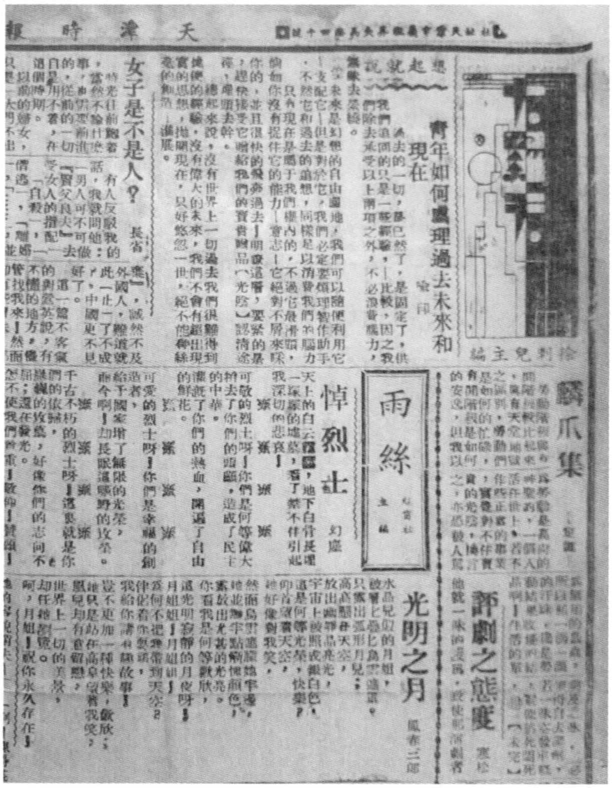
天津時報

想起就說

青年如何處理過去未來和現在

女子是不是人？

徐刺兒主編

雨絲

悼烈士

光明之月

評劇之態度

《天津时报》副刊“大罗天”

也可以给这家副刊带来一定的喜剧效果。“大罗天”的第一个小栏目是“想说就说”，是让大家发言的地方，每期有二三篇短文。这个栏目刊载的文章都是杂文，如有一篇《女人是不是人》的短文，提出了妇女解放的问题。作者认为，过去的妇女都是大门不出二门不迈的，她们除了做家务，外面的世界与她们无关，致使她们失去了做人的义务。那么妇女到底是

不是人？作者的回答是：妇女就是和男人不一样的人，既然是人，就应当做人的工作，若攒在“贤妻良母”的圈子内，以为自足，那无异于是一匹马，给男人拉一辈子的车。“大罗天”的第二个栏目是“雨丝”，专门刊载现代诗，是青年人宣泄情感的园地，这个专栏由“绿窗社”主编。这个“绿窗社”大概就是一个诗社。除上述栏目外，还有剧评、随笔栏目。有一篇《风雪的大街》，描写了暴风雪来临时，给作者所带来的负面情绪，因为“月份牌的纸片，也由初一十五的消失了，已醒的人们，知道天气寒冷，又要过年了……美丽的小鸟没有了，鲜艳的香花儿没有了，风消失了和煦的太阳”。但作者，只是慨叹时光如流水，并没有泯灭内心对美好生活的向往，他希望春风能够吹拂“似少女般的树木”，以迎接春天的到来。这篇随笔，内涵丰富，语言清丽，读起来有一种特殊的美感。

第四版是本市新闻版，多是一些抢劫、盗窃、伤害一类消息，如有一条消息，披露了西广开“恶犬施威伤二命”的消息。还有一条消息，似乎更为可笑，据该消息描述，“翁有非礼行为，据云目的不达竟欲杀媳。”这从客观上表明，民国时期的天津卫并非像一些人所说的“太平盛世”，而可能更像一个乱世，并非“报纸用此类消息故意吸引读者眼球”这么简单。

可能是《天津时报》发行量并不大，这也是迄今为止，该报不见诸记载且无人提起的一个重要因素。有关这家报纸的最终命运，单从几张样报已无从获知，只待将来专家学者研究了。

《东方朔》聚集报界名人

《东方朔》是《东方时报》的副刊，创办于 1927 年 1 月 1 日，也是天津当时颇具影响的文艺副刊。

《东方时报》原是英国人辛博森“五四”时期在北京创办的英文报纸，奉系军阀是其后台。第一次直奉战争后，《东方时报》停刊。第二次直奉战

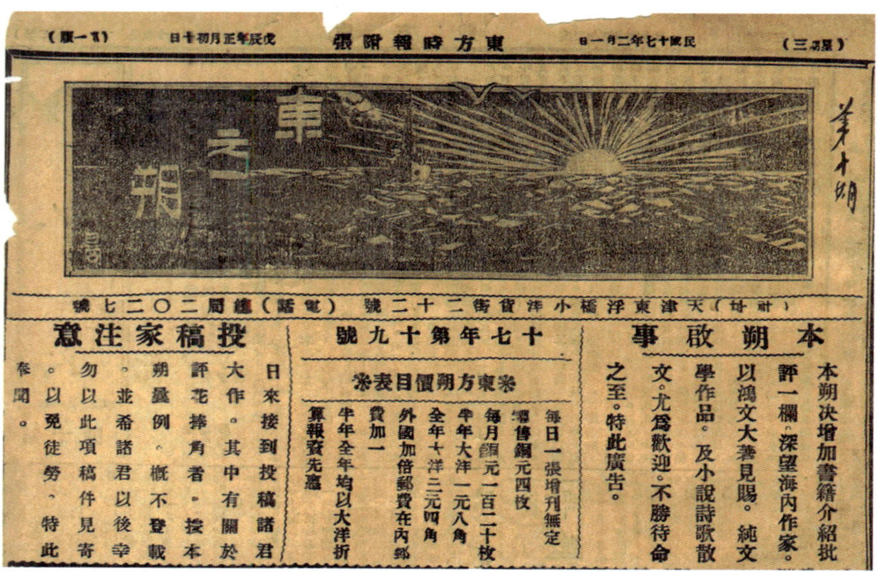
(星期三) 民國十七年二月一日 東方時報附張 戊辰年正月初十日 (第一版)

社址 天津東浮橋小洋貨街二十二號 (電話) 總局二〇二七號

十七年第十九號

本朔啟事

本朔決增加書籍介紹批評一欄。深望海內作家。以鴻文大著見賜。純文學作品。及小說詩歌散文。尤爲歡迎。不勝待命之至。特此廣告。

※東方朔價目表※

每日一張增刊無定
零售銅元四枚
每月銅元一百二十枚
半年大洋一元八角
全年大洋三元四角
外國加倍郵費在內郵費加一
半年全年均以大洋折算報資先惠

投稿家注意

日來接到投稿諸君大作。其中有關於評花捧角者。按本朔彙例。概不登載。並希諸君以後幸勿以此項稿件見寄。以免徒勞、特此奉聞。

《东方朔》报影

争时，奉系入关进入北京，《东方时报》随之在天津东浮桥（金汤桥）小洋货街22号复刊(坐落在《益世报》旧址，不久英文版停刊，只出中文版)。聘请著名报人、文艺家王小隐为主编（王后来曾主编过《益世报》副刊并供职于《商报》)，副刊《东方朔》则由吴秋尘任主编，吴云心主持发行业务。该报在天津仅出刊一年多便因张作霖被炸死而于1928年6月停刊。

《东方朔》原称“东方俱乐部”，后因一篇小文《一千八百年前之滑稽老前辈——东方朔》而改名，对此，王小隐在《述“东方朔”》一文中作了说明。《东方朔》的风格具有轻松、幽默、滑稽之特点，许多文章兼有调侃味道，自发行以来倍受追捧。《东方朔》与传统意义的副刊有很大区别。它的独立性和办刊的灵活性是其他副刊无法比拟的。它可以脱离主报而独立发行和订阅，同时拥有《小说半月刊》《文艺》特刊等相对独立的子副刊，另于特殊节日发行“春节赠刊”“中秋特刊”等，形成了丰富而独具特点的副刊。在内容和栏目设置上，《东方朔》也同样展现了独特的风采。举凡小说、散文、诗歌及随笔等体裁应有尽有，另有漫画、名人剧照（如梅兰芳）等，真可以说是“百花齐放”了。从内容上看，就更值得多赘述几笔。笔者有幸藏有《东方朔》报纸十几份，许多作者的名字非常引人注目，除王小隐、吴秋尘外，还有吴云心、刘云若、竹心（宫白羽）、吴微哂等。

中国现代文学史上有所谓的“南有张恨水，北有刘云若”一说。刘氏一生撰有长篇小说五六十种。长篇小说《春风回梦记》是他的成名作，其他著名的作品还有通俗小说《红杏出墙记》《小扬州志》等。其在《东方朔》中刊载的作品主要是早期的短篇小说和散文。小说有《芙蓉帐》《醉写》《德门寿母》等；散文有《赏下来的月饼》。这些文学作品，为其后来在《商报》上发表《春风回梦记》做了很好的铺垫。

戴愚庵是《东方朔》的特约撰述。他祖籍浙江，原名锡庚，字渔清，笔名有愚庵、箬翁、娱园、娱园老人等。另据吴云心《重刊〈沽水旧闻〉序》(详见《吴云心文集》)一文介绍，戴愚庵曾长期担任天津城内草厂庵小学的校长，早在20世纪20年代末，就曾向天津《东方时报》副刊投稿，并应副刊主编吴秋尘的约请，撰写以清末天津下层市民生活为题材的长篇小说。在《东方时报》副刊《东方朔》中，曾发现《劫灰艳屑》《如此津门》等连载小说，可作为吴云心先生上述结论的佐证。戴愚庵不仅写文，还开了一家“愚庵广告公司”，专门负责《东方朔》的广告工作。

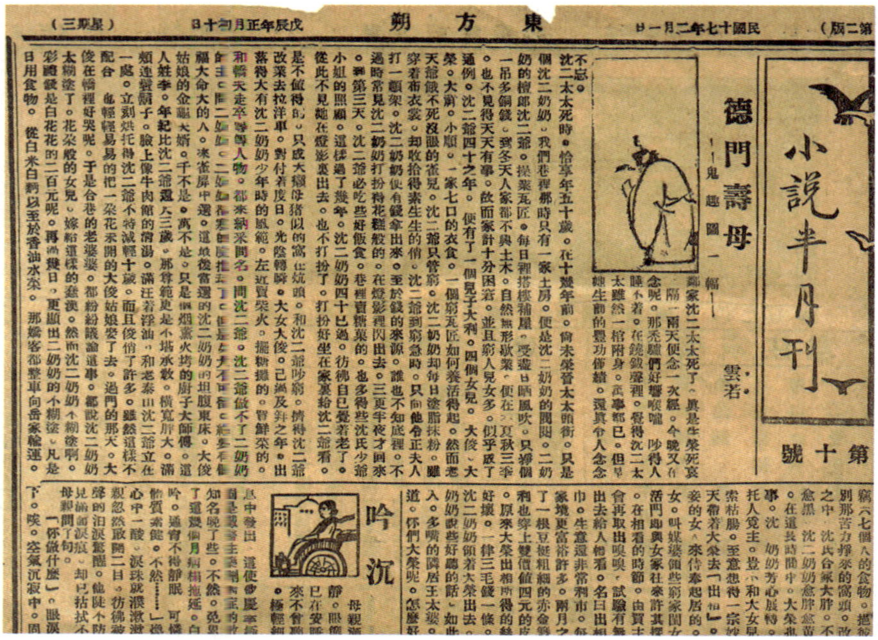
（第二版） 民國十七年二月一日 東方朔 戊辰年正月初十日 （星期三）

小說半月刊 第十號

德門壽母 ——鬼趣圖一幅—— 雲若

吟沉

《东方朔》“小说半月刊”

白羽是一位颇有影响的武侠小说作家，在20世纪20年代初，还是文学爱好者的宫氏曾受过鲁迅的热情教导和帮助，在鲁迅的书信集中存有当年给宫氏的两封信件。1938年，宫氏以宫白羽的笔名发表了著名的武侠小说《十二金钱镖》，从此，白羽之名流传各地，而他的本名宫竹心反不为人知。宫竹心是《东方朔》的四位专栏作家之一，另三位为朱知非、陈石东、徐凌影。其发表的作品多为小说及小说评论和散文。其中的小说有《警跸》；小说评论有《好小说》《劝善小说》《小说闲话》等。《东方朔》有数篇系列“应景”作品，包括《俗物眼中的秋节》《年话》《新年零感》等，分别刊发于1927年中秋、1928年元旦和1928年春节等几个重要节日当天的专刊或特刊上，构成了独具特色的“年节系列”，字里行间弥漫着灰色调的人生感悟和年关难过的慨叹。此一系列的作品除具有深刻思想性外，尚具有笔锋犀利、语言老道、幽默风趣之特点，至今读来仍会令人在心酸中捧腹。

本来，《东方时报》由于有奉系军阀背景，所以并不为津城读者欢迎。但其副刊《东方朔》因为有众多名人参与而非常出色。《东方朔》有二十八位优秀撰稿人，被该报誉为“二十八名宿”。除北京的萨空了、宫竹心（宫白羽）外，还有“地道的天津人”戴愚庵、“卫嘴子”刘云若以及当时以笔名“天放”撰文的吴云心。再加上王小隐、吴秋尘、徐凌影等报界名人的参与，《东方朔》在天津文学史上便有了特殊的历史地位。著名报人、作家吴云心先生在《张大帅的机关报》一文中说：“《东方时报》虽然在报业史上表演了这些丑剧，但它的副刊《东方朔》在天津确有值得一说的历史……平心而论，《东方朔》在培养天津的一代文艺青年上是起到一定的作用的。”研究20世纪20年代的天津文学，就不能不提到《东方朔》。

《民生日报》的算命广告

《民生日报》创刊日期不详，社址位于南市荣业大街北口。

在天津报刊史上还有一些流传在民间但却未见诸记载的轶报，这些报纸读起来也是趣味盎然，如《正报》《震报》《新世界》等，《民生日报》就属于这种情况。

据说，孙中山先生的秘书、担任过民国议员的林树椿，曾经担任过该报主编。但这一说法没有得到验证。该报广告曾称“日出一大张”，但实际上该报只是一张四开的小报，与其他小报并无不同，“日出一大张”不过是个噱头而已。但该报在北平的“平津光明书报社”设有分销处，每天中午 12 点半由火车运到北平，然后由各路专差用自行车分送，证明该报的实力还是相当可观的。

1929 年 7 月 13 日的《民生日报》分为四块版面。第一版为要闻版，第二、三版为地方新闻版，第四版为副刊，刊名为《食余》，意为吃饭之余或茶余饭后，这也是典型的民生问题。要闻版主要刊载全国新闻。特别是民国政府的一些动态及发生在各地的时事要闻。地方新闻主要是本市新闻，其中有一篇《天津比租界今日悬党国旗》的消息，披露了有关收回天津比国租界的谈判情况及收回比租界的主要内容，如对官产无条件收回，对私产要照旧保护，另外还包括悬挂国民党旗等细节问题。该文还披

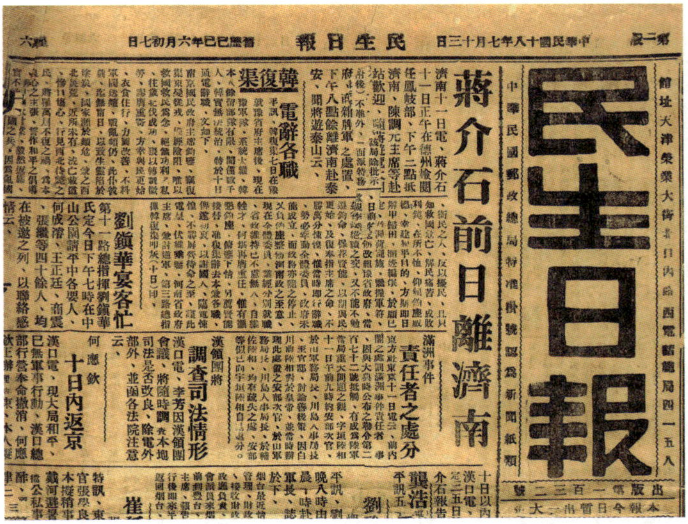

第一張　中華民國十八年七月十三日　民生日報　舊曆己巳年六月初七日　六版

民生日報

蔣介石前日離濟南

韓復榘電辭各職

劉鎮華宴客忙

責任者之處分

調查司法情形

十日內返京

《民生日报》报影

露了比租界土地面积的情况,“其地约有七百亩之大,但其中有数十亩已售卖华人,二百亩售英美人,沿河一带有马路及码头约二百亩遂由测量人员按界调查……”

《民生日报》的副刊与同类刊物相比表现平平。除连载慧芳的警世小说《新家庭》外,其余为一般性杂文,如有一篇李涤尘的《各国离婚谈》,介绍了世界各国离婚率上升的原因,并列举了相关国家离婚率的统计资料。本版并未有文艺性作品,因此,其可读性大打折扣。

有意思的是该报的第三版刊有一则名为“导轨子命馆”的算命广告。导轨子命馆服务范围是函批八字、诚占周易、合婚择吉、诉讼文件,并开出了不同服务内容的价码:如占课 5 角,择吉 2 元,合婚 2 元,诉讼文件面议。该广告还煞有介事地鼓动说:“欲知一生宝贵贫贱者不可不批、欲知目前吉凶祸福者不可不批、欲知将来官至何级者不可不批……欲知导轨子批断灵否更不可不批。”此类需要批断的问题大概也属于民生问题,但交由算命先生来把握,则实在有些滑稽。

《天津评报》以药养医

《天津评报》是一份专以刊载中成药广告的小报，由著名医师刘霁岚于 1921 年创办。

刘霁岚，名云岫，1895 年 5 月生于河北省沧县孟村镇，卒于 1977 年，是报界“三刘”之一（另为《白话晚报》的刘孟扬和《新天津报》的刘髯公）。他的父亲刘秉彝也是天津著名的中医师，先后发明了坤中第一丸、神丹

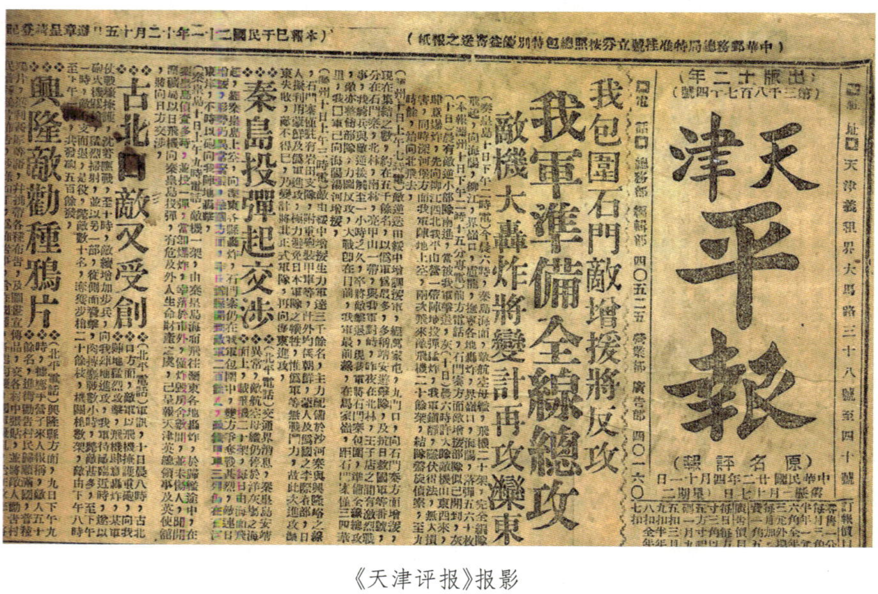
天津平報
（原名評報）
我包圍石門敵增援將反攻
我軍準備全線總攻
敵機大轟炸將變計再攻灤東
秦島投彈起交涉
古北口敵又受創
興隆敵勸種鴉片

《天津评报》报影

等多种中成药，并于 1902 年在意租界大马路上开设了中西大药房。

刘霁岚年轻时随父学习中西医和制药技术，并子承父业经营中西大药房。为了宣传自己成药产品，扩大企业的知名度，刘霁岚在南市荣业大街创办了《天津评报》。在刘霁岚看来，办报可以宣传自己的祖传成药，还可抬高自己的社会地位，不受别人欺侮。之所以取名“评报”，是取“评”字之“评论”“公平”之意。借助报纸的宣传攻势，产自中西药房的“保赤一粒金”“濯毒洗血镜” 等一批成药几乎一夜之间便成为家喻户晓的知名产品。除中西大药房自产成药外，其他医院和药房生产的中成药广告也借助这一平台，成为老百姓心目中的“名牌”，如活胃舒肝丸、花柳搜毒丸等，都是当时知名的成药。

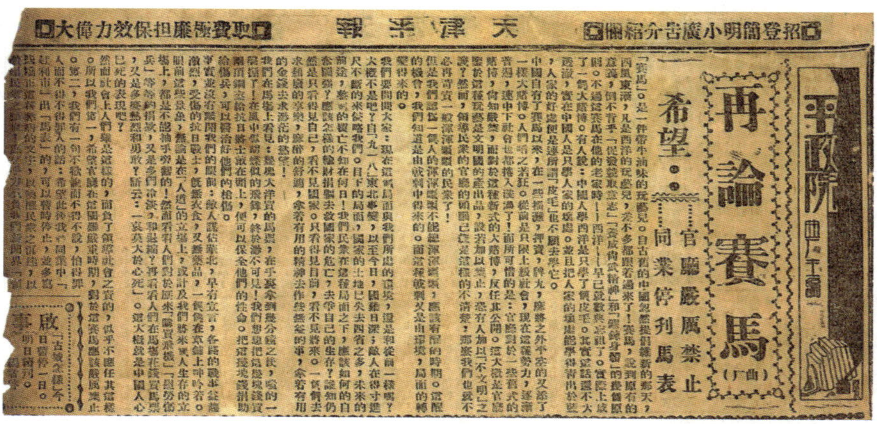
招登簡明小廣告介紹欄　天津評報　取費極廉担保效力偉大

平政院

再論賽馬（厂曲）

希望……官廳嚴厲禁止　同業停刊馬表

啟事

《天津评报》副刊“平政院”

《天津评报》为四开小报。由高辑五负责编辑要闻和本市新闻。在国内军阀混战的年代，迎合民众反对战乱的心理，曾多次著文抨击军阀势力，因而赢得读者好评，使该报的最高销量一度达四五万份。副刊则由著名报人徐雅松主持。徐博学多才，用“城北徐公”的笔名，撰写杂文和地方风土小品。辛曲厂主持的《平政院》副刊，刊载雨华的《人海浮沤》等连载小说或者评书，很能吸引读者眼球。此外，李吟梅(天津电影界知名人士)撰写的剧评，王受生的小说连载也使该报副刊增色不少。每个版面下方都设广告专版，几乎清一色都是中成药广告。

1926年评报社迁至法租界24号路（今长春道），约在20世纪30年代初迁至意租界大马路。九一八事变后，《天津评报》抨击蒋介石的不抵抗政策，受到国民党当局的警告。后来因刊载《蒋中正中而不正不能扶正》一文，惹怒了当局，被国民党军警查封。查封《天津评报》直接影响了中西大药房的经营，幸好刘霁岚好友王濯源与上层有联系，在其帮忙说情下才得以复刊，但已不能再用原报名。于是被迫将《天津评报》的“评”改为“平”。在后来出版的《天津平报》上，在报头处仍有“原名评报”的小字说明，以表明报名之间的渊源关系。1937年天津沦陷后，因不愿为日本侵略者进行宣传，《天津平报》自动停刊。

《现世报》的“现世宝”副刊

在天津人的口头语中，一个人如果不务正业或者不通人性，常常会被别人讥讽为“现世宝”(与报同音，读四声)。有趣的是，民国时期天津就有一张以“现世报”为报名的老报纸。该报刊有名为“现世宝”的杂文专栏，专门刊载讥讽社会乱象的文章，该报报名概源于此。

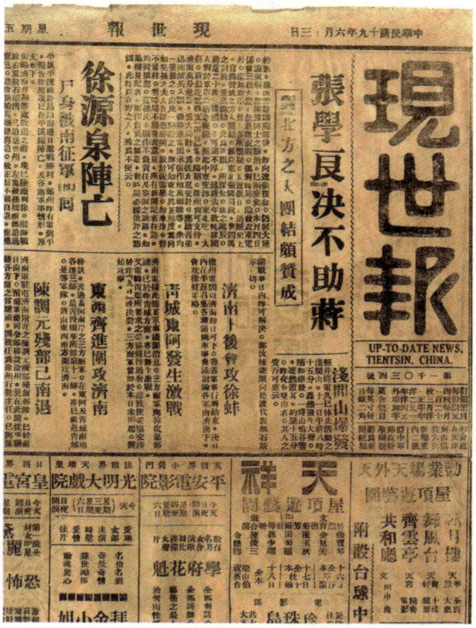
中華民國十九年六月十一日 星期三　現世報　星期五
現世報
UP-TO-DATE NEWS, TIENTSIN, CHINA.
第一千〇三四號
張學良決不助蔣
北方之大團結頗贊成
徐源泉陣亡
尸身被南征軍掠回
濟南下後會攻徐蚌
青城東阿發生激戰
東面齊進圍攻濟南
陳調元殘部已南退
淺間山爆發
光明大戲院
平安電影院
天祥屋頂遊藝園
勸業場天外天屋頂遊藝園

《现世报》报影

20 世纪 30 年代，天津有许多报名奇奇怪怪的报纸，《现世报》便是其中之一。笔者钟情于旧报纸的收藏已有数年，常常利用双休日或者出差的空闲时间到京、津等地的旧书市场淘宝，目前已收集京津两城市发行的天津解放前的老报纸达近百种，这份《现世报》是笔者在天津三宫原旧书市场的地摊上偶然发现的，共 9 张，期号在第 1034 到 1061 号之间，1930 年 6—7 月份出刊，从而为了解这张报纸的面貌提供了实物样本。

由于年代久远，有关《现世报》的一些情况，现今的文字记载似乎并不太多。天津政协文史资料委员会编辑的《天津报海钩沉》，也只有这张小报经理、编辑的简略记载，这给了解这张小报的情况带来了难度。有幸的是，《天津志略》(1930 年)对该小报的一些情况有所记载。据载，《现世报》创办于 1927 年 7 月，是一份私人独资性质的小报，经理史鹤雏，编辑史靖宇。设有广告、发行、小说和新闻四部，拥有十六面平板机 1 台，工人 40 名。每份只有 1 小张，4 个版面，日发行量达 2000 余份。每份铜圆 4 枚，每月约需 120 枚，折每年大洋 4 元。

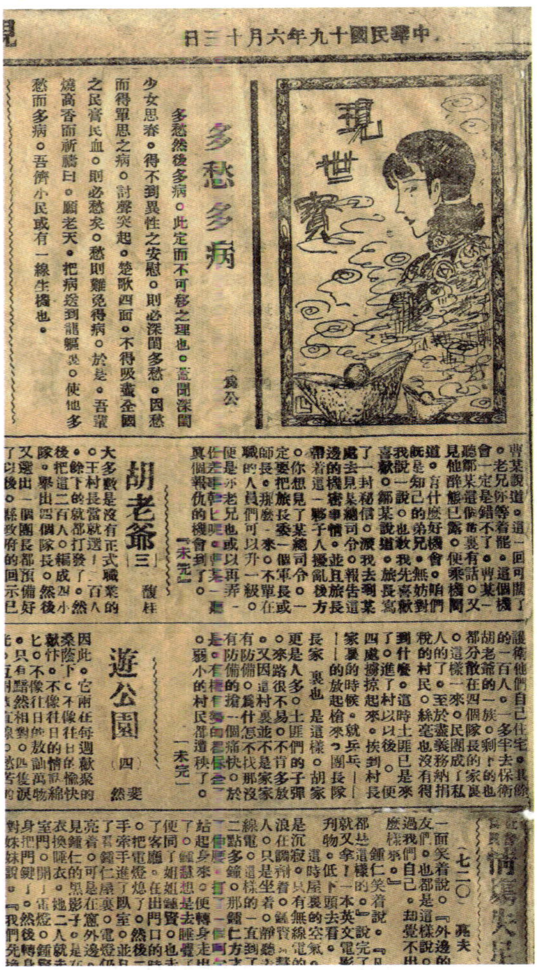
中華民國十九年六月十三日

現世寶

多愁多病　（鶴公）

多愁然後多病。此定而不可移之理也。蓋聞深閨少女思春。得不到異性之安慰。則必深閨多愁。因愁而得單思之病。討聲突起。楚歌四面。不得吸盡全國之民膏民血。則必愁矣。愁則難免得病。於是。吾輩燒高香而祈禱曰。願老天。把病送到龍軀裏。使他多愁而多病。吾儕小民或有一線生機也。

胡老爺（三）

遊公園（四）

《现世报》开设的“现世宝”专栏

该报地址设在南市慎益大街新乐里（一条小巷）2 号。据《和平区地名志》载，新乐里位于慎益大街西段北侧。现属清和街道办事处。南起慎益大街，北至华乐里南街(食品街对过，今已不存)。长 34 米，宽 3.3 米，沥青路面。1924 年由慎益房地产公司建房成巷，取“新居康乐”之义命名，两侧为砖木结构二层楼房。

笔者珍藏的这几份报纸，第一版，均为要闻和广告版。要闻几乎反映的都是军阀之间的混战场面。广告多为各种游艺场所以及戏院、电影院的演出广告，有京剧、评戏、电影和大鼓，涉及的场所有中原剧场（今百货大楼）、天祥屋顶游艺园（今劝业场）、张园游艺园（在鞍山道）、皇宫电影院（旧址在多伦道百货大楼对面原胜利公园）、光明大戏院（光明影院）、平安电影院（即音乐厅）、明星电影院（和平影院）、河北影院（原大胡同附近）等。

第二版是名为“开心”的游艺副刊。有“时事志异”“银灯菊影”“如此社会”“观剧杂记”等栏目，以戏评为主。另有小说连载，有黄星的《春秋擂台》（侠义小说）、晓虹的《欲鬼轮回记》。

第三版为“现世宝”专栏，其实就是文艺副刊。主要是杂文和小说，其中有 6 部小说同时连载，包括《春宵》（香艳小说）、《残碑断碣》（哀情小说）、《新孙悟空》（谐意小说）、《大侠张鹏》（武侠小说）、《情场失足》（社会写真）、《历代史传》（白话）等。同时有 6 部小说在一个版面出现，在民国时期的天津小报中并不多见，这可能是这张小报最大的特点了。

第四版为社会新闻。多为发生在天津地界“奸、拐、淫、盗”等方面的社会新闻，另设有“车站纪事”（政界要人出入津门的消息）、“劝人学好”（相当于以案说法）等栏目。

按照《天津志略》的评述，《现世报》其特点为：“国内政治消息皆不甚注重，而多载社会上的奸荡淫盗之事件。此外，在各报的背页，几尽载风月消遣之文字，日出一小张，编辑宜力求进步，排印宜力求清楚。”“皆力求低级社会的趣味化。”《天津志略》的评价基本上符合这张小报的面貌。

杨莲因与《小说日报》

《小说日报》创办于 1926 年 11 月 20 日，社址在法租界忠信里 31 号（今河南路忠贤里）。每期十六开四个版面，“每日随《群益报》附送不另取费”。

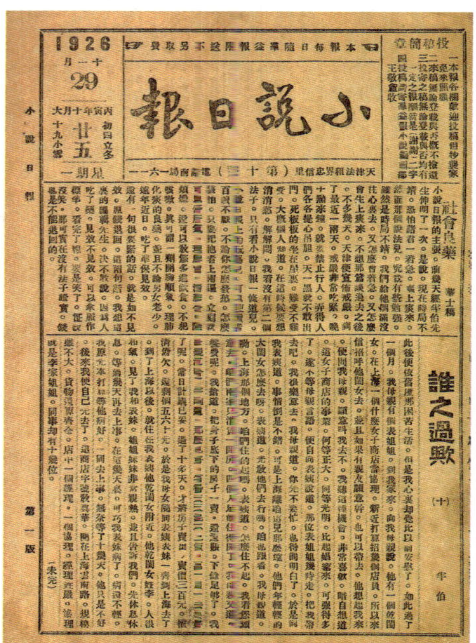
1926
十一月
29
小說日報
本報每日隨羣益報附送不另取費
天津法租界忠信里（第十三）電話南局一一六一
星期一
丙寅年十月大
廿五
誰之過歟

《小说日报》报影

杨莲因是民国时期的著名报人、作家，曾在老报人刘孟扬任社长的《小说日报》担任编辑。因为杨莲因年纪很轻，“捡子玩艺儿都很漂亮”，故很受刘孟扬器重。后来，上了年纪的刘孟扬极愿“退身休养”，所以，便顺理成章地将《群益报》连同《小说日报》一起让与了杨莲因。担任社长的杨莲因，借助《群益报》《小说日报》的平台，成为民国时期天津报界的名人。

当时，由于直系、奉系军阀连年混战，天津街头每日夜晚均要实行宵禁，使老百姓的生活受到严重影响。这种你争我夺、民不聊生的局面持续几年，故老百姓由“骇”生“愁”，由“愁”生“急”，由“急”生“气”，因“气”而致“胸结不开，消化不良”。为了解除老百姓的困苦，刘孟扬决心开办一种能够“开胃化痰”的小报，以便让老百姓“开心解闷”。于是，借助《群益报》的财势，以幽默、滑稽为特点的《小说日报》以《群益报》附张的身份复刊。

这张报纸为16开纸型，每期共4个版面。第一版刊有报头、日期、地址、电话以及《投稿简章》。头条是评论栏目，主要内容一是说明报纸的情况、办刊宗旨；二是时评，对国内和本市的时政进行评说。其中对军阀混战和租界外国势力多有批评。值得一提的是，该栏目有数篇评说天津电影情况的文章，包括《天津的银幕事业》《谈谈电影院》等。其中，提到了天津的摄影公司、天津出品的电影和天津的摄影师。如摄影公司有渤海影片

《小说日报》旧址

公司、新星影片公司、中美影片公司等；电影有《大皮包》《险姻缘》《血手》；摄影师有张玉亭等。电影传入中国已有一百年的历史了，挖掘整理这些史料，无疑是对中国电影事业历史发展的最好补缀。

第一版的下半张以及第二版、第三版分别刊载长篇小说和短篇小说。长篇小说采取连载形式，有刘半伯的《谁之过欤》、杨莲因的《还珠记》、佳丁的《心高命薄》等。第四版为副刊(杂文版)，取名为《屁之素》，有"屁""社会日记"等栏目，针砭时弊，揭露乱象，具有内容短小、形式多样、语言诙谐等特点。

杨莲因一度对《小说日报》的版面进行了调整，除保留了以滑稽见长的杂文专版《屁之素》外，还增加了小说评论等内容，另外，还开展了小说征集活动，使《小说日报》每天刊登的小说总量达到五六篇之多(其中长篇小说连载保持在两篇)。杨莲因还亲自撰写长篇哀情小说《还珠记》，这篇小说描写了主人公"我"与大家闺秀红珠悲欢离合的故事，小说"以哀情为纬，以伦理为经"，以生动、流畅的笔触，为我们描绘了一幅美丽生动的都市爱情生活画卷，读之令人心酸，叫人感动，实是不可多得的佳作。

值得一提的是，杨莲因与天津的另一位著名报人、小说家刘云若曾有着不寻常的关系。这在刘云若1947年出版的《白河月》这部长篇小说的自序中可以得到佐证。按照刘云若自己的说法，九一八事变后，同学杨莲因曾对刘云若提出这样一个问题："到了这个时候，你还忍心写《春水红霞》那种东西吗？"然而，刘云若迫于生计，仍然写了很多"风花雪月"之类无聊作品。但每当想起杨莲因的话，"好像每个字都刺在我的心，所以最后几部作品，都是半途而废，近二年完全与写作无缘"。因为有了杨莲因的影响，所以，在痛定思痛之后，刘云若决心抒发"几年蕴蓄的抱负"，改变从侧面讽刺的做法，而是"积极地领导，纠正社会，推动青年"，在这个背景下，一部以反映沦陷区热血青年生活经历为内容的"纪痛的野史"——《白河月》在刘云若的笔下诞生了。20世纪40年代后期，刘云若小说内容和风格的改变，是因为有了杨莲因的影响，这在天津现代文学史上留下了一段佳话。

小报大办的《新天津报》

据悉，坐落在河北区建国道上的原新天津报馆已列为历史风貌建筑保护名单，从而引起人们的普遍关注。

“看晚报，新天津晚报！”这是20世纪二三十年代每天下午五时后，回响在津城大街小巷的独具韵味的叫卖声。

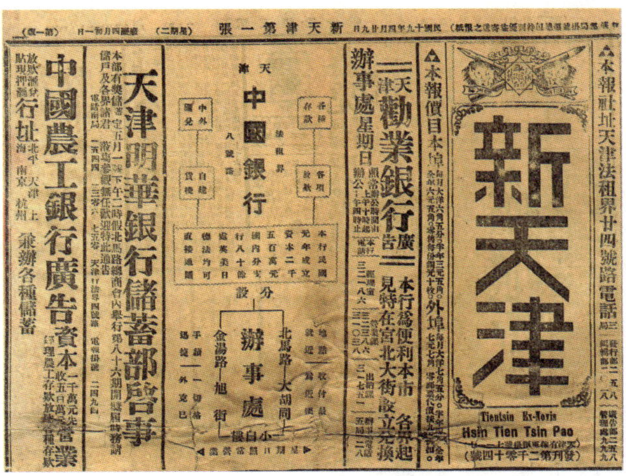

《新天津报》报影

《新天津报》创刊于1923年8月，是具有独特风貌的四开小报，也是一张小报中的大报。创办人刘髯公因为这张报纸而成为津城名人，并且，随着业务量的扩大，《新天津报》馆三易其址，由最初的自行车行的几间陋室而一下子变成了拥有七十余间房屋的两栋小楼。

刘髯公(1893—1938)，字仲儒，杨村(今武清区杨村七街)人，回族，著名的爱国报人，1938 年因遭日本人施用酷刑含恨而死，年仅 45 岁。其父刘益庭，早期曾开设一家小粮店，因蚀本关闭。共有三子一女，刘髯公行大，少时读过几年私塾，于 18 岁左右离家赴北京自谋生路。在街头偶然拾到一个公文包，是法国大使馆一位武官丢失的。这位武官很感激他，便把他留在大使馆当一名“录事”。后又介绍他到天津任法国工部局任侦探长，从此落脚津门，娶妻李淑贤，非常贤惠，生子承年、承光、承玉和女儿承淑。在法租界海大道(今广场桥至营口道之间的大沽北路)开设一家明星自行车行。因为曾经担任侦探长，能够了解许多社会新闻，所以一些报馆经常向刘髯公索取信息。时间一久，刘髯公产生了自己办报的想法。

1923 年 8 月，经与段松坡、薛月楼商定，共同创办了《新天津报》。刘自任社长，刘的二弟刘谦儒为经理，段松坡为副经理，薛月楼任协理兼主笔，总编辑张翕如。地址就设在明星自行车行内(后关闭)。《新天津报》属于四开小报，定位为平民化报纸(报头旁边注有“平民化报纸”字样)。刘髯公认为，“小报比大报便宜，平民百姓能买得起；不占地方，携带方便，打开就看”。

天津是戏曲大码头，普通市民喜欢听戏、看戏。刘髯公、薛月楼本身都是高级票友，懂戏、听戏，也票戏。为迎合市民口味，在副刊多刊载梨园动态。刘髯公捧角是出了名的，新天津报馆是一个高级票房。当时著名的京剧演员金少山、李少春、马连良、程砚秋、杨小楼等均是《新天津报》的常客。外地演员到天津必先到新天津报馆拜访这位“刘大爷”。著名京剧老生演员，有“冬皇”之誉的孟小冬(曾与梅兰芳结婚)于 1924 年北上投师，便寄住在新天津报馆，前后长达三年。其间，经刘髯公介绍，孟小冬向天津名票王君直、王庾生、韩慎先、窦砚峰、李采繁等学习，潜心研究谭派演唱艺术，终成一代名伶。

《新天津报》创刊后的第二年，正是第二次直奉战争期间，为迎合市民厌恶军阀混战的心理，发表论评痛骂李景林、褚玉璞、张宗昌、孙殿英，将这些人斥为“四凶八恶”，并以“稿费从丰”为条件，在报纸公开征集辱骂“四凶八恶”的稿件，故赢得了“敢说话”的美名，并使其销路一路走高。由最初的500份，发展到上万份。

由于业务扩展需要，《新天津报》于1928年，租下了法租界马家楼(俗称马鬼子楼，1931年在其址建有北洋戏院)作为新报馆。马家楼建于1916年，位于法租界樊主教路(今新华北路)与窦总领事路(长春道)交口，由人称“马鬼子”的美国人(马格磊)兴建，为砖墙铁顶楼房建筑(今延安影院旧址，已不存)。

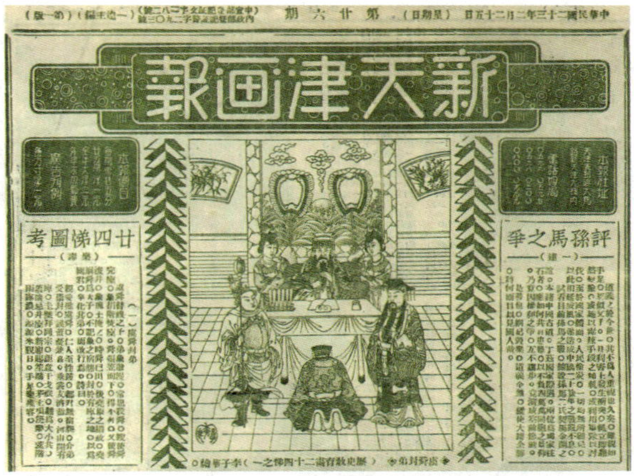
新天津画報

評孫馬之爭

廿四悌圖考

《新天津画报》报影

这期间，《新天津报》在保持原有特色的同时，又首创评书连载。从1930年开始，由报社派外勤记者崔笑我(后来是金危言)根据说书人口述进行记录，经报社编辑进行润色加工后，排成32开本格式(竖体)，在《新天津报》《新天津晚报》重复刊登(照顾城市和农村不同读者需要)，然后再利用原版印制成书。报社按约定，每月付给说书人100元报酬。当时连载的比较有名的评书有常杰淼的《雍正剑侠图》《三侠剑》；顾桐峻的《于公案》和《大宋八义》。由于《新天津报》《新天津晚报》找到了自己的卖点，使其保持了最高5万份的日发行量，在四开小报中拔得头筹。

1932年，在意租界大马路(今建国道66号)买下一所大楼，共房屋70余间，前楼为刘髯公家眷居住；后楼为办公室、编辑部；地下室设有印刷厂。大楼占地面积2330.16平方米，建筑面积3607.5平方米，地上建筑是楼房两层，共24个房间，地下室和地上楼房结构一样，共有12个房间，外出檐柱走廊，红瓦坡顶，上设老虎窗。前楼两端与塔楼相连，整体气势宏伟、结构合理美观。又开办了《新天津晓报》《文艺报》(三日刊)、《新天津

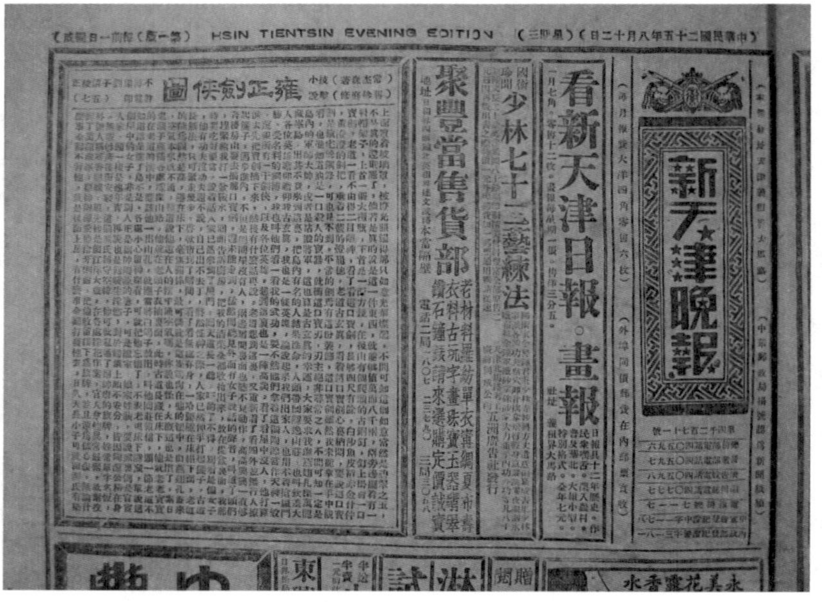
HSIN TIENTSIN EVENING EDITION
新天津晚報
看新天津日報・畫報
少林七十二藝練法
聚豐當售貨部
雍正劍俠圖

《新天津晚报》报影

画报》(周刊)、《新人月刊》等 6 种报刊，并于 1935 年底成立新闻函授学校，形成了一个颇具规模的“报业集团”。

七七事变后，天津沦陷。1937 年 8 月，刘髯公因痛骂日本侵略者而被日本人逮捕，并被酷刑折磨而死(刘是被日本人杀害的《新天津报》第二人，另一为编辑主任朱晓芙)，《新天津报》亦在不久后停刊。

七十年前的《快报》

《快报》创办于1927年1月，发行人是著名报人赵仲轩，社址位于天津特别第一区（原德租界）墙子河路（今属河西区）。

该报属于四开小报，该报每期6版到8版不等，辟有要闻、社会、副页（刊）、广告等专版。另在副刊上设有《陶咏厅》《纸上乾坤》（婚姻专版）、《戏剧》《电影周刊》等专刊。由于版面丰富，栏目多样，受到读者普遍欢迎，发行量一度达到5000份（当时天津每天发行的小报多达四五十种，超过5000份已属上游）。

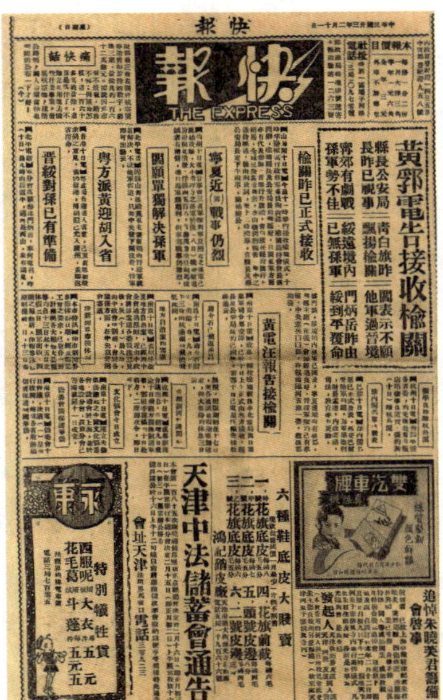
快報
快報
THE EXPRESS
黃郛電告接收榆關
縣長公安局長昨已視事
青白旗昨飄揚榆關
閻表示不願他軍過晉境
寧郊有劇戰孫軍勢不佳
綏遠境內已無孫軍
門炳岳昨由綏到平覆命
榆關昨已正式接收
寧夏近（？）戰事仍烈
閻願單獨解決孫軍
粵方派黃迎胡入省
晉綏對孫已有準備
黃電汪報告接榆關
天津中法儲蓄會通告
會址天津
六種鞋底皮大賤賣
一、花旗底皮
二、花旗底皮
三、花旗底皮
四、花旗前截
五、西號皮邊
六、二號皮邊
鴻記鞋皮廠
雙汽車牌
追悼朱曉芙君籌備會啟事
發起人
永康
特別犧牲貨
西服呢大衣五元
花毛葛斗蓬五元五

《快报》报影

《快报》的副刊当时称《副页》，由适庐负责编辑。从征稿简则中可略知该副刊之特点：“本页欢迎短小隽永的文字，体裁不拘，文言语体不限，若是脑海里的新生产都要，书报上的旧作免劳尊抄，稿件好的，发表之后，酌酬现金或本报。”每期副页都有杂感、随笔、幽默小品等“短小隽永”的文字，另设有《疑难解答》

《老将测字》等栏目，形式活泼、内容丰富、幽默风趣，是该副刊的主要特点。

《快报》的小说连载比较而言，数量比较多，有署名“沽上说梦人”的《新宫粉黛传》，“风流公子”的《风流姨太太》，浮鸥的《少年双侠》，梦秋生著的《烟水荻华》，以及《新封神榜》《花好月圆》《四女侠》《密爱幽欢》《正德剑侠图》等。这些作品尽管亦出了单行本，但流传下来并产生影响的并不多。其质量显然亦不能与《新天津报》《天风报》等小报相比。因为，《新天津报》首创评书上报，独领津城小报风骚；《天风报》推出刘云若、还珠楼主等大家，其他小报很难与之争锋。

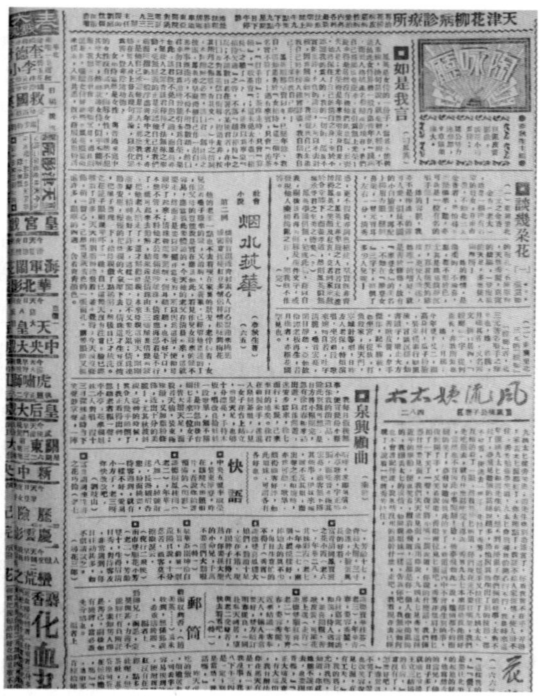
天津花柳病诊疗所

如是我言

谈几朵花

烟水荻华

风流姨太太

快语

邮筒

《快报》副刊“陶咏厅”

《快报》的“淘泳厅”是游艺专版。这从该版宗旨广告中可略知一二：“昆乱皮黄影曲，谈花小巧为佳；诸公努力参与，文章无须块大。”从实际刊出的文字来看，其中的“谈花”内容占去多半。所谓“谈花”实际上都是妓女、女伶或者女招待的生意广告。每期有七八则。试选录其中几则，其一："南市双顺花小芳(老二)，芳龄双十，生得眉清目秀，对待客友，非常周到，每日访者甚多，如不信请试之。"其二："中央(戏院)女招待二号，姿容秀丽俊俏，诸公不信前去瞧瞧，管保一见倾倒。"

《快报》的戏剧、电影周刊还是不错的，保留了一些影剧史料。《戏剧》由梅花馆主题写刊名，除介绍名伶外，主要刊载戏班演出新闻，如《新明聆曲记》，记录了名伶张艳芬演出全本《玉堂春》的情况，是不可多得的戏曲史料。《电影周刊》由碌碌主编，以影坛消息、影片介绍、影星趣闻为内容。其中的《电影漫话》专栏，对电影的制作、电影技术及电影发展等，作了系统介绍，是难得的电影研究文章，对于研究电影史的人来说，值得一读。

七七事变后，这张存世近二十年的小报，与多数报纸的命运一样，落得无果而终的结局，但这张民国时期天津仅存的以"快报"命名的报纸，却在天津报刊史上写下了很重的一笔。

《天津晶报》模仿上海《晶报》

《天津晶报》创刊于 1929 年 4 月 10 日，地社址在昆纬路骏骥里 10 号,发行人陈眉翁(公)。另在上海宝山路升顺里 16 号设立办事处,由陈季德、朱伊人担任负责人。

民國十八年十月四日 星期五 天津晶報 中華郵政局特准掛號認為新聞紙類 (第一版)

天津晶報

社址天津新車站宜緯路 電話北局四百九十號 今日一張 售洋一分二厘

第四十九期

送

克圖利洋行

Zeiss Ikon Cameras

天津 中原公司

君欲得新穎價廉花好衣料 請到東馬路麗華綢緞莊

《天津晶报》报影

《天津晶报》初创时为 3 日刊，每期四开四版，随报附赠《小晶报》一份，每期二版，出刊半年的时候，发行量已逾 3 万份，其中本市销售 2 万份，外埠销售 1 万份。自 1934 年 8 月 1 日起改为日报，每期增至一张半，另附不定期增刊。

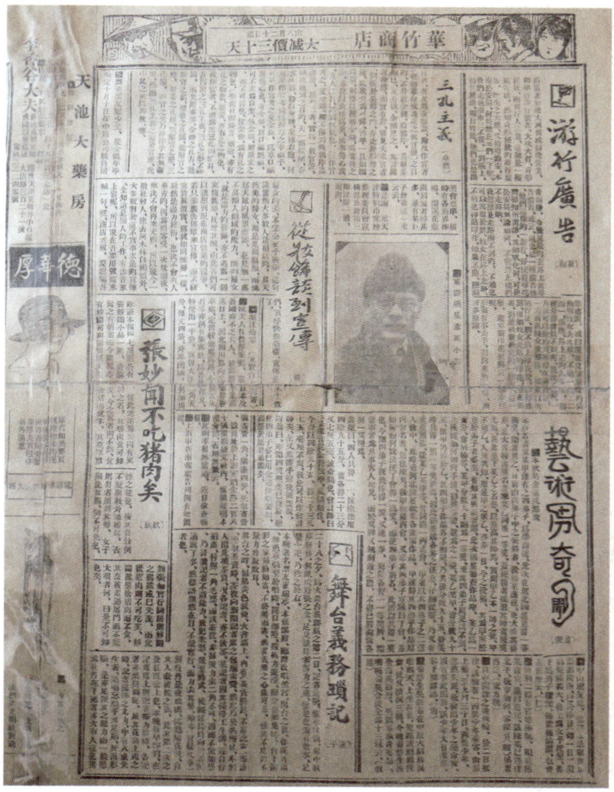
華竹商店
大減價三十天
天池大藥房
游竹廣告
三孔主義
從牧師談到宣傳
張妙聞不吃猪肉矣
藝術周奇聞
舞台義務瑣記

《天津晶报》副刊

这份报纸每期四版，第一、第四版均为广告，涉及医药、布匹、绸缎、食品、化妆品等。第二、三版是副刊，多是名人的轶事、艺人的花边新闻以及文化简讯，反映了当时社会的生活状态和社会乱象。如广东籍商人、天津怡和洋行买办陈祝龄绑票案发生后，“租界上稍有身价之人物，以及各大洋行买办，无不大起恐慌，闻某买办已雇有保镖者两人，英租界十九号路四十三号大墙，自昨日起又添了一个手枪卫士，以防不测，尤以英法租界上之太太小姐，小心翼翼，非男子挽臂，不敢独出，盖亦防绑匪之垂涎也”。

有意思的是，《天津晶报》每期都有由“老朱”(朱伊人)采写的来自上海的消息，并与上海出版的《晶报》在内容和版面设计上颇多相像。《晶报》创办于 1919 年，由浙江嘉兴人钱芥尘创办，余大雄主编，是民国时期上海著名的小报之一。因每 3 日出版 1 期，又创刊于 3 月 3 日，遂取名为“晶”，这是 3 日刊的一种模式，开创了上海乃至全国报刊史之先河，此后多年，3 日刊小报在沪上风行一时，并直接影响到《天津晶报》的创办。

关于《天津晶报》的特点，1929 年 10 月 7 日出版的第 50 期上，有一篇由胡如冰撰写的《颂津晶》加以概括，读来颇为有趣。原文如次：

> 春江有沪晶，沽上有津晶。莫道报章小，内容美而精。出版仅三月，居然名大成。南海与北洋，销逾三万份，社长陈眉公，当世之英俊。人人都道津晶好，要知历尽几艰辛。若非眉公心坚定，从何得睹此津晶。每隔三日刮目看，相期较兮愈精神。嗣再精益更求精，何难直达最上乘。且我津晶宗旨正，的是民众好舌唇。不为威武曲，不被铜臭熏。一本记者之天职，有事不平则大鸣。肩上监督社会责，那怕满地棘与荆。愿我津晶永不朽，如月之恒如日升。眉公若问颂者是何人，只厢小丑名如冰。

1929 年 10 月 20 日，《天津晶报》另出版一张 16 开每期 4 版的《小画报》，由美术家高龙生、陆泪魂主编，桃林纸蓝色套印，每逢星期六出版一次。关于这张画报的特点，1929 年 10 月 1 日刊登在《天津晶报》第二版上的广告，作了如下介绍：“贵族化的画报，我们看得厌了，‘津晶’同人，在百忙中，抽出一些工夫来组织这张《小画报》，内容并不偏重‘贵族式’，包罗万象，样样都能来刊入《小画报》，尤其欢迎学生、儿童来和我们合作，至于定价，总使得人人能够全适，而比较的看他种报来得合算。”《天津晶报》全年订价 1 元 2 角，《小画报》全年定价 1 元整，若同时订阅，全年只收报费合计 1 元 8 角。

鲜为人知的《震报》

民国时期，天津本是九河码头、工商都会，为新闻报刊业的发展提供了广阔舞台，除《大公报》《益世报》《庸报》《天津商报》等大报外，适应市民需要的各类小报更是层出不穷。然而由于竞争的残酷，许多小报几乎是朝生暮死。由于时间短暂，许多报纸在历史上没有留下任何痕迹，便淹没

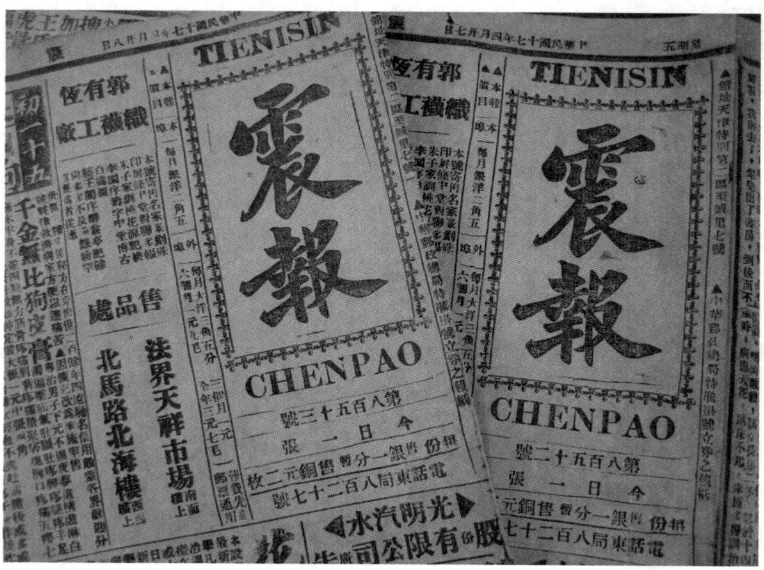

《震报》报影

在历史的长河里，形成了所谓的轶报。若不是有心人发现这些原始的报影，人们将永远无法认识这些轶报。

前几年，笔者在远近闻名的天津沈阳道古物市场的地摊上，购得三张 1928 年在天津出版的《震报》，经笔者查阅《天津新闻出版志》等报刊史资料，均未发现有该报的记载，所以，推测《震报》即属于天津的一份轶报。

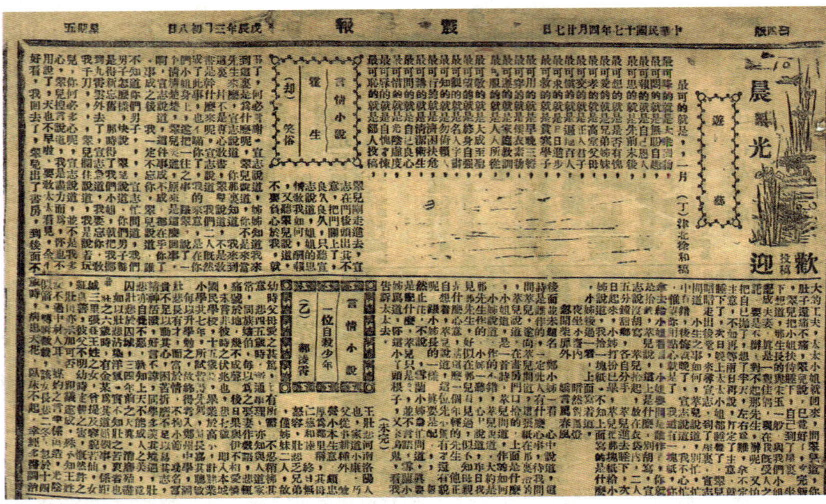
震報
晨光
歡迎投稿

《震报》副刊“晨光”

这三张报纸为第 852 号、853 号、858 号，出版日期分别为民国十七年四月廿七日、四月廿八日和五月五日，其中从四月廿八日到五月五日之间共 7 天，只出 5 期报纸，据此笔者推测，该报应该为周五刊，而不是日报。从该报已出刊 800 余期的情况看，该报创刊日期似乎应该在 1925 年初左右。

根据该报记载，《震报》馆址设在天津特别第二区（原意租界）至城里 7 号，是经中华邮政总局特准挂号出版的报纸。每期四开四版。一版差不多全为包治百病的各种“狗皮膏”广告，也像现在的某些媒体那样，“专家”“特效药”满天飞，如治疗花柳的大王丸、治疗淋病的止淋丸。二版是国内新闻，由于当时国民军正沿津浦铁路北伐，所以，蒋介石、冯玉祥、阎锡山、张宗昌、褚玉璞等军界要员以及华北的战事消息囊括了几乎全部版面。三版是市内新闻，包括政治、经济、社会、民俗等各方面，另有演艺动态及戏剧、电影的演出消息，以及青年会电台的广播节目。四版为“晨光”副刊，有笑话、歌谣以及连载的长篇小说。小说主要是言情、警世、侦探等几类，有郝凌霄的《一位自杀少年》，笑俗的《霍生》等，但没有见到名家以及著名的作品。

纵观这份报纸，感觉第三、四两版应该是这份报纸的卖点，尤其是第四版副刊，当时就是为了吸引普通市民的眼球，所以这一版的俗文学作品的可读性还是相当高的。至于第二版，与其他类型的小报一样，其消息多是从其他大报抄录或者道听途说的，所以，虽说也算是新闻，但从现在观点看，其史料价值并不算高。

尽管这份报纸属于当时流行的小报，其层次和水平都不很高，但作为中华人民共和国成立前天津报业百花园中的一分子，《震报》的存在本身足以说明了它的价值。试想，没有像《震报》一类的小报，天津又怎能在当时被称为北方的报业中心呢！

《正报》是一份轶报

笔者收藏到一张名为《正报》的民国老报纸，查阅《天津报海钩沉》一书，在所有 58 种民国期间在天津出版的报纸名录中，未见有《正报》的记载。可见，《正报》应该是一份轶报。

该报的办公地点设在法租界四号路，从《天津市和平区地名志》得知，四号路即为现在的滨江道。笔者收藏到的这张报纸为第 390 号，出版日期为民国十九年四月十五日，根据该张报纸“每日出一大张”的报头宣传广告，《正报》创刊时间应该是在民国十八年三月二十日左右，即 1929 年 3 月份。

该报为四开四版。一版为国内要闻，反映了当时国内、省(河北)内发生的政治、军事、经济等重大事件。包括蒋冯大战、河南灾民北运、永定河治理等。

第二版包括四部分：国际新闻、教育新闻、旅行班次及市价一览。国际新闻有《苏俄仍向我境射炮》《日工界将感失业苦》等要闻；教育新闻有全国教育会议召开及唐山交大建校 25 周年校庆活动的消息。旅行班次是由旅行社提供的，包括客轮开航时刻表，如有开往香港、广州、青岛、烟台等地的船舶班次，还有津京之间的列车时刻表，从中看到，那时天津开往北京的列车每天往返有五对，说明天津与北京之间的往来已十分密

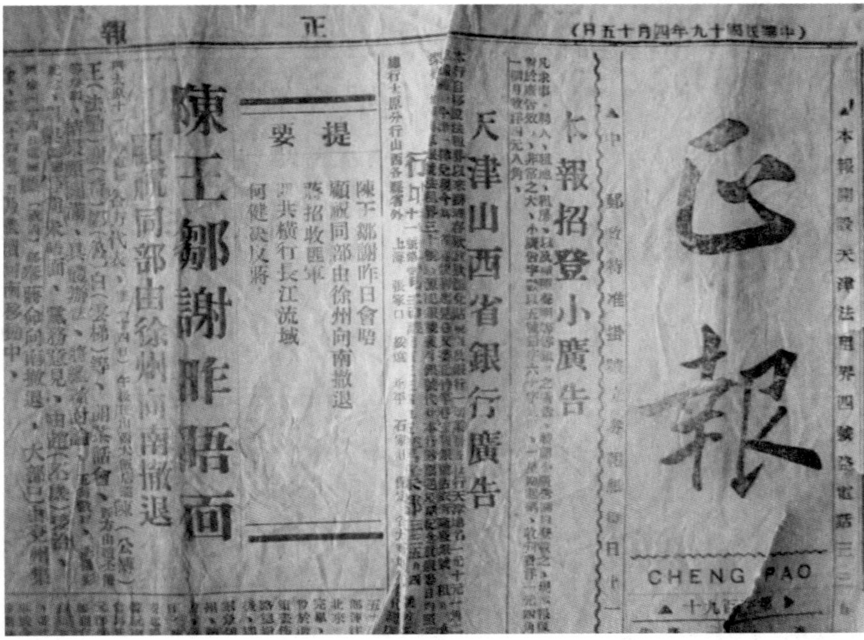
正報
中華民國十九年四月十五日
本報開設天津法租界四號路電話三
正報
CHENG PAO
本報招登小廣告
天津山西省銀行廣告
提要
陳王鄒謝昨日會晤
顧祝同部由徐州向南撤退
蔣招收匪軍
共横行長江流域
何健决反蔣
陳王鄒謝昨晤商
顧祝同部由徐州向南撤退

《正报》报影

切。市价一览包括日用商品价格、汇率比价、银行利息等价格和服务信息，不啻为一张了解20世纪二三十年代天津经济状况的晴雨表。

第三版为本市新闻。除商界消息外，还有都市琐闻、津沽花絮，有“东楼凶杀案”“河北枪案”“车夫饿死”等消息，反映了当时天津的社会乱象。另刊有天津几家商业电台的广播节目单。

第四版为“花洲”副刊。刊载了《送别友》(诗)、《一封信》(随笔)、《春风》(散文)、《归来》(短篇小说)等四篇文学作品。另有半版为广告，几乎全为各大戏院、电影院上演京剧、有声电影等演出剧目的广告。涉及春和、光明、明星三家戏院，皇宫、新新、大华、平安、河北等五家电影院，还有中原剧场等共九家演出场所，从一侧面印证了天津这座商业都会文化事业的繁荣与热闹景象。

《新世界》创刊号

《新世界》创办于 1930 年 8 月 25 日，由中国文艺社主办，社址在天津特别第二区兴隆街。从该报刊载的职员表得知，总经理为李仙舫，总编辑为高寄豪。营业部主任王华萱，文艺编辑宋访梅，外勤记者李松年、杨又梅。另在宁河芦台镇设有分馆，分馆主任李寿昌。中国文艺社于 1930 年 5 月出版《中国文艺月刊》。

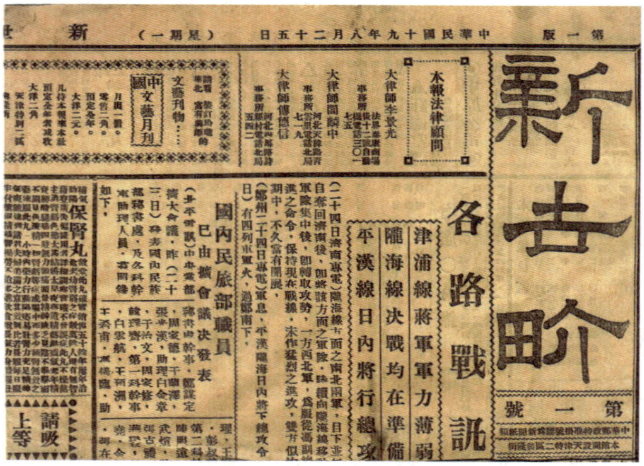

第一版　中華民國十九年八月二十五日（星期一）　新世

新世界

第一號

本報法律顧問

大律師李景光

大律師閻麟中

大律師傅德信

中國文藝月刊

各路戰訊

津浦線蔣軍軍力薄弱

隴海線決戰均在準備

平漢線日內將行總攻

國內民族部職員

已由擴會議決發表

保腎丸

請吸上等

《新世界》创刊号

查相关资料，迄今未发现有关该报的记载。所以，有关该报的政治倾向、编辑方针，还有小报的内容特点，仅能靠创刊号的相关文字去判断了。

该报为四开小报，每期共四版，第一版为要闻，刊载时政要闻，有蒋冯大战方面的消息。第二版为本地新闻，有吸毒、绑票、抢劫以及市井生活等内容。第三版、第四版均为副刊，分别取名为“醉翁亭”和“小世界”。

“醉翁亭”取自欧阳修的《醉翁亭记》典故，由渠梁生担任主编。关于这个副刊的宗旨和特点，编者在“醉翁亭开幕记”作了如下说明：“昔欧阳子之作《醉翁亭记》于琅琊山两峰之山也，醉翁之意不在酒，在乎山水之间也。今予之‘醉翁亭者’，其亦有说欤。”在编者看来，“醉翁之意不在酒，在乎文字之间也。文字之乐得之于心，而寓之于酒也。若夫阳春召我以烟景，大块假我以文章，会翰墨之朋友，序滑稽之趣事。”由此可见，“醉翁亭”是一个融知识性、趣味性及娱乐性为一体的副刊，无论是阳春白雪，还是滑稽故事，折或是文人酬酢，只要是性情文字，都可以在这个副刊发表。

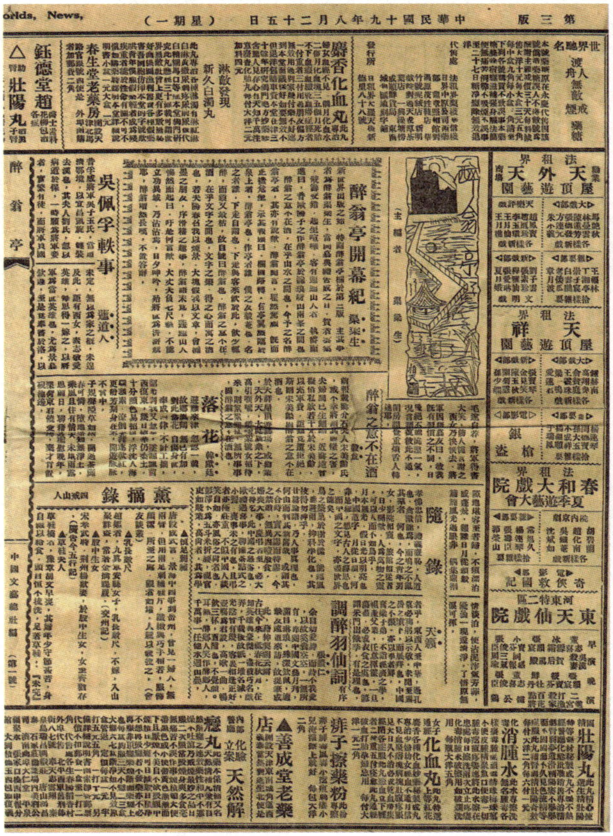
第三版　中華民國十九年八月二十五日　（星期一）
醉翁亭
醉翁亭開幕紀　渠梁生
吳佩孚軼事
落花
醉翁之意不在酒
隨錄
薰摘錄
調醉羽仙詞
麝香化血丸
天外天
東天仙戲院
春和大戲院

《新世界》的“醉翁亭”副刊

在创刊号里，刊载了渠梁生的《吴佩孚轶事》、毅庵的《醉翁之意不在酒》等随笔，还刊有韩献廷的古体诗《落花》，张体仁的《醉翁羽仙词》，融高雅文字与轻松笔墨为一体，简直就是春天里的一个百花园，多姿多彩，自成锦绣。

第四版为“小世界”副刊，由宋访梅主编。在创刊号里，作者并没有明示“小世界”的宗旨和办刊意图，但从发表的文字上看，大致可以推测其

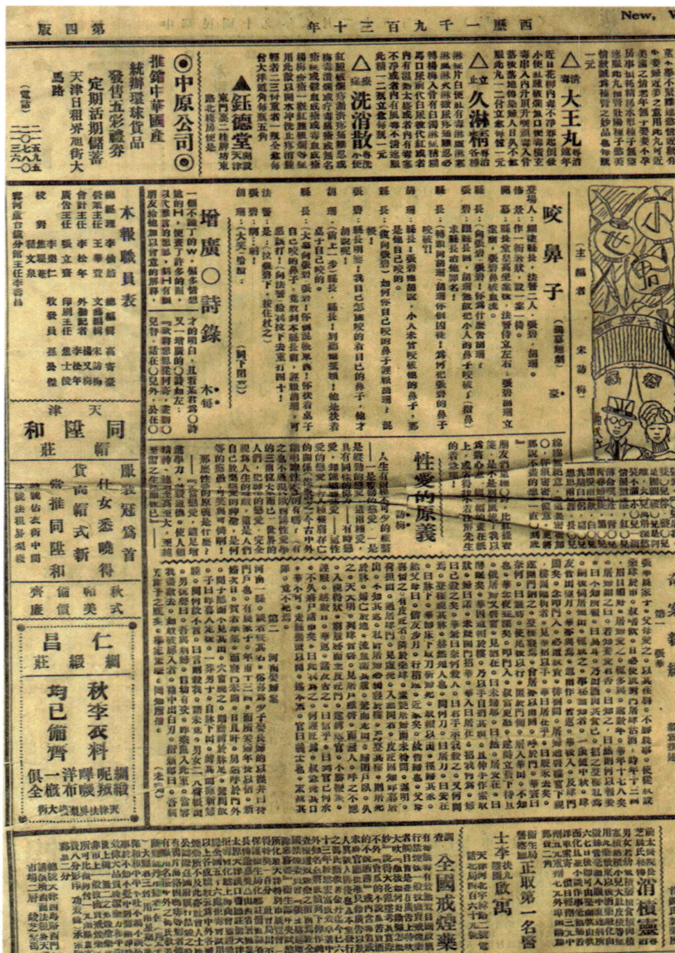

第四版 西曆一千九百三十年 New, W

大王丸

久淋精

洗消散

鈺德堂

中原公司

推銷中華國產 統辦環球貨品 發售五彩禮券 定期活期儲蓄 天津日租界旭街大馬路

小世界 （主編者 宋訪梅）

咬鼻子（獨幕短劇） 豪

登場人：糊塗縣長，法警二人，張碧，胡珊。

佈景：作一衙署狀，設一案一椅。

開幕：縣長坐堂皇高案後，法警侍立左右，張碧胡珊立案前，張碧鼻破血流。

縣長：（向張碧）張碧！你為什麽告胡珊？

張碧：跟縣長回，胡珊無故把小人的鼻子咬破了（指鼻）求縣長治他罪名！

縣長：（轉面向胡珊）胡珊你個囚徒！為何把張碧的鼻子咬破了？

胡珊：縣長！張碧他胡說，小人未曾咬破他的鼻子，那是他自己咬的。

縣長：（復向張碧）如何你自己咬的鼻子誣賴胡珊？混帳！

張碧：縣長明鑒！我自己怎能咬的着自己的鼻子，他才胡說呢！

胡珊：（前上一步）縣長，縣長！別聽他瞎說！他是扶着桌子自己咬的。

縣長：（大怒向張碧）張碧！你滿嘴胡言！你扶着桌子自己咬的鼻子，竟敢到本縣長前，誣賴胡珊，可惡該打！（向法警）給我拉下去重打四十！

法警：是！（拉張碧下，按住杖之）

張碧：啊！啊！

胡珊：（大笑）哈哈！

（閉下幕）

增廣〇詩錄 木每

本報職員表

天津 同陞和 帽莊

性愛的原義 訪梅

奇案新編

仁昌綢緞莊 秋季衣料 均已備齊

全國戒煙藥

消積靈

《新世界》的“小世界”副刊

等点来。在这版上，总共发表了四篇文字，分别是独幕趣剧《咬鼻子》、随笔《增广诗录》、故事集《奇案新编》、杂文《性爱的原义》。《增广诗录》是一个幽默故事，说的是某女内心情感深厚，但几乎不认识几个字。为表达对心上人的情思，她在写给心上人的信里，用了很多个“圈”代替其中的文字，其中有“欲将相思从何寄，尽个〇替。话在〇外，公在〇里……”这种“圈诗”，发生在文盲社会，其实也并不新奇，但在她的内心世界里，这个“圈”，其实也是一个“小世界”，圈里是心上人，圈外是一颗美丽的心。看来，“小世界”还是非常有意思的，它集生活故事、奇闻轶事及风土人情为一体，读者足不出户，尽可领略市井生活和社会情态的变迁，实乃普通读者的精神家园。

《博陵报》连载《平寇录》

《博陵报》初创时称《博陵日报》。创刊于 1934 年，创办人叫刘震中，河北省深县人，是 20 世纪 30 年代天津著名的报人，也是一位小说作家。总编辑杨春霖，亦为 20 世纪三四十年代著名的报人，天津解放后曾为天津市政协文史委提供多篇新闻界史料。

博陵報

入川大軍迫近重慶

前鋒渡過烏江進至南川

現距重慶僅達百餘公里

津市各界協商委員會

昨舉行首次會議

吳秘書長報告市政建設

貫澈各界代表會議決議

京津衛戍區司令部

整飭軍風紀與軍容

《博陵报》报影

七七事变后，为回避“日”字，更名为《博陵报》，并把社址由最初的河北月纬路五马路交口，迁往黄纬路四马路交口处。抗战胜利后，《博陵报》于 1945 年 11 月在南马路旧县署街复刊。天津解放后一度停刊。1949 年 2 月，经军管会批准复刊，但第二年因故停刊。

《博陵报》为四开小报。一版为要闻版。主要采用国民党中央电讯社及北京国闻社新闻稿。本市新闻除由大陆通讯社、国风通讯社提供外，另由外勤记者张化南、刘旭初通过采访提供。为便于报贩叫卖，刘震中把标题编成顺口溜形式，合辙押韵、朗朗上口，为该报一大特色。二版为副刊，取名“饮冰室”，由刘墨村主编，后改为董晰香。三版为游艺版，取名“娱乐园”，内容包括戏剧、电影及伶人动态和剧评。四版为外地新闻和小说连载。新闻主要是由山东、河北两省所设三十余个分社提供。连载的小说有杨春霖的《雨后花残》、刘墨村的《侠隐记》。七七事变后，每天只出 16 开版的“号外”。因刊发抗日言论，总编辑杨春霖曾两度被日本宪兵队传讯。后来，《博陵报》同意采用日本同盟社电讯稿，该报才得以恢复出版，但日本人加强了对新闻的控制。当时，报纸刊载的新闻，经“新闻检查所”检查后，认为没有问题的，才准许开印。如果有需要删除的内容，就需要修改或者更换。但《博陵报》从来不改不补，造成报纸上缺内容的“开天窗”现象。故引来日本人的忌恨，1938 年底，该报被迫停刊。1945 年 11 月，《博陵报》复刊，总编辑仍为杨春霖。复刊后的报纸刊有刘震中的《平寇录》，以抗日战争为背景，反映抗日战争的辉煌战果，后来还出版单行本四集。

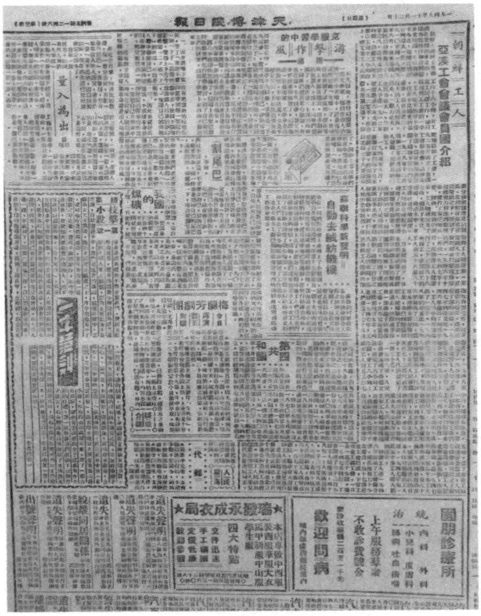
天津博陵日報
克服學習中的
湧琴作風
亞洲工會會議會員國介紹
量入為出
割尾巴
蘇聯科學新發明
梅蘭芳劇團
第四共和國
瑞徵承成衣局
四大特點
歡迎問病
國朋診療所

《博陵报》副刊

有意思的是，《博陵报》在创办之初，不参加报业公会的活动，也不受同业公会有关报纸发行价格的约束，并在报纸上刊发社论对报业公会进行攻击，因之引起了一场官司。后由增兴德饭庄经理张春荣(人称张八爷)出面协调，这场官司才算平息。从此，《博陵报》发行量被限制在两千份以内，并由同业公会交由张公道派报社负责发行。

《大北报》副刊有特色

《大北报》创刊于 1936 年 5 月，社址设在南市大舞台东路(今南市旅馆街北侧)，是一张当时比较流行的四开小报，发行人李枕流(福建人，活跃在京津两地的报人，曾任《华北映画》《闽新日报》编辑)，每天出刊两张。自 1938 年 12 月 1 日起，增出晚刊一张。

该报编辑阵容较之其他小报颇为强大，许多报界名人供职于该报。如要闻版编辑高剑秋，新闻版编辑高逸民，社会版编辑张吉人，问事版编辑李醒我，各地新闻版编辑丁素忍，京津广播版编辑宋雪农，文艺副刊版编辑王新民，京津游艺版编辑尤忠毅等。这其中张吉人、李醒我、王新民等均在多家报馆供职，王新民除编辑报纸外，还在《大北报》连载两部长篇小说，其一是《人海潮》，另一为《香闺泪》。

民国时期的天津小报纯属公营事业者居少，大部分为民营。小报为了生存，除适应形势需要外，自然要在服务读者及副刊的可读性上另外寻找一些卖点。因之，与其他小报一样，《大北报》的服务版及副刊版亦是可圈可点的。比如，《大北报》每期刊载“经济”专栏，包括股票、货币(相当于现在的外汇)、面粉等市场行情，在通货膨胀日渐严重的形势下，对于民生及各商号生产经营均具有一定的指导意义。在“问事”专版，每期均有求医问药内容，由该报医药顾问解答读者难题。另设有“求职”栏目，由编辑介绍用人信息。“广播”专版，刊有京津两地的广播电台节目时刻表。尤其是它的“游艺”副刊，广泛介绍京津两地各大影院、戏院及演艺界的消息，内容丰富、及时，形式活泼。如在 963 号刊有《〈思亲焚稿〉与〈小拜年〉》的文章，介绍了京韵大鼓名家小彩舞(即骆玉笙)和河南坠子名家乔清秀在天津小梨园(劝业场对过泰康市场楼上)演出名曲《思亲焚稿》和《小拜年》时的盛况，为我们研究骆玉笙和乔清秀两位名家演艺史提供了第一手资料。其他如张寿臣的相声、赵小福的时调等内容亦非常珍贵。《大北报》的文艺版亦是非常有趣的。除每期有四部小说连载外，还经常刊载一些小品文、随笔之类的短文及散文诗。如《留恋残秋》，这篇仅 300 字的小品文，以轻松之笔，描绘了“秋之神”与户外小溪交相辉映的景象，表现了作者希望挣脱动荡不定的社会环境以及对世外桃源的憧憬。

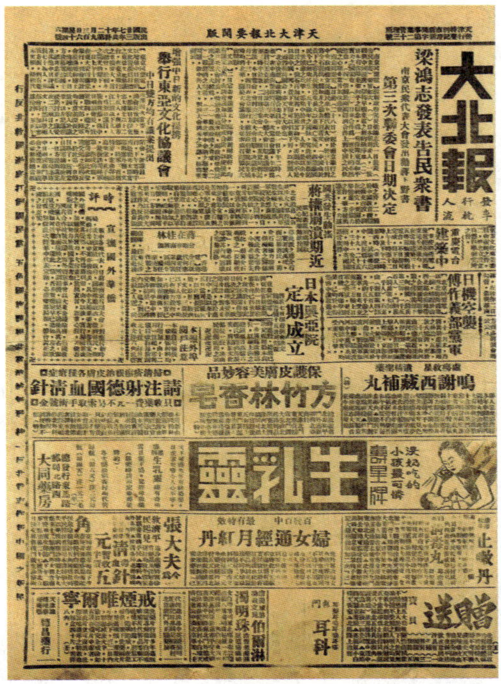
大北報
梁鴻志發表告民衆書
第三次聯委會日期決定
舉行東亞文化協議會
日本興亞院定期成立
保護皮膚美容妙品
方竹林香皂
鳴謝西藏補丸
請注射德國清血針
生乳靈
婦女通經月紅丹
戒煙唯爾寧
贈送

《大北报》报影

1944 年，日本人加紧了对舆论的控制，除保留了《天津华北新报》作为日本人的喉舌外，其余报刊全部停办，《大北报》也在这次清理中寿终正寝。

为听众服务的《广播日报》

20 世纪 30 年代，天津有一份每天出版的广播类日报，这份闻所未闻的《广播日报》是由笔者在地摊上发现的。此前，笔者曾收藏了许多在天津出版发行的老报纸，如《白话晨报》《新天津报》《天津商报》等，但发现《广播日报》却十分偶然，也让本人非常激动。因为，据笔者查阅资料得知，该刊竟然是天津历史上第一份广播类节目报。

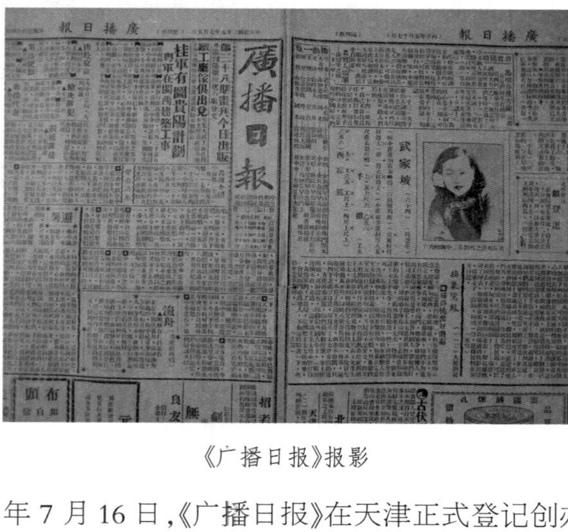
廣播日報
桂軍有圖貴陽計劃
武家坡

《广播日报》报影

1932 年，天津的第一家商业广播电台——仁昌广播电台正式成立，紧接着在 1934 年、1935 年，青年会电台、中华广播电台、东方广播电台亦相继创办，随着广播事业的发展，矿石收音机在民间亦非常流行。为适应听众了解广播节目的需要，1935 年 7 月 16 日，《广播日报》在天津正式登记创办。该报坐落在南市广兴大街，后迁至河北公园(现中山公园)，社长是袁无为，编辑为孟晋之、杨石。

袁无为是20世纪30年代天津报界名人，最早为《国强报》编辑，后来在《大中华商报》任编辑。因为他在报界多年，交际面广，联系社会各阶层，许多小报创办时，多请他去当经理、主笔、编辑等职务。当时报界称之为“开门袁”，与另一位经常负责收拾小报残局的报界名人“关门李”(李燃犀)并称。

《广播日报》为八开四版小报。第一版主要刊登时事新闻和广播节目消息，另有三分之一的版面刊载广告，主要是百货、摄影、无线电维修等商业信息。第二版大部分版面是与电台有关的无线电技术讲座，包括无线电工程学、无线电修理技术等，另配有无线电和电器维修等商业广告。第三版主要介绍设于天津的仁昌、中华、东方、青年会等四家商业广播电台的节目，同时还刊载中央电台、北平电台等节目。从节目单上可以看出，当时天津各商业电台播送的节目几乎没有新闻类节目，更多的内容是戏曲、曲艺和评书。如张寿臣、马三立、常连安、小蘑菇、王树田、赵佩茹的相声，刘宝全和冯质彬的京韵大鼓，田相奎的京东大鼓，常起震的西河大鼓，金桂笙的梅花大鼓，王剑云的八角鼓，还有蒋轸庭的评书《雍正剑侠图》，拜贵昌的《说唱隋唐》等，可见当时电台节目还是丰富多彩的。而中央电台、北平电台除曲艺、音乐外，还安排了许多新闻时段。第四版除文坛讯息外，主要是一些文艺作品，包括小说连载(如李燃犀的《换巢鸾凤》)、幽默小品等。此外，还刊载一些曲艺演员的照片(如著名的西河大鼓演员马增芬等)。

《广播日报》从1935年开始创办，仅存续两年多时间，七七事变之后，由于天津被日本军队占领，与其他报刊一样，《广播日报》也遭遇了停刊的命运。自此，天津在民国时创办的第一份广播报便退出了历史舞台。

主张抗战的《东北日报》

東北日報

遼東義軍實況

天寒衣單彈盡糧絕

望國人起而援助

火線上

《东北日报》报影

《东北日报》创刊于1932年10月20日，地址在法租界二十四号路(今长青道)。

九一八事变之后，日军侵略我东北全境，并成立了伪满政府。大批东北同胞进入内地，其中驻留天津的亦不在少数，《东北日报》可能就是在这个大背景下创办的，这从第一版全都是东北抗战的消息可以得到佐证。此外，该报第三版开设“白山黑水”副刊，也可以印证我的推论。

该报亦为四开小报，每期一张半(6版)。第一版是新闻版，主要是东北义勇军抵抗日军的消息。在第14号报纸上，有一篇《辽东义军实况》的长文，披露了辽东第二十五路军组织抗日救国义勇军并攻打元帅林(即高丽营子)车站的情况。第二版是本市新闻，冠以“津市风光”栏目，

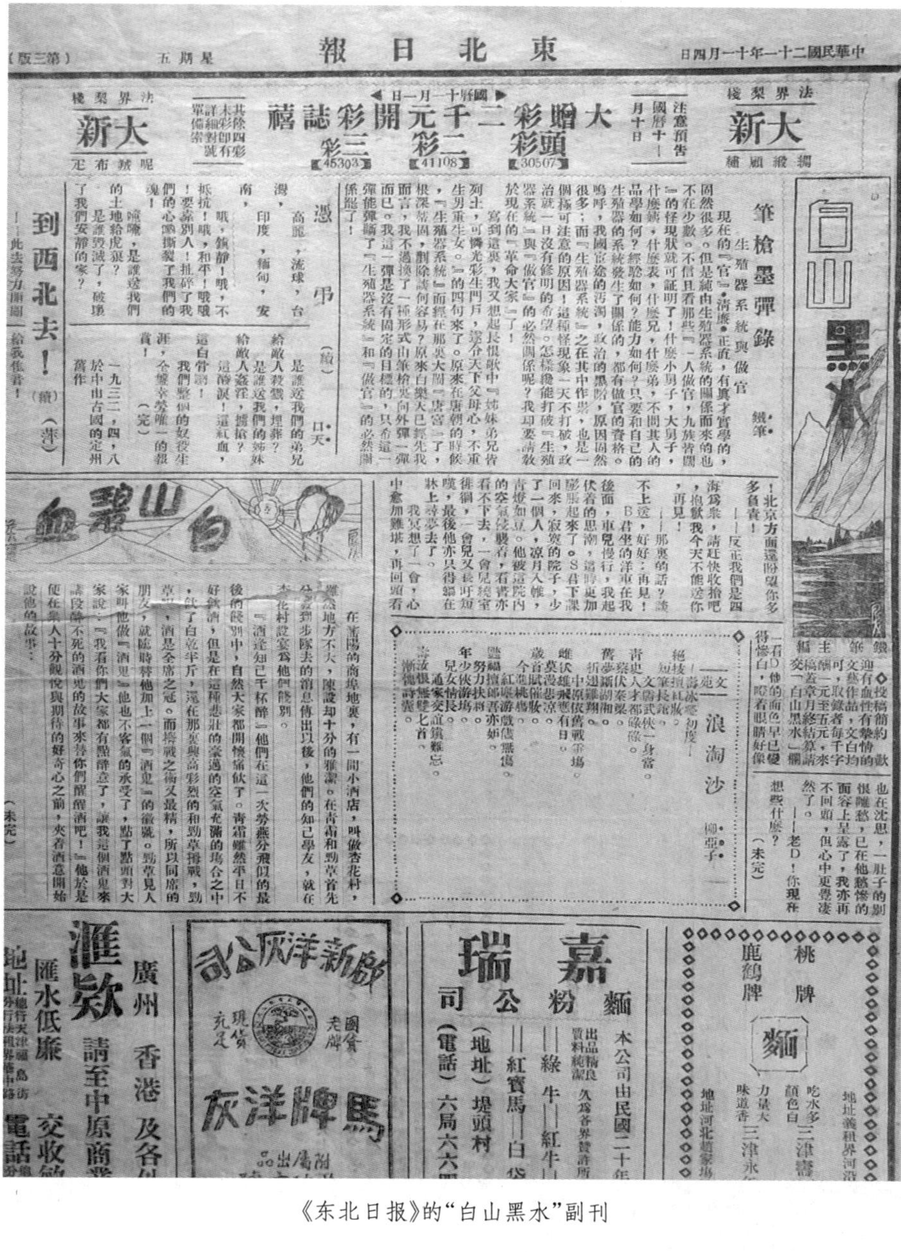
中華民國二十一年十月四日　東北日報　星期五　（第三版）

大贈彩二千元開彩誌禧

頭彩【30507】　二彩【41108】　三彩【45303】

白山黑水

筆槍墨彈錄

憑弔

到西北去！

浪淘沙

瑞嘉麵粉公司

桃牌　鹿鶴牌　麵

馬牌洋灰

啟新洋灰公司

滙款　廣州　香港　及各埠　請至中原商業

《东北日报》的“白山黑水”副刊

有电车工潮罢工消息，有东北同胞避难消息，有日军演习消息，还有枪案、劫案、杀人案等负面新闻，如日租界发生一则枪案，某日晚七时，有三男子各持手枪，闯进谋商行，恫吓同人，勒索财物，该行经理日人，向前拦阻，并大声喊叫，三男子将其杀害后逃逸。上述新闻，客观上反映了 20 世纪 30 年代初的津市社会乱象。第三版、第四版是两块副刊，一块叫“白山黑水”，另一块叫“渤海湾头”。分别由铁笔、云天两位编辑主编。前者要求作者提供“有血性有挚情的文艺作品”，后者的题材范围要广得多，有“谈剧、影评、社会珍闻、花国韵事”。在“白山黑水”版，有一首诗，题目是《凭吊》，即是这种“有血性”的作品。作者反对不抵抗政策，认为不抵抗政策“扯碎了我们的心哟，撕裂了我们的魂”！他反问道：“是谁送我们的土地给虎狼？是谁毁灭了，破坏了我们安静的家？是谁送我们的弟兄给敌人杀戮？是谁送我们姊妹给敌人奸淫、掳抢？这酸泪，这红血，这白骨哟！”作者主张积极抗战，认为和平不能靠别人，我们中国人不能再做亡国奴！

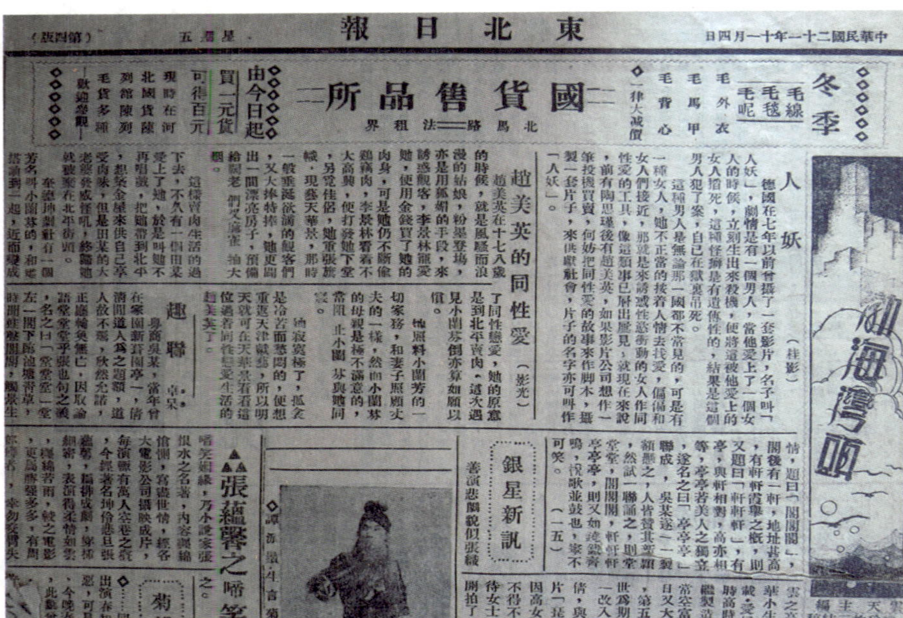
東北日報
中華民國二十一年十一月四日　星期五　（第四版）

冬季　毛線　毛毯　毛呢　毛外衣　毛馬甲　毛背心　一律大減價

國貨售品所
法租界——北馬路

由今日起　買一元貨可得百元　現時在河北國貨陳列館陳列毛貨多種　歡迎參觀

人妖　（桂影）
德國在七年以前曾攝了一套影片，名子叫「人妖」，劇情是有一個男人，當他愛上了一個女人的時候，立刻生出來殺機，使將這被他愛上的女人掐死，這種怪癖是有遺傳性的，結果是這個男人犯了案，自己在獄裏吊死。
這種男人是無論那一國都不常見的，可是有一種女人，她不正當的接着人情去找愛，偏偏和女人們接近，那就是來誘惑性慾衝動的女人作同性愛的工具，像這類事已屢出屢見，就現在來說，前有陶思瑾後有趙美英，如果影片公司想作一筆投機買賣，何妨把同性愛的故事來作脚本，攝製一套片子，來供獻社會，片子的名字亦可叫作「人妖」。

趙美英的同性愛　（影光）

趣聯

銀星新訊

張織馨之啼笑

渤海灣頭

《东北日报》的“渤海湾头”副刊

有趣的是，该版还刊载了柳亚子先生一首《浪淘沙》词。其中有“中原依旧战争场，雌伏雄飞应有日，莫漫悲凉！”同样表达了国人同仇敌忾、共御外辱的英雄气概。

在1932年11月4日的报纸上，有一则有关著名坤伶赵美英的轶闻。据题目为《赵美英的同性爱》一文载，“赵美英在十七八岁的时候，就是风骚而浪漫的姑娘，粉墨登场，亦是用狐媚的手段，来诱惑观客，李景林宠爱她，便用金钱买了她的肉身，可是她仍不断偷鸡窃肉，李景林看着不大高兴，便打发她下堂，另觅佳侣，她重张旗帜，献艺天华景，那时一般垂涎欲滴的观客们，又大捧特捧，她更辟出一间漂亮的房子，预备给阔姥们叉麻雀，抽大烟。”军阀李景林先娶后弃，赵美英命运并不好，这可能是旧社会女艺人们普遍的下场。

与许多小报一样，《东北日报》何时创刊，何日终刊，并没有在报刊史上有任何的信息，我们只能依靠仅有的报样勾勒出些轮廓，需要深入了解这家报纸的历史，还有待专家学者有更多的发现。

《天津晓报》主打副刊

据 1934 年出版的《天津市概要》载,《天津晓报》创刊于 1932 年 11 月 15 日,社地址在南市大舞台东,社长袁无为。

《天津晓报》也是四开小报,第一版是新闻版,与别的小报不同,这家

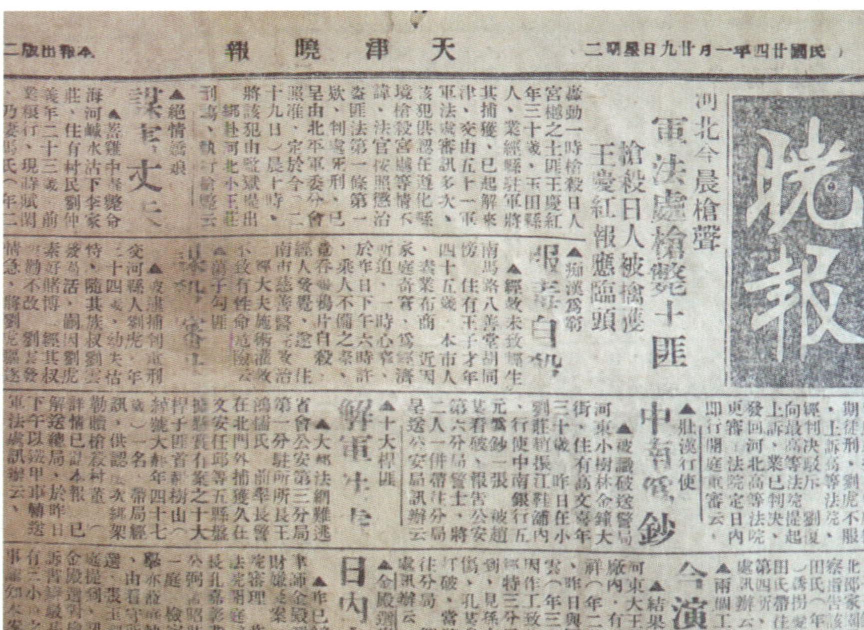

民國廿四年一月廿九日星期二　天津晚報　本報出版二

曉報

河北今晨槍聲

軍法處槍斃十匪

槍殺日人被擒獲

王夔紅報應臨頭

《天津晓报》报影

小报的第一版都是本市新闻，并没有其他全国性新闻，也没有政治新闻。如有一则新闻，是说“轰动一时的枪杀日人宫樾之‘土匪’王庆红，年三十岁，业经县驻军将其捕获，已起解来津，交由五十一军军法处审讯多次，本人供认不讳。闻已绑赴小王庄刑场，执行枪毙云。”这则新闻中的所谓“土匪”，很有可能是地下抗日工作者，当时的报纸在报道时有些隐晦吧。

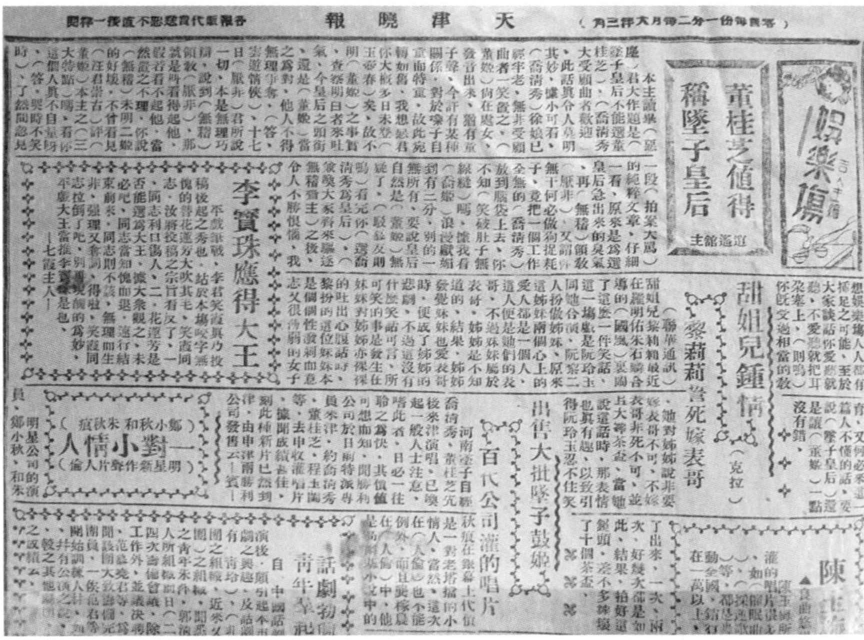
天津晚報
娛樂場
董桂芝值得稱墜子皇后
李寶珠應得大王
甜姐兒鍾情
黎莉莉嘗死嫁表哥
一對小情人
百代公司灌的唱片
出售大批墜子鼓娘

《天津晚报》“娱乐场”

第二、三、四版都是副刊。这在民国小报中也是少有的。其中第二版是杂文版，所谓“嬉笑怒骂皆成文章”，在 1935 年 1 月 29 日的报纸上，有一篇署名陈疯子的文章，题目是《也算挨骂》，因为作者经常在文章中，说一些别人不爱听的话，故会招来臭骂声。于是作者这篇文章里自嘲地说：“这臭而不可闻的牢骚挨骂的疯话，吾相信，写出来之后，旁观者定有一人骂吾。然而存满一肚子的闷气，非得发泄不成，结果还是本着不挨骂长不大的主义，不管它什么是骂街，吾是徐聋子宰猪，满没听哼哼。”

第三版是“娱乐场”，由吉人主编。多是电影、曲艺和戏剧人物的演出消息或花边新闻。有一篇《董桂芝值得称坠子皇后》一文，介绍了董桂芝的艺术特点，认为她人品、艺术极佳，非乔清秀能比，堪称皇后。还有一篇《话剧勃兴天津市》一文，介绍了中国话剧团天津公演后，引起了一场话剧热，涌现出了“青玲”“非非”等话剧组织。朱萍、郭清泉等青年知识分子，拟成立天津市清华话剧团，据悉已召开四次筹备会议，不日将正式挂牌。

第四版设有两个栏目，一个是“花茶馆”，是妓女或影院女招待卖艺之广告。每期都有十几位妓女，每一则广告都要介绍某妓女的长相、气质、脾气秉性等情况，如“名侍王秀兰，青春美貌，性情温柔，举止风流，摩登可爱，现在南市庆云影院挂二号牌，每日卖糖最多”。另一个栏目是小说连载，每期有两部小说，笔者所见有春痕编著的武侠小说《施公案》，元真讲述的实事小说《醒世图》。

《天津晓报》是一家影响很大的报纸，一方面是因为主编和各版编辑都是报界名人；另一方面，也与这家小报独特的版面设计有关，能够拿出三块版面开设副刊，这在所有小报中实不多见，足见社长袁无为的大智慧。

《天风报》的“黑旋风”

《天风报》创办于1930年2月，创办者是著名报人沙大风，社址在日租界福岛街(今多伦道)。大约在1938年9月更名为《新天津画报》，1943年12月31日停刊(当日有停刊启事)。

该报同样为四开小报，但与其他小报不同的是，该报每期不是四个版面，而是把二、三版合二为一，故仅有三个版面。这三个版面分别是要闻版、社会版和副刊“黑旋风”。更名为《新天津画报》后，由每天三个版面增加到每天六个版面。

“黑旋风”是一个综合性文艺副刊，沙大风聘请当时的报界领军人物刘云若担任编辑。该副刊每一期均有一幅李逵京剧脸谱画像，并在画像以下刊用以表明该刊宗旨的韵文：“本风旨趣，以文会友，投稿诸君，同奋身手，遣兴怡情，园地公开，略备文玩，聊酬高厚，敬请帮忙，同人顿首。”每期除固定连载小说外，举凡杂文、散文、随笔、游记、知识小品、历史故事、名人轶事、诗词歌赋、书法绘画，应有尽有，其内容的丰富性、体裁的多样性，堪与同时代的《大公报》的“小公园”、《益世报》的“别墅”等大报副刊相比肩。

刘云若的成名作《春风回梦记》自1930年开始在该报连载，在津城读者中一时引起轰动。该部小说奠定了刘云若在北派通俗文学中的重要地

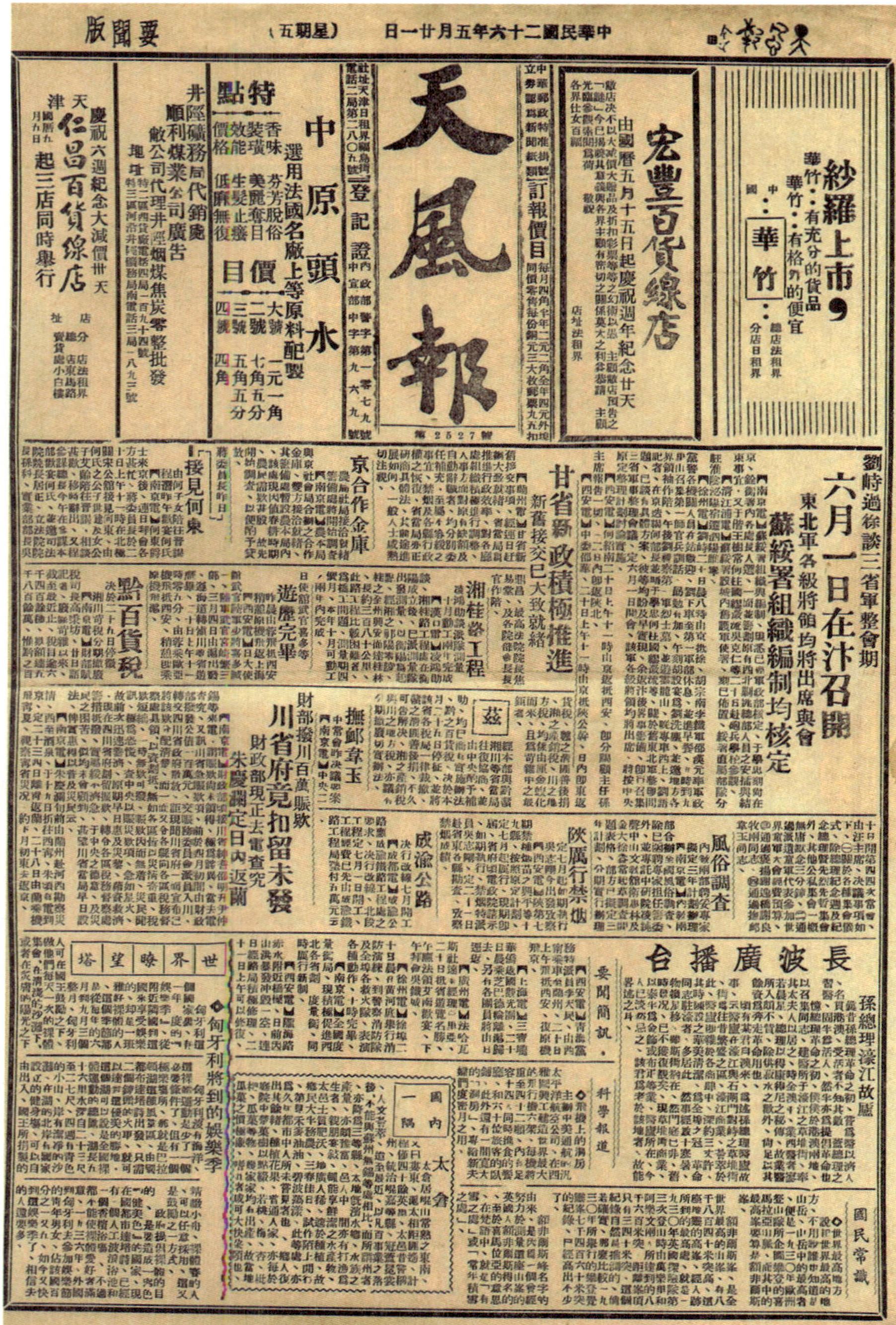
中華民國二十六年五月廿一日（星期五）

要聞版

天風報

六月一日在汴召開

東北軍各級將領均將出席與會

蘇綏署組織編制均核定

甘省新政積極推進

新舊接交已大致就緒

京合作金庫

接見何東

湘桂路工程

點百貨稅

川省府竟扣留未發

成渝公路

陝厲行禁烟

風俗調查

長波廣播台

世界瞭望塔

匈牙利將到的娛樂季

國民常識

《天风报》报影

位，亦使该报销量一路走高。1931 年一度达到 13000 份，在小报中居首。沙大风在谈到刘云若的这部小说给《天风报》带来的知名度时曾说："天风因春风而风行，春风因天风而益彰。"另一位著名武侠小说大家还珠楼主（李寿民）的第一部长篇小说《蜀山剑侠传》自 1932 年在该报连载，亦引起读者强烈反响，并进而奠定了还珠楼主在武侠小说史上的重要地位。

该副刊还成就了另外一位以编著《采菲录》著名的学者姚灵犀。姚氏名君素，号灵犀，以号行世，江苏丹徒人。姚灵犀在"黑旋风"副刊负责"采菲录"（"采菲资料"）专栏，专门刊载与缠足有关的文字，后结集出版，即人们常常提到的《采菲录》。该书收集了大量的缠足史料，尤其是对天津的缠足史作了详细披露（见《津门莲事记略》），并附有大量照片和插图，是至今为止有关缠足史料最为完整的著作。也许受姚灵犀影响，刘云若在其著名的《小扬州志》《粉墨筝琶》中亦有对女人小脚的描写。如在《小扬州志》里，主人公秦虎士路过南市的一家鞋店，看到橱窗前摆着一双素缎金莲，"样式净雅，既瘦且薄，望去似有许多风致。当时心中爱惜的很，觉得若有人穿得这双妙履，定然是个尤物"。竟然异想天开，想要为履觅人。在《粉墨筝琶》里，对妓女"姚大姑"小脚的描写更为生动："更动人的是她的水蛇腰和一双小脚……但她这双小脚，却是出类拔萃，即使被留学生看见，也必然欢喜赞叹。因为不仅兼具瘦小坡尖弯直之美，而且收拾得清洁爽利。"

《黑旋风》还经常刊载刘云若的一些随笔、评论、杂感等，如《社会的温情》《由方红宝谈到白云鹏授徒》等，为我们研究这位大家多方面的艺术成就提供了不可多得的史料。

值得注意的是，《天风报》竟然同时连载刘云若的两部小说，据刘云若在《旧巷斜阳》自序中介绍，《旧巷斜阳》"这小说最先刊于本市《银线画报》，只写了半年有余，便遇到当局取缔报纸，我写稿的报社，有四家废刊，也就是四篇小说遭到'永远续稿未到'的命运。但是和我有十年友谊的《天风报》，却得改为画报，社长沙大风先生力图振作，要我把四篇中断的稿，全行移刊天风。我认为无此先例，无此情理，而且四篇之中，有两篇我自己也以为无须续撰，只《旧巷斜阳》和《续小扬州志》还有完成价值，但是我在天风原写着一篇《情海归帆》，一报之上，刊载一人的三篇作品，虽或有吸收之效，却未免遗垄断之讥，就请大风任选一篇去，和《情海归帆》配对。我的意思，以为《小扬州志》因有前集行世，较受读者注意，而且“旧巷”在当时初起烟灶，主角璞玉尚未崭露头角，而“小扬州”中的主角，却写得悲惨深刻，布局也颇费过心思，所以主张他用《小扬州志》(后来转移到《新都会画报》连载——笔者注)。哪知大风经考虑商量，过两天再来，竟选择了《旧巷斜阳》。这就好比两个女子同年待嫁，而‘旧巷’先有了婆家，这是她的初步幸运。”

《银线画报》为三日刊，连载半年，也就是60期左右，《旧巷斜阳》转移到由《天风报》更名的《新天津画报》连载。1942年12月31日第4696号《新天津画报》，是《旧巷斜阳》的终刊号，这一期为连载的824次。

在1942年12月29日第4694号《新天津画报》上，笔者发现一篇刘云若撰写的有关《情海归帆》暂行停撰的启事，按照该启事的说法，“云若执笔为文忽忽十载，比及近年，渐入知非之境，感慨弥多。一则因生事所迫，贪多爱好，遂难两全。虽蒙读者赞扬，而私心弥觉疚仄；二则当兹大时代中，久为新民精神所感动，思于工作中稍尽国民责任。小说虽为小技雕虫，无当大雅，然法言异语，都可发挥正义，笔诛墨伐，亦足纠正人心。敢本斯旨，改弦更张，将本报两篇合而为一，于新黛后改刊新著《粉黛江湖》，情节穿插，力求新颖多变，不失说部本旨。而针砭奢靡，痛斥邪恶，指人生之正轨。挽世俗之颓废。主讽喻于谐笑之中，寄意识于文字之外。或有新面目与读者相见者，到《旧巷斜阳》即于年前结束，《情海归帆》则因情节所关，结束不及，只得暂告段落，荣后有机，再当续撰。作者此年多病，意志消沉，作品每放弥六合，失之冗长……是吾所病，尤吾所惭，今幸顽躯粗健，号拙著，只当留精汰粕，刻意减裁”。

相较《旧巷斜阳》，《情海归帆》累计连载了5278次，而《天风报》连载

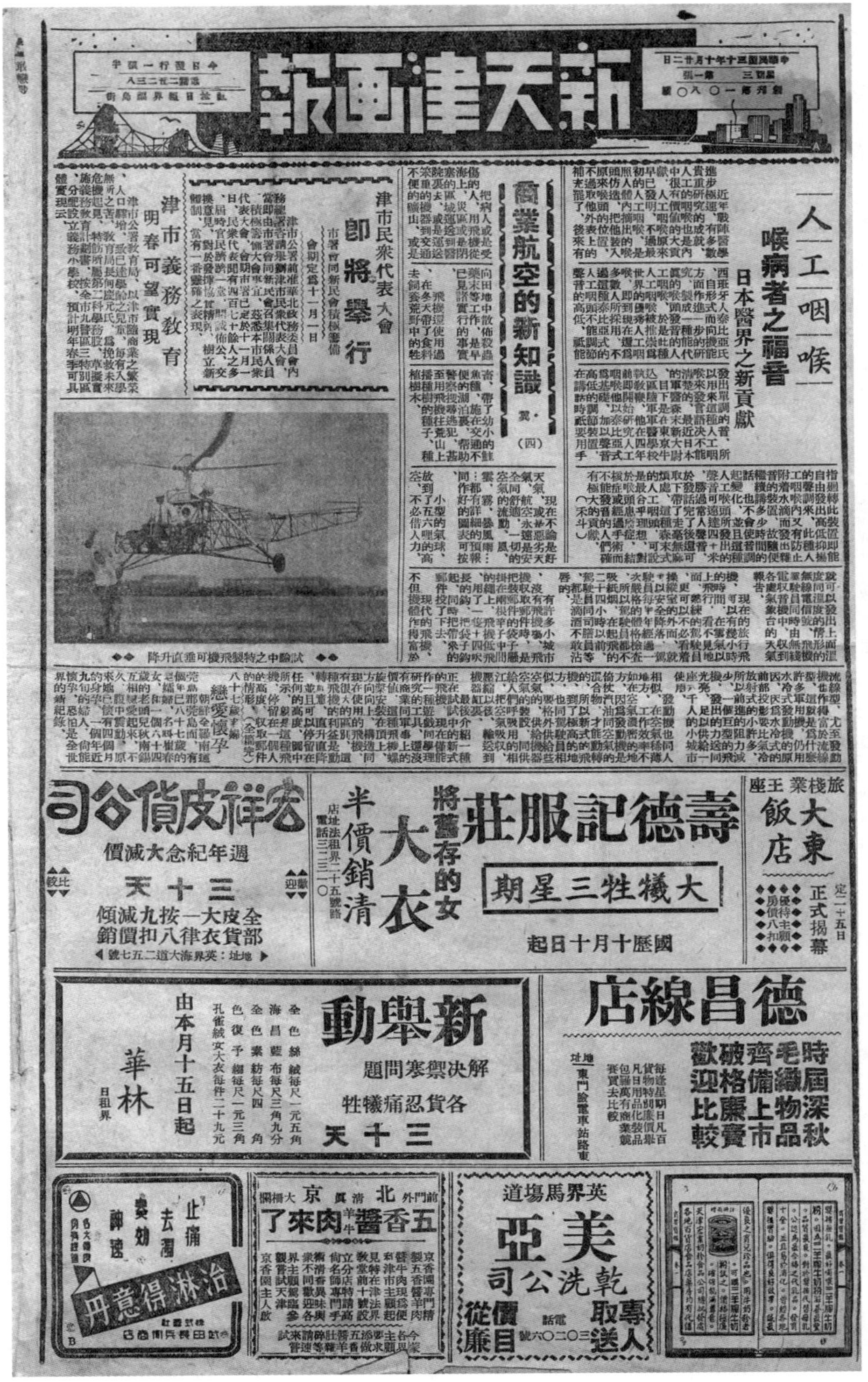
新天津画报

人工咽喉

喉病者之福音

日本医界之新贡献

商业航空的新知识（四）

津市民众代表大会即将举行

市署会同新民会积极筹备

会期定为十一月一日

津市义务教育明春可望实现

试验中之特制飞机可垂直升降

恋爱楼

宏祥皮货公司

週年纪念大减价

三十天

全皮大衣一律八扣 按九折减价

地址：英界海大道二五七号

寿德记服庄

将旧存的女大衣 半价销清

大牺牲三星期

国历十月十日起

旅栈业王座 大东饭店

正式揭幕

新举动

解决御寒问题

各货忍痛牺牲

三十天

华林

由本月十五日起

德昌线店

时届深秋 毛织物品 齐备上市 破格廉价 欢迎比较

北京五香酱羊肉来了

英界马场道

美亚乾洗公司

专人取送 价目从廉

止痛 去湿 奏效神速

洽淋得意丹

《新天津画报》报影

最后一期的报纸只有4690期，也就是说，《情海归帆》在《天风报》创刊以前就已经在其他报纸上连载了，连载时间达12年之久，这在刘云若小说中也是创纪录的，在天津所有小说家中也是创纪录的。

《粉黛江湖》于1943年1月4日开始在《新天津画报》上连载，一直到1943年12月24日第5045期止，一共连载了四回308次(《新天津画报》就在几天后，也就是年底宣布停刊)，与后来的单行本在回目上是一致的。有趣是的《粉黛江湖》与1949年由上海六合书局出版的《燕都黛影》《湖山烟云》(这两种书内容连续，实为一体)单行本，在内容上是一样的，应当属于同书异名的现象。

在1941年12月23日出版的《新天津画报》上，看到有关《红杏出墙记》被拍成电影的新闻。根据这篇《〈红杏出墙记〉永垂不朽》的新闻简讯，继国联把《春风回梦记》《碧海情天》搬上银幕之后，国华又将《红杏出墙记》拍成了电影，“全片极忠实原著，主角演出精湛，较《春风回梦记》有过之而无不及”“继上次国联《春风回梦记》在津公映得到各界一致好评后，津市的影迷对于刘云若的小说拍成的影片，更加渴望了，所以《红杏出墙记》公映广告登出后，全市的影迷几乎全以此为谈话资料了”。由此可见，刘云若的影响已不仅及于读者，更扩大到广大的影迷。且刘云若的小说因为被搬上银幕而更具全国性影响力，所以，不仅《红杏出墙记》永载史册，刘云若同样永载史册！

《天风报》是民国时期天津著名的报纸，其创办人沙大风本身就是一位著名作家和报人，另外，副刊主编分别由刘云若、还珠楼主担任，更使其独具特色。尤其该报连载了许多著名作家的作品，不仅使《天风报》这张具有十多年历史的小报名扬遐迩，而且使作家们的作品借助这一平台传播海内外。尤其是姚灵犀、刘云若、还珠楼主等社会名流都团结在《天风报》这个平台之下，更使其在天津文学史上具有无可替代的重要作用。

抢先出版的《天津民国日报》

《天津民国日报》于 1929 年 12 月 1 日创刊。该报原是国民党天津市党部机关报，社址设在特别三区三经路(今河北区天津站附近三经路)。社长为国民党市党部主委鲁荡平，总编辑王一凡，采访部主任施冰厚。其间曾多次停刊。1945 年 8 月，日本投降后，国民党“中央宣传部华北宣传

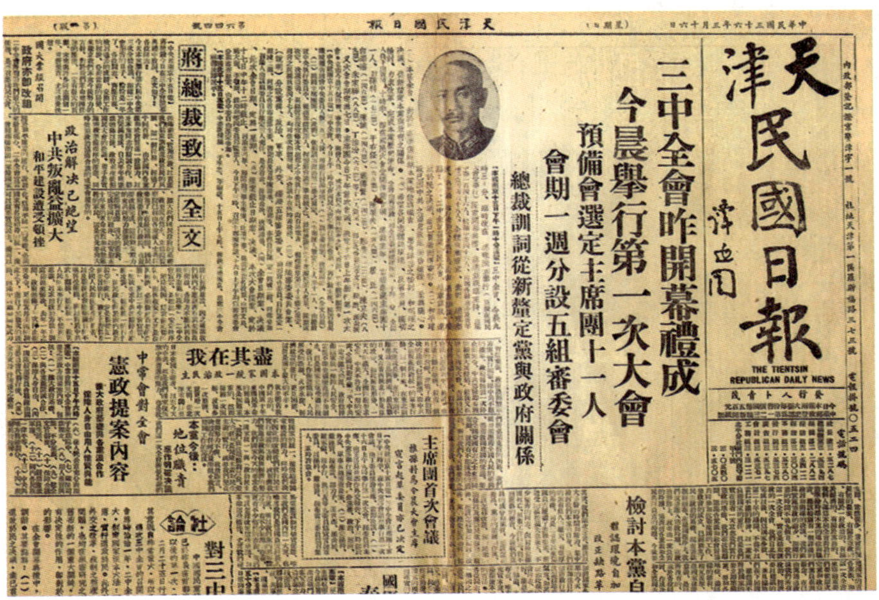

天津民國日報

THE TIENTSIN REPUBLICAN DAILY NEWS

三中全會昨開幕禮成

今晨舉行第一次大會

預備會選定主席團十一人

會期一週分設五組審委會

總裁訓詞從新釐定黨與政府關係

蔣總裁致詞全文

政治解決已絕望 中共叛亂益擴大 和平建設遭受頓挫

盡其在我

中常會對全會 憲政提案內容

主席團首次會議

社論 對三中

檢討本黨自

《天津民国日报》报影

专员办事处”秘书庞振宇出版了一份四开小报，沿袭原来的《民国日报》报名，只是在报头上增加“天津”二字。

不久，国民党中央宣传部委华北特派员卜青茂为《天津民国日报》社长，并接收了敌伪时期的《天津华北新报》的财产和设备，于1945年9月6日在法租界21号路(今和平路83号)正式复刊(庞振宇创办的《民国日报》停刊)。发行人卜青茂，总编辑庞振宇。卜青茂和庞振宇本身不是新闻界出身，于是从北平请来俞大酉任主笔(1947年辞职后改为傅筑夫)，由张元璞为经理，另有编辑记者30余人。在《大公报》《益世报》等大报复刊之前抢先出刊。发行量一度达3万份。

该报为日刊，对开2张8版。除新闻报道、社评之外，综合副刊、专刊十分丰富，如“民国”“史地”“游艺”“青年”“自然科学”“儿童周刊”“心理教育”“图书”“国际问题”等，发表过不少名人撰文、译文及文学创作。1948年3月29日《民国晚报》创刊，日发行量达3万份。其中连载过刘云若的《白河月》《沧海惊鸿》。此外，该报拥有《星期画刊》(后改为《图画周刊》)和《天津民国日报画刊》两种画报。

《天津民国日报》是天津当时最大的一家报社，其报馆设在陕西路北头(原《庸报》《天津华北新报》旧址，天津日报社经营部)，在万全道设有承印所，在罗斯福路(和平路渤海大楼对面胶印厂)设有经理部和纸库，在彰德道、多伦道设有仓库。由于该报特派记者张重枢专访过宋美龄，并写成长篇特写，故引起宋子文的重视，经报社申请，宋子文核准拨款美金10万元，从美国购置了一台先进的大型铅印轮转机(天津解放后中宣部将此设备拨付给人民日报社)。另拨2万美元用于修建新址。但好景不长，天津解放前夕的1948年12月31日，《天津民国日报》伴随着解放的号角，淡出了历史舞台。

1948年11月，中共地下党的外围组织“天津新闻记者协会”(简称“地下记协”)，成立了《天津民国日报》小组，成员有记者勾宪真，副刊编辑姚又文和晚报编辑张虎刚。后来又吸收摄影记者关季衡(关平)、晚报

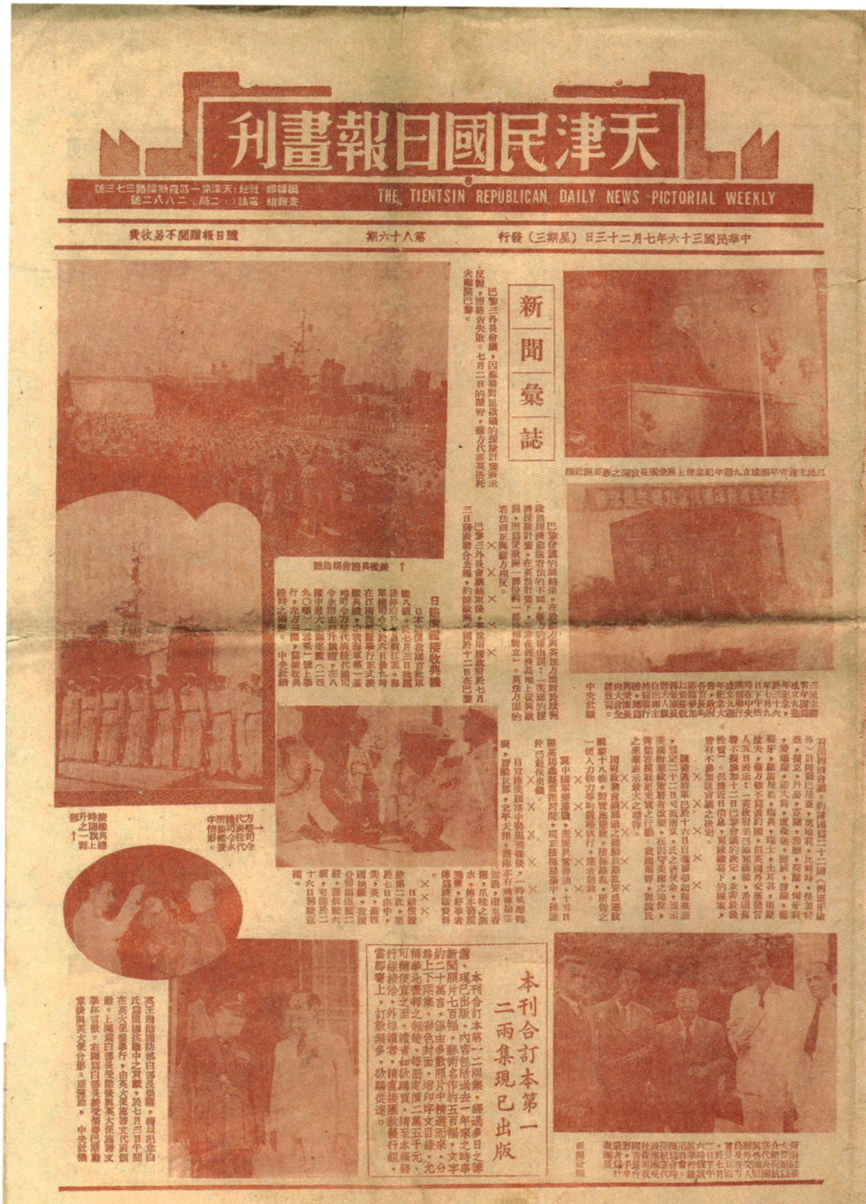
天津民國日報畫刊
THE TIENTSIN REPUBLICAN DAILY NEWS PICTORIAL WEEKLY
中華民國三十六年七月二十三日（星期三）發行
第八十六期
隨日報贈閱不另收費
新聞彙誌
本刊合訂本第一二兩集現已出版

《天津民国日报画刊》报影

记者董蔚章(董庆琪)等人参加。该小组按照《益世报》记者、共产党员姚仲文所传达的指示,为迎接解放,组织了专门的护厂队伍(阻止印刷设备转移和破坏),并于 1949 年 1 月 15 日天津解放当天,用《天津民国日报》的设备印刷了 3000 余份《天津新闻记者协会号外》(由姚仲文与张虎刚起草,并刊有中国人民解放军布告),在下午 1 时多免费发给报童。

1949 年 1 月 17 日,军管会在接收《天津民国日报》的基础上,创办了中共天津市委机关报——《天津日报》。

《天津民国日报》刊载过刘云若抗日锄奸题材的小说《白河月》,作者运用写实的手法,着重反映了天津人抗战实况,是作者创作的一部"纪痛的野史",标志着刘云若小说创作主题和题材的重大转变,提升了刘云若小说的文学价值与历史地位。同时也使这张解放战争时期的著名大报在天津文学史上占有了一席之地。

李山野与《天声报》

《天声报》创刊于 1937 年 9 月，社址在南市平安大街(今荣吉大街)，创办人谢龙阁，社长吴宁靖。

《天声报》为四开日报，其中第二版为该报的副刊，取名“乐园”，编辑是著名言情小说家李山野。“乐园”主要包含两个方面内容，一是刊载了

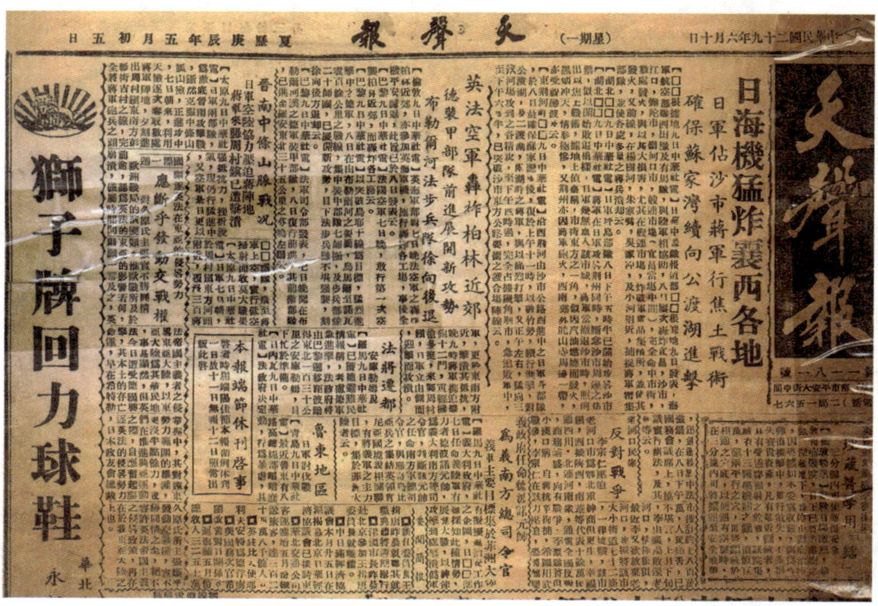
天聲報

中華民國二十九年六月十日　星期一　夏歷庚辰年五月初五日

日海機猛炸襄西各地

日軍佔沙市蔣軍行焦土戰術

確保蘇家灣續向公渡湖進擊

英法空軍轟炸柏林近郊

德裝甲部隊前進展開新攻勢

布勒爾河法步兵隊徐向後退

晉南中條山脈戰況

反對戰爭

魯東地區

本報端節休刊啓事

獅子牌回力球鞋

《天声报》报影

京剧、曲艺等内容，保留了不少艺人资料。如 1940 年 6 月 10 日第 1181 期，是一期副刊的端阳节专版，内容有《金少山过端阳节》一文，介绍了京剧名净金少山过端阳节的轶事。另刊有该报编辑崔笑我的《端阳随笔》一文，介绍了人们过端阳节的快乐情景。该刊在同一期还载有一篇《侯宝林一声惊人》的文章：“燕乐歌场，继戴少甫于俊波后，约来侯宝林，业于日

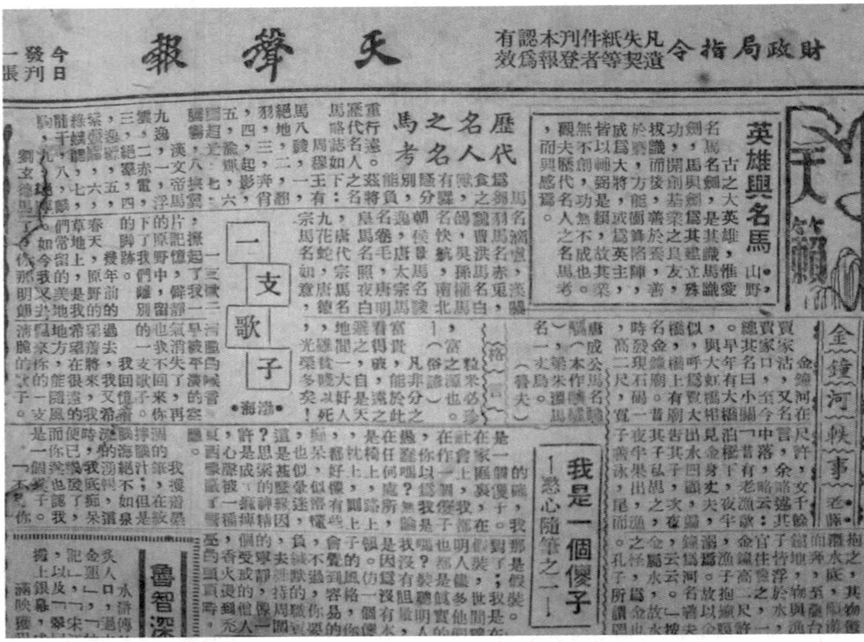
天聲報

今日發刊一張

財政局指令

歷代名馬之名人考

英雄與名馬

一支歌子

我是一個傻子

金鐘河軼事

《天声报》副刊“天籁”

前登台。首以《八大改行》和《跑龙套》(即《空城计》)为打炮，一鸣惊人，座上周郎莫不报以彩声，赞为奇才。盖侯口技出色当行，脱尽凡俗……今番宝林，以口齿清楚，词藻新颖，推陈出新，不拾前人牙慧，遇事讽谏，倍觉有味，妙语横生，足以解颐，实驾乎戴于之上。”据《侯宝林自传》载，1940 年燕乐戏院前台经理李恩甫、后台经理于家锡和影剧公会的周恩玉相偕去北京邀角儿，在天桥发现了侯宝林。那时侯宝林刚从沈阳回京，与师弟王宝童、李宝麒等同场演出，轮换捧逗。三位邀角儿人不约而同地选中了侯宝林。而侯宝林不负众望，一炮走红，在燕乐戏院一待就是三年多，足

见这位相声大师多么富有魅力。《天声报》为我们保留了这位相声大师来津及演出的史料，十分宝贵。

二是《天声报》每期连载数篇小说。其中尤以李山野小说最为引人注意。李山野是《天声报》副刊编辑，其社会长篇小说《秋水天长》就是在《天声报》连载的。《秋水天长》描写青年常晓天，在处理妻子与情人之间的感情纠葛中，由堕落到浪子回头的故事。该书由天津昌明出版社出版了单行本，受到读者欢迎。紧接着，其另一部小说《红豆相思记》(续集)又在该报连载。该部小说原在天津的《快报》连载，1940 年改为在《天声报》上续载。作者以袁世凯称帝事件为背景，对 1919 年发生的五四运动作了正面描写。李山野还有多部著作，包括《红豆相思记》《津沽春梦》《香闺梦》等，这些著作多以天津为背景，反映了民国时期天津底层社会生活，类似于刘云若的社会言情小说。《天声报》成就了李山野，使其在民国时期北派通俗文学发展史上占有了一席之地。

日伪时代，《天声报》是天津仅存的几份报纸之一，其副刊编辑除李山野、崔笑我(《新天津报》记者)外，尚有从其他小报转来的报界人士，如张吉人(《中南报》编辑，笔名天相，取自“吉人自有天相”之意)、张瑞亭(曾创办了著名的《星期六画刊》)等，这是其副刊能够产生重要影响的原因之一。另据王木先生《从〈天声报〉到〈天声半月刊〉》一文，1944 年，《天声报》改出《天声半月刊》，由李山野和张瑞亭继续负责编辑，并约请高杨、王孑民等撰写戏曲方面的特稿，每期封面都有北京名画家于非闇、齐白石等人的作品。1945 年三四月间，《天声半月刊》停刊。

刊载“马表”的《治新报》

《治新报》创办于 1931 年 10 月 15 日，社址在天津特别第三区（今属河北区）四经路。1934 年《天津市概要》提到的地址是意租界小马路天柱里，社长是田树雨，主笔是马春田。

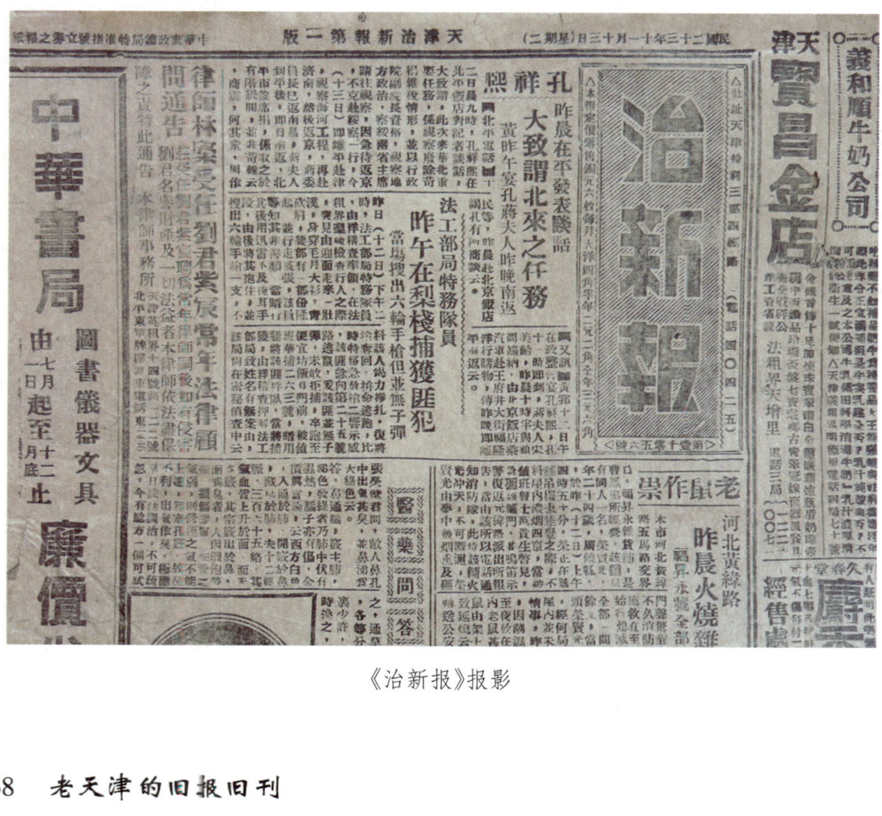
天津治新報第二版
民國二十三年十一月十三日（星期二）
治新報
孔祥熙昨晨在平發表談話
大致謂北來之任務
黃昨午宴孔蔣夫人昨晚南返
法工部局特務隊員
昨午在梨棧捕獲匪犯
當場搜出六輪手槍但並無子彈
律師林宗實受任劉君實宸常年法律顧問通告
中華書局
圖書儀器文具
由七月一日起至十二月底止
廉價
天津寶昌金店
義和順牛奶公司
老鼠作祟
河北黃緯路
昨晨火燒
醫藥問答

《治新报》报影

《治新报》同样是四开小报，每期四版。与其他小报不同的是，该报在第二版全都是“马表”，即赛马场比赛消息，“马表”包括场次、里程、时间、马名、马号、摇彩号码、彩金等。每场比赛通常有三匹马，即头马、二马、三马。每头马都有一个好听吉利的名字，如在第七场赛，头马叫飞威，二马叫冠津，三马叫六顺。在民国小报中，整版刊载“马表”的，可能独此一家，该报的创办很可能与赛马场有很大关系，至少会有业务联系，小报借“马表”拓展市场，赛马场借小报以扬名，二者相得益彰，互利共赢。

与其他小报一样，《治新报》的头版也是新闻版，既有要闻，也有本地新闻。本地新闻辟有“小梨园”专栏，专门介绍电影、曲艺和戏剧方面的消息。有一则消息的题目是《补庵新著作》，按照该消息介绍，韩补庵编剧的《力挽狂澜》，于星期日奎德社坤班在北平公演。该剧为“迎合现世潮流之作，闻已排练纯熟”。韩补庵原籍北京，后移居天津。1915 年，韩补庵在天津出版的《广智星期报》任专职编辑，他对戏剧理论情有独钟，经常撰写戏剧方面的文章，并与林墨青、王仁安、赵元礼等津门学界名流多有往还。由于历时久远，有关韩补庵先生的文字非常之少，以至于几乎被历史遗忘。此消息，很明确记载了他的剧作，客观上说明了他在戏剧界的重要地位。

天津小姐

女招待的

小说海

《治新报》的“小说海”

第一版也刊载一些奇闻轶事。如一则关于黄纬路杂货铺着火的消息就很奇葩。这则消息报道说，位于黄纬路与五马路交口处的福升永号杂货铺，由曹凤鸣所经营，平常只有 24 岁的荣贤光一人看摊。有一次，他买了一盒火柴，因潮湿，经晒一日乃干，至夜放在架上，不料屋内有老鼠甚多，到了半夜时分，火柴被老鼠意外擦着，顿时火光四起。熟睡中的荣贤光被惊醒，仓皇逃窜，而杂货铺则化为灰烬。

第二版是副刊，内有杂文、随笔和民间掌故。有一则《做不到官只好吃大饼油条》的小文，披露了张居正在京城做官，经常有老家人托其办事，因不堪其扰，索性避而不见。有一位江南人，为求个一官半职的，天天到张居正家里候着，扬言不见张居正就不离开。连续三天在客厅等候，为了引来张家人注意，在第四天的时候，此人竟然买了七八个大饼，一大堆油条，并当着众人的面大嚼起来，口里还不停地嘟囔着："做不到官，只好吃大饼油条。"这一恶作剧非常有效，张居正果然破例会见了这位来访者。

第四版是小说专版。每期都连载四五部小说，有实事小说、言情小说、技击小说等不同类型，如《天津小姐》《警世宝鉴》《女招待的秘密》《浪漫女郎》等。但看得出，此类小说多是市井小说，记录了民国时期普通百姓的日常生活、风土人情、生活习惯和城市风貌，为研究天津民俗史提供了丰富史料。

《中华新闻报》主张抗战

据马艺先生的《天津新闻传播史纲要》一书载,《中华新闻报》创刊于1930年6月,社长袁润之,主笔王醒愚,社址在南市大舞台东,1934年5月10日进行重组,报社地址移至法租界鼎新里1号。

该报是一张四开小报,每期四版,一版为要闻,编辑石愚奇;二版为游艺,编辑张圭颖;三版文艺,编辑司徒向文;四版地方新闻,编辑石补天。表面上看,该报与其他小报并无大异。但仔细研究发现,该报还是有自己特点的。

首先,《中华新闻报》具有主张抗日的进步倾向。如在该报编辑撰写的《圣贤与豪杰》一文中,作者把日本侵略者比作凶暴残忍的豺狼,并呼吁人民起来抗日,要求政府“替被压迫者谋出路”,并主张文艺工作者“尽我们的任务”。其次,该报游艺版侧重于电影方面的内容介绍,并时常与读者交流一些电影方面的议题。该版编辑是曾创办《银线画报》的著名报人张圭颖,其对电影学很有造诣。在《肉欲片摄制的问题》一文中,张圭颖与读者对充斥国产影片中的肉欲色彩均提出了批评。第三,在文艺副刊《茶座》里,侧重于刊载一些散文随笔之类的小品文,还包括作家故事、文艺动态、杂记随笔等。文笔简约,语言幽默,很有意趣。在“征稿小启”中,要求茶座的稿件“不腐化、不恶化”。第四,与其他小报一样,该报亦有小

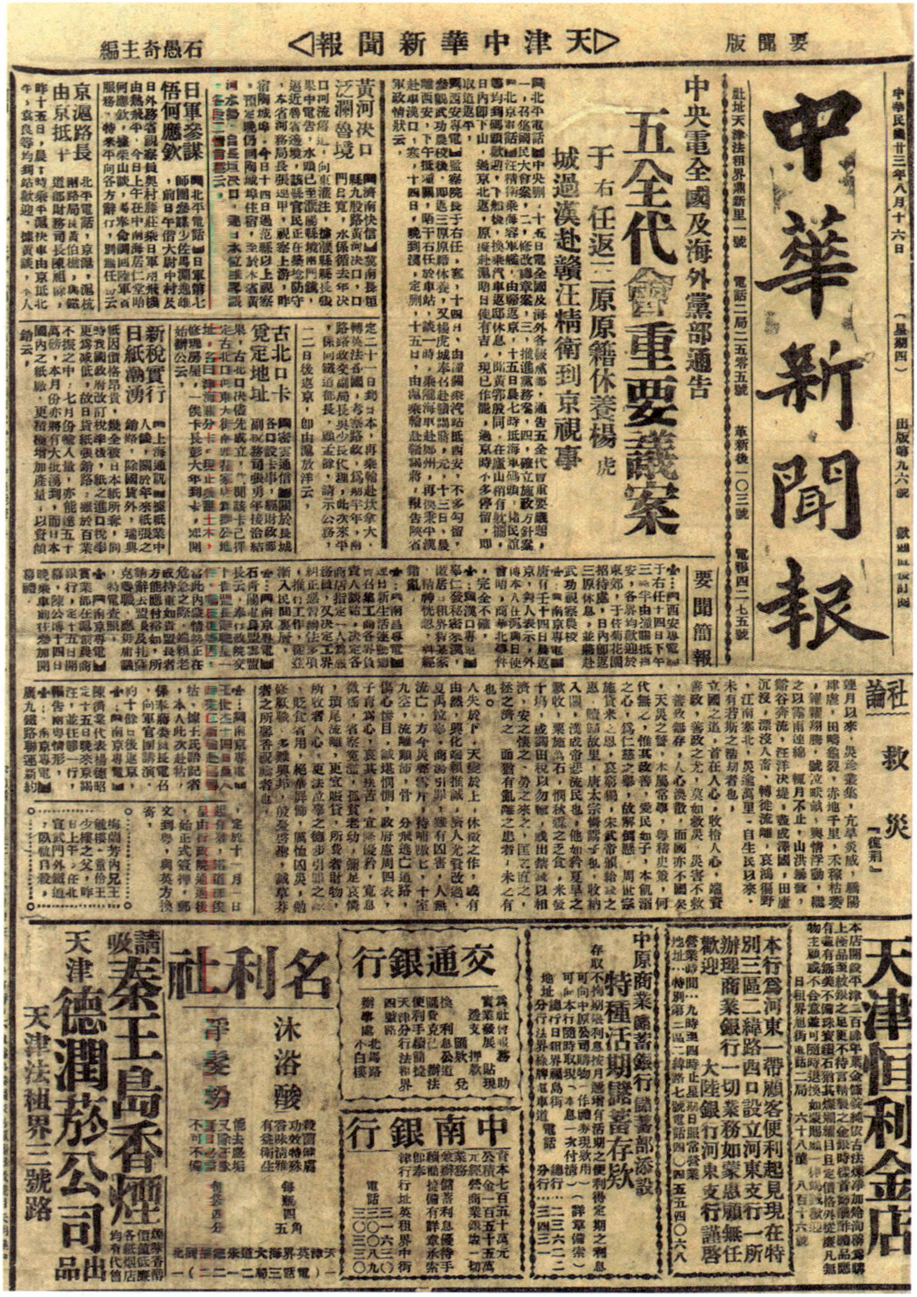
要聞版
天津中華新聞報
石啟奇主編
中華民國卅三年八月十六日（星期四）
中華新聞報
中央電全國及海外黨部通告
五全代會重要議案
于右任返三原原籍休養
楊虎城過漢赴贛
汪精衛到京視事
黃河決口氾濫魯境
日軍參謀悟何應欽
京滬路長由京抵津
新稅實行日紙漲湧
古北口卡覺定地址
要聞簡報
社論
救災
天津恒利金店
中原商業儲蓄銀行
特種活期儲蓄存欵
交通銀行
中南銀行
名利社
沐浴酸
淨姿粉
請吸秦王島香煙
天津德潤蔘公司出品
天津法租界三號路

《中华新闻报》报影

说连载。但该报借鉴了《新天津报》评书上报的做法，亦在游艺版增加了评书连载内容，如刊载了程士明的《双镖记》等。

最富特点的是，该报在新闻版重要新闻的开头，均以诗词形式概括新闻的主要内容，合辙押韵、朗朗上口，很适宜报贩叫卖。如有一则《车夫染嗜好逼女为娼》的都市琐闻，说的是辽宁人丁杨氏，夫早亡故，遗有一女大凤。后丁杨氏与刘凤书姘居，于九一八事变后，逃难到了天津的谦德庄。刘凤书虽然靠拉胶皮维持温饱，但后来竟然染有鸦片的恶嗜，所入不足吸食毒物。于是竟然异想天开，逼其女大凤暗操皮肉生意，所得款项尽由刘凤书挥霍。一天，丁杨氏与刘凤书口角，刘凤书竟将丁杨氏毒打一顿。该琐闻前有两段打油诗，其一：“烽烟故国已无家，异地飘零敢怨嗟。阿母引狼早入室，可怜薄命恨杨花。”其二：“空帏虽守，再嫁刘郎。刘郎不淑，逼女为娼。”另刊有一条《不甘空帏又遇负心人》的琐闻，说的是西头（今红桥区西关街一带）李马氏丧夫后，嫁给了李恩普，结婚后，初尚相安无事。不料，李恩普步入嫖途，在日租界某班结识妓女，热度极高，遂流连忘返。夫妻于是反目成仇。该琐闻的开头有一段词描述其事儿：“云出岫，文君再醮抱箕帚。轻薄儿，空床难独守。悲怨偶，相思久，憔悴腰肢，为郎消瘦。待君不归来，残更漏。早

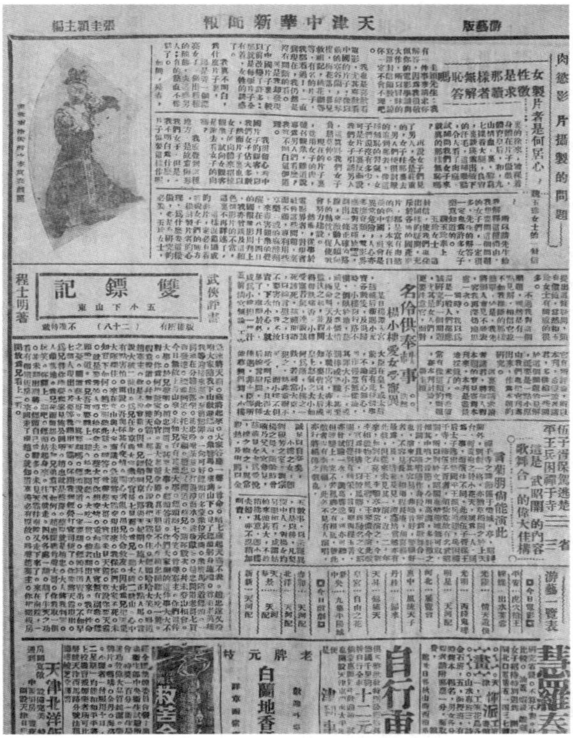
遊藝版
天津中華新聞報
武俠評書
雙鏢記
程士明著

《中华新闻报》游艺版

知他得新忘旧，不为荡子妇。”

有关《中华新闻报》的停刊日期，史料上并无记载，若非发现更多的实物资料恐怕更难考证。但七七事变时，日本人允许复刊出版的报纸名录中并无该报，故这张报纸可能和其他小报一样，在七七事变不久便停刊了。

海笛主办《时言报》“诗刊”

《时言报》是北平出版的一家报纸，其副刊之一的“诗刊”创办于 1943 年，是由天津人海笛担任主编，专以发表天津飓风诗社成员的作品。

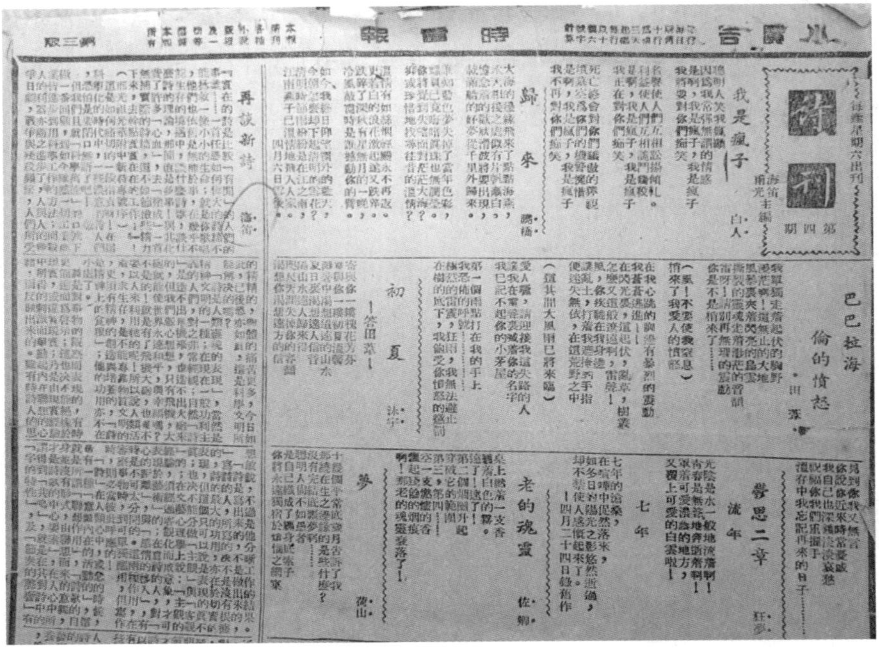
時言報

詩刊

海笛主編

第四期

再談新詩

我是瘋子

歸來

巴巴拉海倫的憤怒

初夏

老的魂靈

七年

夢

憶思二章

《时言报》“诗刊”

海笛，是王长清的笔名，民国时期天津的报人、诗人。他1945年毕业于北平师范大学历史系（与著名作家柳溪同班），曾主编《青年呼声》《文联》等杂志。

早在1940年，海笛的处女作发表在南京出版的《新东方》上，从此走上了新诗创作道路。1943年1月，海笛与他人诗作合集——《蓬艾集》问世。海笛是一位爱国诗人，正如柳溪在《海笛诗存》序中所评价的那样，"他那风格粗放的诗篇，大胆地呼喊着自由民主、反美抗日，发出了黑暗时代黎明前的呼唤。"另据《海笛自述》一文（见《梦痕》），海笛不仅从事创作，而且对诗歌理论也有研究。他曾撰写了《再谈新诗》一文，发表在1943年5月份的《时言报》上。他说："诗是人类灵魂的表现，当然是精神文明一种……所以说人类活着，求生存，是不能专靠物质文明的，更须有精神的创造与培养的，诗是精神上的食粮。"

因投稿关系，海笛结识了《时言报》社长的儿子常榕。常榕提出由海笛协助其打理副刊。后经协商，海笛和甫光共同创办了《时言报》的副刊之一《诗刊》（每周六出版），1943年3月正式出刊（总共出版30余期）。

1943年春，宋泛（宋大雷）、毛羽（毛尧堃）、何之、郭文杰、万格平等人，在天津共同发起组织飓风文艺社。这个文艺社，一方面利用本地报刊（如《新天津报》）开展创作活动；另一方面组织诗社成员进行诗歌朗诵活动，并广泛联系北平、唐山、秦皇岛、上海等外地诗友开展交流，这其中尤以北平《时言报》"诗刊"开设"飓风文艺社"专版可圈可点。

1943年夏，海笛利用假期专程拜访了飓风文艺社，并在6月27日这一天组织召开了一次座谈会。在会上，大家围绕着"现代新诗的发展趋势""诗与散文之区别""大众化新诗及如何建设新诗坛"等议题进行了讨论。随海笛一同来津的有萧羽（何家栋）、邵佐卿（邵象）等人。飓风文艺社的闻杰、毛羽、宋泛、高棋、万格平、尹连鹏、李光、苏子光、张爽、何之等十余人参加座谈。会议达成一致意见，由《时言报》为飓风文艺社开辟专版。1943年7月4日，《诗刊》第11期正式推出"飓风文艺社"专版，这一期共刊载 6 篇诗作，有闻杰的《夏歌》，金风的《海燕》，久仰的《打鼓贩》，何之的《童年》，欧阳琼的《街头梦》，荷锄的《室息之灯》等。7 月 17 日第 12 期《诗刊》又推出了第二个专版，这一期是宋泛的个人专辑。海笛在《编后》一文中作了这样的说明："飓风社之成立，是我们文艺界一大欣喜；这次的特刊，为我们彼此间第一次形式上的联络！由这里的作品，可看出他们努力的成绩如何，编者不再赘言……宋泛之个人作品并陈于此，希读者有以公正的评价。"

海笛后任天津师范专科学校副教授，1987 年 5 月，天津昆仑诗社在小海地成立后，曾应约担任该诗社的顾问。该诗社陆续出版了十余辑《昆仑诗选》，其中有很多原飓风文艺社成员的作品。该社不仅继承了飓风文艺社的爱国传统，而且在社会主义精神文明建设中发挥了重要作用。

出版时间最长的《天津中南报》

《天津中南报》于 1930 年 11 月 1 日创刊，1949 年 1 月停刊，是天津现代新闻史上存在时间较长的一家小报。社址设在南市荣业大街(一度迁往南市大舞台东，抗日战争胜利后复刊时由南市荣业大街迁往南市广

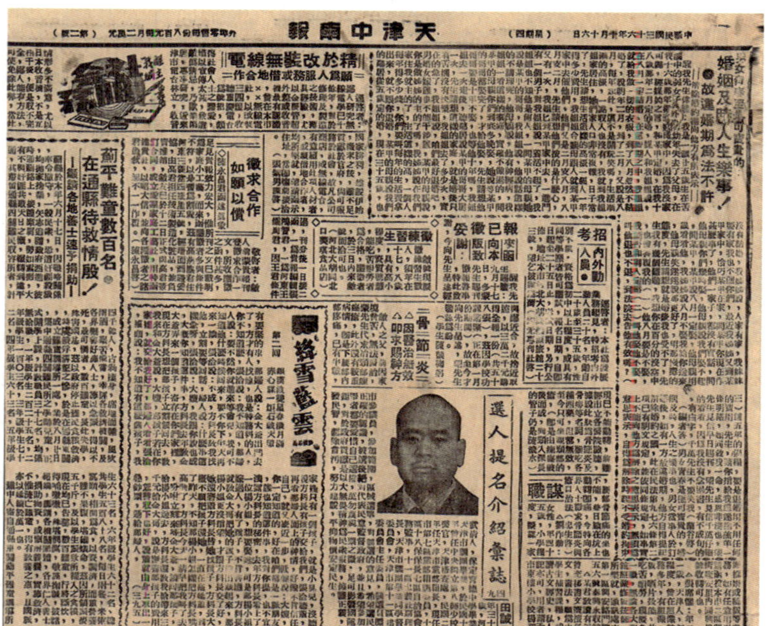
天津中南報
中華民國三十六年十月十六日 (星期四)
精於改裝無線電
＝願爲人服務或借地合作＝
婚姻及時人生樂事！
故違婚期爲法不許
薊平難童數百名 在通縣待救情殷！
—籲請各地善士速予捐助—
徵求合作 如願以償
招考 內外勤人員
徵求練習生
選人提名介紹彙誌

《天津中南报》报影

兴大街西路)。创办人是著名报人张幼丹(曾担任天津报业公会理事),总编辑为也是著名报人的李醒我。

《天津中南报》是天津四开小报中比较著名的一家。编辑排版印刷均注意严整、规范,为一般小报所不及。辟有新闻版、社会服务版及新世界、游艺园、小说连载等专版。

中南報復刊週年紀念專頁

本報復刊週年紀念

風雨雞鳴

民族先鋒

中南報

中南报复刊纪念专页

“游艺园”格调偏于低下,除刊载剧场和名伶消息外,大部分是妓女和女招待的招徕广告,每期约刊登四五十则。如有一则妓女广告内容是这样的:“鸿宾楼后福升班大荣老二,貌美如花,言语温和,招待客友,异常周到,望走马章台者,曷往一访。”另有一则女招待广告,内容是这样的:“法租界三合园之二号女招待王桂贞,乳名贵莲,年华二八,前发天足,未言先笑,性情忠厚,对待饭客,特别周到。”小说版每期连载三四部小说,既有古典章回小说,也有现代题材的社会小说。如窃玉的《黄天霸》,晓虹的《摩登女》,锡璜的《彭公案》,怡侯的《奇侠传》等。

1937 年,《天津中南报》一度停刊。当年经日本当局批准复刊,改由台湾人李枕流主持。李枕流曾自办《大北报》,为所谓“中日提携”“大东亚圣战”作反动宣传。他与日本特务机关有关系,自称是日本华北派遣军册家少佐的朋友。《天津中南报》由他主持后，也成为汉奸报纸。

1945 年日本投降后，张幼丹拉上国民党中统特务王连珂的关系，在 1946 年 3 月 16 日再次出版。报纸版面也作了调整，除保留新闻版、社会服务版外，新增加了本市新闻版，原“游艺园”专版改成了“娱乐园”，内容多是坤伶在京津演剧的消息，已经没有妓女、女招待的招徕广告。另有小说连载，如郑证因的《一字彗剑》小说连载。除娱乐版外，社会服务版也同样有小说连载，如北京籍作家李薰风的《金玉满堂》以及刘云若的《绛雪蓝云》。

《天津中南报》是一份具有特色的小报，由于办刊时期较长，加之有一批著名作家提供稿件，使其影响很大。在小报中，可与《新天津报》《评报》等媲美。尤其是连载过京津两地李熏风、刘云若等著名作家的作品，更奠定了其在天津文学史上的重要地位。

“燕京系”创办的《新星报》

《新星报》于 1947 年 6 月 1 日创刊。初为 6 版，后改为对开报纸。社长张师贤，总经理蔡景轼(后任经理杨曾庆)，总编辑张隆栋，总主笔为陈封雄。另由唐海天任主笔，张兴铂任采访主任。报社主要成员清一色为燕京

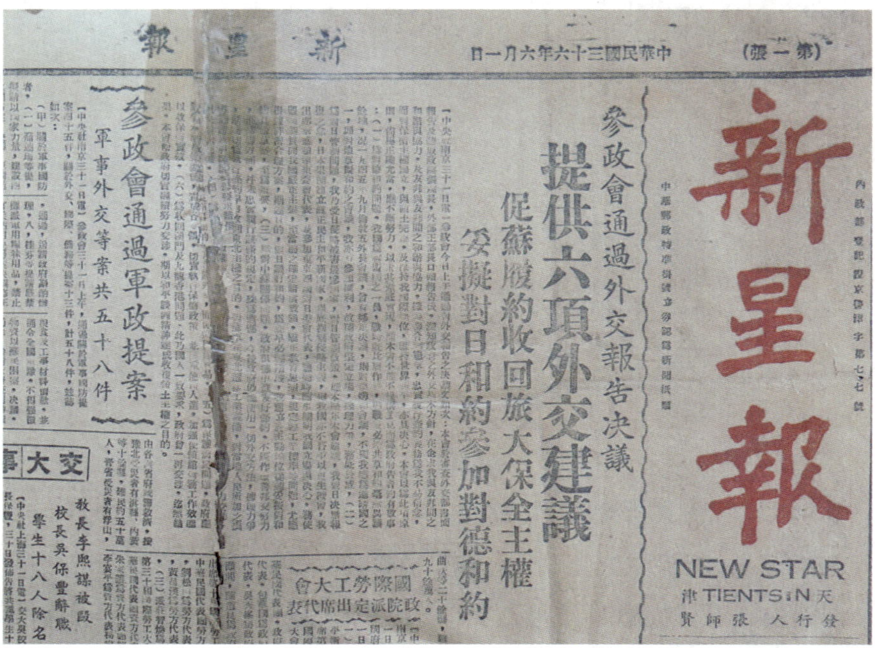

（第一張） 中華民國三十六年六月一日 新星報

新星報

NEW STAR

TIENTSIN 天津

發行人 張師賢

參政會通過外交報告決議

提供六項外交建議

促蘇履約收回旅大保全主權

妥擬對日和約參加對德和約

參政會通過軍政提案

軍事外交等案共五十八件

交大事

校長李熙謀被毆

校長吳保豐辭職

學生十八人除名

國際勞工大會

政院派定出席代表

《新星报》创刊号

大学校友,可谓群星荟萃。

1948年10月4日下午,原燕京大学校长、时任美国驻中国大使的司徒雷登,由南京去北平途中在津停留并到《新星报》参观。次日晚上在胜利联欢社(即后来的解放桥附近的青年宫),燕大校友举办欢迎晚宴,当时的国民党天津市市长杜建时、警备司令陈长捷均应邀出席。

该报标榜所谓自由、民主。在创刊号上的社评中,着重阐述的是燕京大学的校训:“因真理得自由以服务。”真理就是“和平、安定”;自由就是“言论自由、信仰自由、免于匮乏和免于恐惧这四大自由”;服务就是“帮助人民进步”。

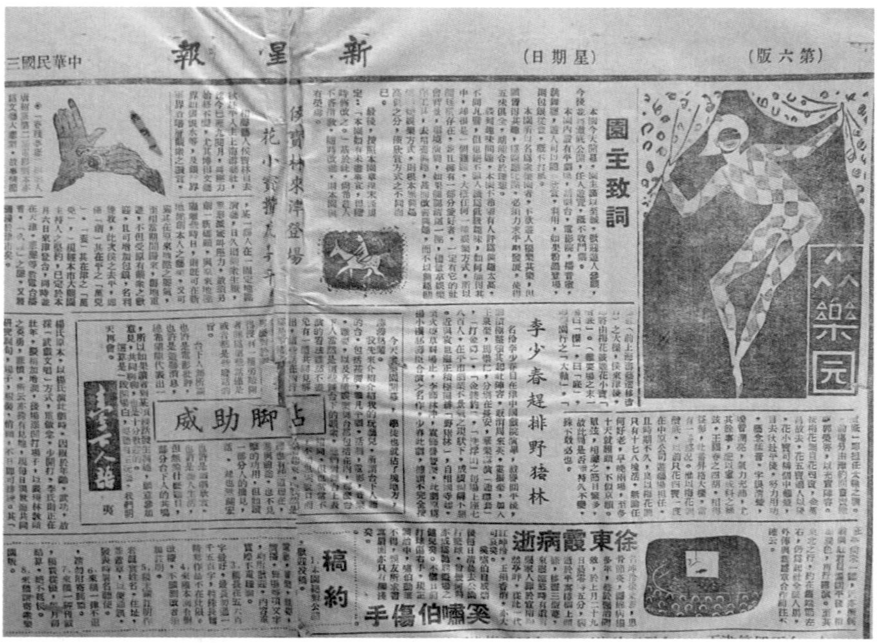
中華民國三 新星報 (星期日) (第六版)

園主致詞

樂園

李少春趕排野猪林

徐東霞病逝

稿約

《新星报》“乐园”副刊

该报总主笔陈封雄是陈师曾的第三子,出身名门世家,祖籍江西义宁(今修水)。曾祖陈宝箴,祖父陈三立(散原),父师曾和叔父寅恪等三代,都在中国近现代思想文化史上有一定的历史地位。他本人于1940年在燕京大学新闻系毕业后即到大后方工作,抗战胜利后为在天津新创的

《新星报》的负责人之一。他能写能画，常常用漫画或者改编外国漫画代替社评，抒发政见，成为该报的一大特色。

虽然号称民营报纸，但在经济上却接受阎锡山的资助(由阎锡山的第二战区驻南京办事处主任方彦光筹集5000万元)。因此，在政治倾向上，具有明显地倾国民党性质，曾刊登了一些吹捧阎锡山政绩以及反共、反苏、反新政协，攻击解放区土改方面的文章。但该报并不都是以维护国民党利益为宗旨。最典型的一件是查封建事件。事件是这样的：1949年1月4日午夜，《新星报》截获一份电稿，大意是：为保护古都北平文化古迹和人民生命财产，张东荪等人赴北平斡旋和平解放，双方正在举行谈判。转天，张师贤决定在《新星报》刊登。陈长捷以该报“散布谣言，动摇军心，破坏城防”为名，下令查封，并逮捕了张师贤、唐海天(主笔)。《大公报》为此发表短评，为《新星报》鸣不平。新闻界头面人物《大公报》副经理严仁颖、中央通讯社天津分社社长张家彦等出面力保，才将张师贤、唐海天释放。但《新星报》则被勒令停刊。天津解放后，民营报纸均被停刊。《新星报》停刊后，绝大部分人员留在京津两地。其中，张师贤去北京创办十月出版社，陈封雄分配到新华社对外部，杨曾庆进入《光明日报》，邵象、张玉珩加入由《大公报》改组后的《进步日报》，张兴铂、张道梁、马际融等则创办大众书店。

《新星报》的副刊取名“乐园”，在“园主致词”里，编者介绍说：“本园内有平剧场，话剧台，电影院，播音室，跳舞厅，游人可以随便欣赏、利用，如果粉墨登场，则包银从丰，期能合作理想。”在创刊号上，编辑诚约如下稿件：“电影、音乐、杂耍、广播、舞场等项文字。”要求稿件五六百字最好，最长勿过一千五百字。

值得一提的是，党的外围组织“地下记协”《新星报》小组邵象(解放后任《进步日报》编辑、《大公报》驻津记者和办事处主任)、张玉珩等人，曾在地下记协领导下，在《新星报》开展护厂和迎接天津解放等一系列进步活动，从而为天津报业史写下了光辉的一笔。

《工人日报》记载的“鬼市”

《工人日报》创办于1947年3月，为当时流行的四开小报，社址在天津第七区兴安路(今和平区兴安路)，发行人为张才中。《工人日报》每期四版。第一版为要闻版。该版与其他小报并无异同，因为当时正处于国共内战时期，故其所刊新闻亦多为各地战事情况。新闻来源取自中央社或者电话采访。第二版是戏曲专版。所刊内容除戏曲评论外，多为演出消息、名伶轶事，尤以演艺界的桃色新闻最为抢眼。如《唐若青热恋赵荣琛》《生活在桃色新闻里的高盛麟》等。戏曲专版还刊有小说连载，如老乡的武侠小说《岂有此理》。第三版为副刊，名为“茶馆”，内容颇为丰富。除评论外，还有名人轶事、中外琐闻、知识小品、前朝遗事等栏目。另还有两篇小说连载，如天津著名报人、票友何怪石的《魂断关山》，章城的《新荡寇志》等。第四版为地方新闻，披露每天发生在天津的抢劫、偷盗、绑票、杀人、拐骗等案件，如《匪徒白昼行抢》《婆媳开演跳河》《都市人命如草芥夫妻反目各自飞》等文章，非常抢人眼目，反映了旧天津的社会现状。

值得一提的是，该报第60期刊载了一篇由著名报人王阶撰写的《鬼市巡礼》一文，披露了20世纪40年代位于西广开一带的“鬼市”的一些情况。旧天津的鬼市，位于今西门外大街与复兴路交口处附近，前几年曾几度迁址，现今已移到青年路，但人们至今还习惯上称之为“鬼市”。“人的

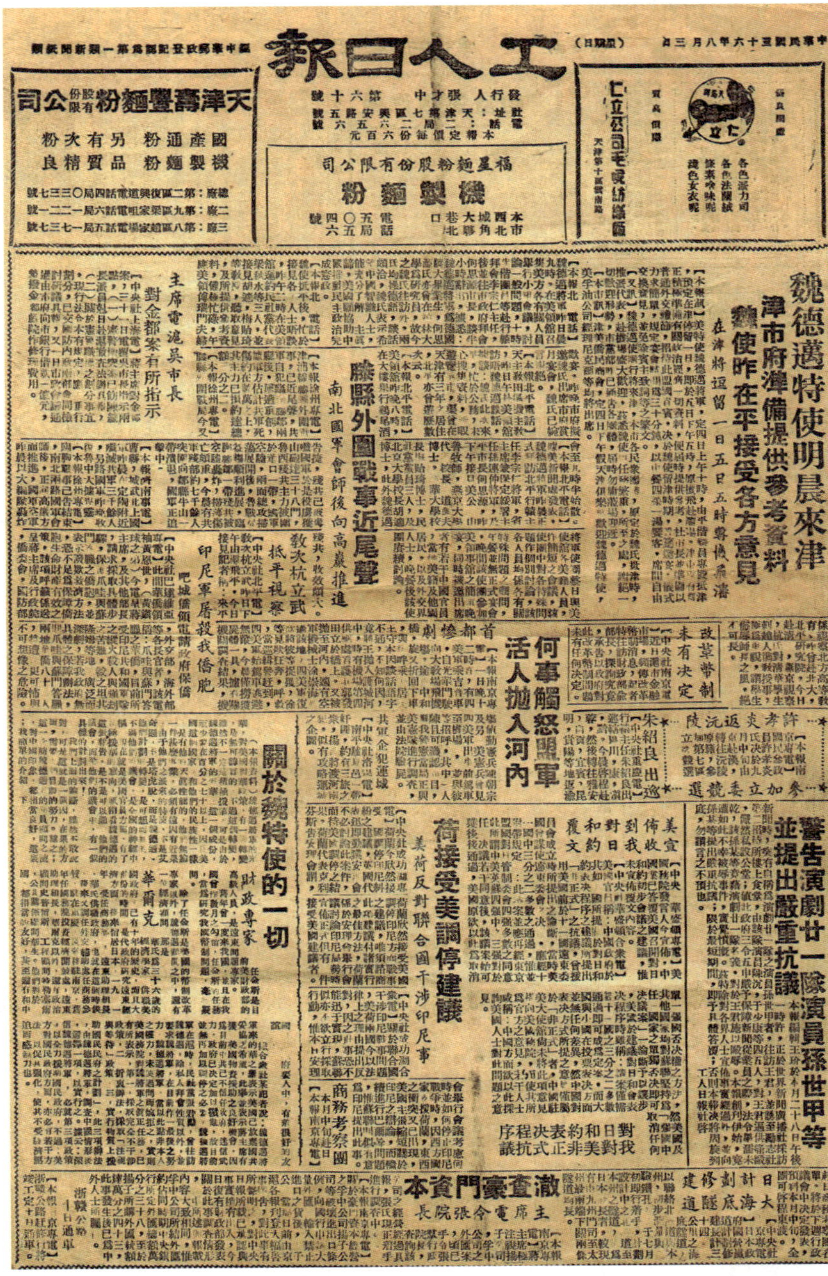
中華民國三十六年八月三日
工人日報
第六十號
天津壽豐麵粉股份有限公司
福星麵粉股份有限公司
魏德邁特使明晨來津
津市府準備提供參考資料
魏使昨在平接受各方意見
滕縣外圍戰事近尾聲
主席電滬吳市長 對金都案有所指示
何事觸怒盟軍 活人拋入河內
關於魏特使的一切
荷接受美調停建議
警告演劇廿一隊演員孫世甲等 並提出嚴重抗議
徹查豪門資本

《工人日报》报影

生活，鬼的世界”，这是作者对鬼市的形象概括。按照该文的记述，鬼市在天亮之前开市，天亮之后人影全无。其货物多由小贩在白天收来或偷来的，东西普遍比较便宜。大到红木家具，小到牙粉牙刷，可谓应有尽有。因为便宜，所以鬼市成了穷人的乐园，每天来此交易的人络绎不绝。该文对司空见惯的欺诈行为作了详细描述。如有一市民买了一个瓷花瓶，还未到家便散了架。原来，这个瓷花瓶是用糨糊拼接的。天未亮时没有被发现，待发现时小贩已逃之夭夭。该文还披露了强买强卖现象，如文章作者在市场上曾向小贩问价，本想转回来再买，但摊主竟然要其立即购买，并威胁道：“不买你问什么价？你是搅我的买卖。不行，问了价就得买，不买就不许问！”

《民生导报》的“宁园副刊”

《民生导报》是抗战胜利后，继《大公报》《益世报》《天津民国日报》之后出现的第四张大报，创办于 1946 年 8 月，社址在第一区兴安路 218 号，发行人秦丰川，社长刘子威。

秦丰川原是《天津商报》采访主任，后来去了德国留学。20 世纪 30 年代回津后担任《益世报》记者。抗战开始，在傅作义部队任职。抗战胜利后，秦丰川由重庆的国民党军统局派到天津，接收了以三昌洋行为名的日本特务机关“满铁经济调查所天津支所”，这个特务机关在日租界寿街(即兴安路)有一幢房子和一批印刷器材，编辑部以此作为资本，创办了《民生导报》。

民生導報
The Life Leader
天津 TIENTSIN
第一五九一號
政府發表和談聲明
仍盼與中共恢復會商
並提出四項具體方案
年來和談經過
分析失敗原因
中共兩項要求
青島海訓團
憲政實施促進
組織規程明
國民黨二中全
改組政府商談
啓事
本報春節放假三日，廿二廿三廿四三日無報，廿五日照常出刊。

《民生导报》报影

关于办报方针，刘子威是

这样规定的："旧政协路线，宣传民主，主张和平。"这份报纸每天有四块版面，第一版是要闻，包括国内、国际两部分，经常有一篇社论和一篇专栏文章；第二版是地方新闻，包括本市新闻和各地通讯；第三版是"宁园"副刊，另有南开大学李广田主编的《每周文艺》和不定期《经济文摘》；第四版是经济新闻，其中上半块是有关金融、贸易、物价、商会等方面的信息，下半块则是"每日行情"栏目，辑录了本市及上海、青岛、保定、沈阳、台湾等地区的商品价格。

"宁园"是该报副刊，由赵纯暇主编。赵氏是一名共产党员，原在上海国际新闻社工作，刘子威把他请来担任副刊编辑。之所以取名"宁园"，一方面是因为天津有一座著名的北宁公园，以宁静致远之意，简称"宁园"。另一方面，"宁园"这两个字本身的含义丰富，有宁静、安宁之义，可以把它理解为读者的精神家园。

中華民國三十五年十二月 日
寧園
第四十六號
三言兩語
思古
論詩短簡
駁「駁評『世紀的高潮』」
義務廣告
楊四郎啟事
論三位一

《民生导报》的"宁园"副刊

"宁园"副刊风格清新，是非分明，它设的"三言两语"栏目，每天发表一段二三百字的杂文、讽刺诗，论点鲜明，意味隽永，辛辣尖锐，明确提出反内战的口号，吸引了不少进步青年作者。副刊经常有一些文艺评论，带有明显的进步倾向。在 1947 年 1 月 21 日的报纸上，有一篇由曹智撰写的《论大众文学与通俗化》，这篇文章谈到了文学的使命、作家的修养以及大众文学问题。关于文学的使命，作者认为，“用以争取人类的合理的幸福的生活，记录大众的生活状况，并且表示大众的希求和倾向——它是直接为大众服务的一种工具。”有很多作品表达了民众希望结束内战过太平日子的向往之情。如有一篇名为《生于忧患》的随笔，针对国民党发动全面内战的形势，作者司钦先生发出停止内战的呼吁：“我们要向现实控诉，我们不能使现状长久忧患下去，在个人，宁愿受忧患的煎熬，但最低不要有现状的纷扰使得我们困毙和疲累，那样，双重的忧患将使每个人死亡！”在1946年10月2日的副刊上，有一篇由王野哲撰写的《论诗短简》的文章，提出了诗人命运应当与时代的命运联系一起的命题。作者认为，我们这个时代，应当有我们这时代的诗篇，这种歌颂应当冲荡在夜与黎明之间，我们应该为那些在艰苦生活着的人们而歌唱。因此，如果诗人不能生活在真实当中，不能把他的命运与时代的命运联系在一起，他是不能写出有价值的东西的。

1946年12月10日“宁园”副刊在北宁公园举行一次读者、作者和编者的联欢会，会上有不少热情激愤的讲话，引起国民党特务机关的注意，因之受到国民党市党部新闻检查官多次警告，最后被勒令撤换编辑，赵纯暇被迫离去。1947年1月21日，由于资金耗尽，加之国民党市党部威逼、警告，《民生导报》被迫停刊。后由染业同业公会理事长李润芝取代秦丰川担任《民生导报》董事长，报纸于同年7月21日复刊，但没坚持多久，到10月6日再次停刊。1948年春节后，刘子威与《中庸日报》达成协议，拟由两报署名联合出版，正当准备出刊之际，4月21日，大批军警、便衣及打手闯进报社，捣毁了排字房、机房，刘子威出面理论，被暴徒打伤。二次出刊计划落空，《民生导报》短命而终。

《大路晚报》的“笔联”副刊

《大路晚报》是一份四开小报，创办于 1946 年 5 月 1 日，社址在天津第一区沈阳道 15 号，发行人是赵信。

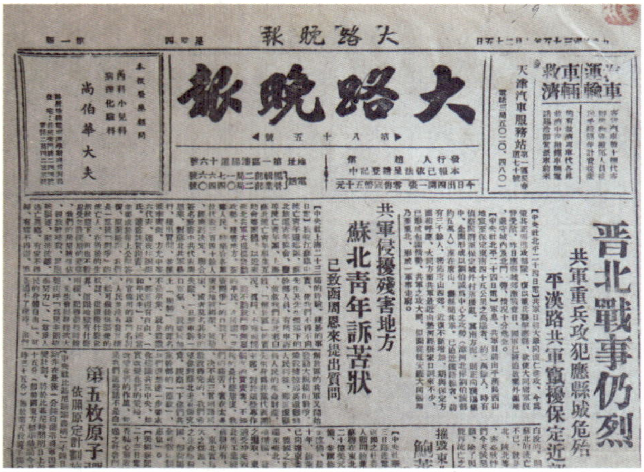
大路晚報

晉北戰事仍烈

共軍重兵攻犯應縣城危殆

平漢路共軍竄擾保定近郊

蘇北青年訴苦狀

共軍侵擾殘害地方

已致函周恩來提出質問

《大路晚报》报影

该报第一版、第四版是新闻版。其中第一版是要闻版，重点反映国内外大势。由于正处于国共战争时期，所以第一版的内容多为内战消息，每天都有不同区域的战况。第一版设有社论专栏，就国内形势以社会关注的热点问题表达看法。如在 6 月 5 日第 36 号报纸上，发表了名为《为老百姓想想吧》的社论，指出：“老百姓现在最怕的是战祸蔓延，因为战争如果不幸的起来，多少年来渴望的生活安定将要成为泡影，‘和平’两个字，对他们真像是大旱盼雨，听到了协商大门又开了，家家户户全部烧和平高香。”再如，1946 年 7 月 25 日第85号报纸，曾发表了名为《怎样度过伏泛危机》的社评，就抗击洪水提出建议。由于上游洪水凶猛，各河流水位急剧上涨，市内低洼地区积水已达一二尺，墙子河水位超过了两岸的地面。为此作者呼吁：“从速动员全市官民，共同抢修各堤埝，同时扩大与强化防泛机构，以度过伏泛之危机。”

第二版、第三版是副刊，其中第二版有一个固定的周刊，每周二出刊一次，取名为“笔联”。关于为什么叫“笔联”，作者在第一期《编后语》作了这样解读：“‘笔联’是把一些爱好写作人的笔产聚集在一起而联合发表出来的一块园地，当它初和读者会面的时候，正是一个很好的日子，我们一则为了点缀诗人佳节而作一番文字的联欢；一则为了把握抗战胜利以后第一个诗人节，对于同好贡献一个新的记忆，并且还希望有更多的朋友们来扶持它，籍此振奋为文艺造就一条广大的路。”因为昨天(6月4日)是“诗人节”，所以“笔联”在创刊号上选了几首诗借以庆祝。这几首诗有苏萍的《月——碎梦辑之十七》，有张继鸿的《一队兵》，张望的《伤》，山音的《写给海》，卢笛的《纤夫》等。其中有一首《拾粪的人》，非常具有生活性。作者用朴实的语言，描绘了一个拾粪老人：

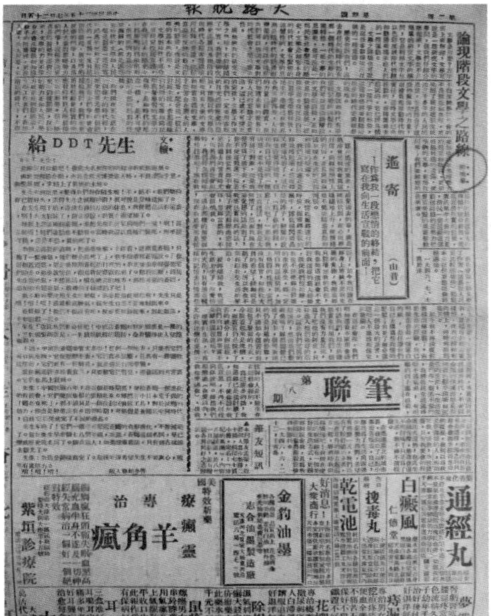
大路晚報

論現階段文學之路線

給DDT先生

遙寄

筆聯

通經丸

白癜風

搜毒丸

乾電池

羊角瘋

《大路晚报》的“笔联”副刊

> 天还没亮，他就起来，拿了他的老伴——粪筐，到村外的大道上，去拾牛马遗弃的粪。他不懂卫生，也不嫌肮脏，他嗅着春天泥土的气息，他为着四月变幻的天上。他累了，坐下，抽袋旱烟……想，多拾些粪吧！上到地里，可以多收些谷子高粱，可以多卖些钱，留着

给小秃，说个媳妇。也好帮他娘。一袋烟抽完了，一丝笑挂在他底脸上……

画面真实，思想深刻，反映了农民最朴实的想法，是非常难得的一首好诗。

在第一期上，还刊有著名诗人毛羽的一首小诗。毛羽原名毛尧堃，天津飓风诗社成员，与诗人海笛是好友。他的这首诗题目是《捕捉》，作者运用象征手法，塑造了一个“臭虫”的形象。

你，万人恶的臭虫，爬，爬呀，爬(得寸进尺的)，爬上了我的枕头，走进了我底被褥。钻入了我底睡衣，刺痛了我底皮肤，骚扰，骚扰，我醒了，起身，拖鞋，开亮电灯(室内光明了)，哦，你已跌在床沿，只消用两根手指，就把你摔在地上，我底“鞋底子”现在有力了，终于挤出你肚里的血！

第三版开设的栏目有“路灯”，这个栏目主要刊载杂文，具有一定的思想性，之所以取名“路灯”，大概是希望借以引导路人走向光明之意。另有一个“歌场舞榭”栏目，刊载影人、影讯，曾提到胡蝶、胡萍、陈永玲等影星轶事，具有一定的趣味性，故引起读者热捧。这个栏目的编者署名为“愚园主人”，记得著名小说家戴愚庵有一个“娱园老人”的笔名，也不知这两个笔名是否为同一人。

《天津民国晚报》连载刘云若的小说

《天津民国晚报》是一张四开小报，创办于 1948 年 3 月 29 日，社址在天津第一区罗斯福路(今和平路)373 号。发行人卜青茂。

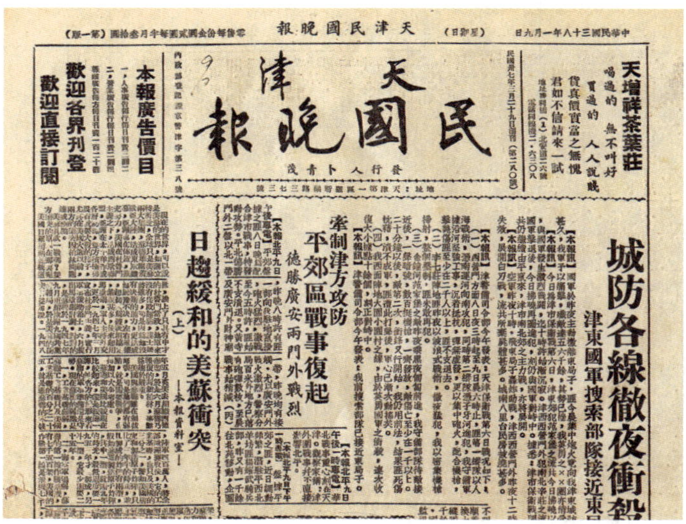
中華民國三十八年一月九日（星期日） 天津民國晚報 零售每份金圓券貳圓每月叁拾圓（第一版）

天津民國晚報

發行人卜青茂

天增祥茶葉莊

本報廣告價目

歡迎各界刊登

歡迎直接訂閱

城防各線徹夜衝殺

津東國軍搜索部隊接近東局子

牽制津方攻防 平郊區戰事復起

德勝廣安兩門外戰烈

日趨緩和的美蘇衝突（上）

—本報資料室—

《天津民国晚报》报影

1945 年 8 月 15 日，日本宣布无条件投降，国民党借助美国的帮助，恢复了对天津的统治，国民党中宣部平津特派员卜青茂利用这个优势，着手接收了日伪《华北新报》的全部财产，并于 10 月 6 日率先出版对开一大张的《天津民国日报》，每周还增出一张道林纸的《天津民国日报画刊》随报附送。为扩大报社的影响力，卜青茂又于两年后创办了《天津民国晚报》，这样就形成了日报、晚报、画刊在内的完整的报业集团，在天津报业史上书写了浓重的一笔。

在解放战争正处于胶着的大背景下，《天津民国晚报》在夹缝中生存，不可避免打上了特殊的时代烙印。这从第一版要闻中可以得到佐证。在 1949 年 1 月 7 日出版的第 278 号晚报上，整版都是全国内战的消息，其中还涉及平津战役的一些内容。如《津郊展开主力攻防西营门外今晨大战》，记载了解放军小规模试探性攻城的一些情况：“今晨市内可闻清晰之炮声、地雷声，隆隆震耳。”解放军“今晨一时，向津北大毕庄进袭，与国军展开激战，战况炽烈”。在第四版，有一篇名为《被围的古城》文章，记载了北平被解放军包围时的古城市井生活：“古城连日战事沉寂，但每日仍有稀疏的炮声传来。天气阴冷，街头行人较少，卖炭的将近绝迹，原因是四乡炭窑都停了，所以卖劈柴的串遍了大街小巷……侯宝林领衔的西单游艺社，只演白天，每演必满，启明茶社每日下午仍有相声，因无以前上座之盛，演员多敷衍了事。”

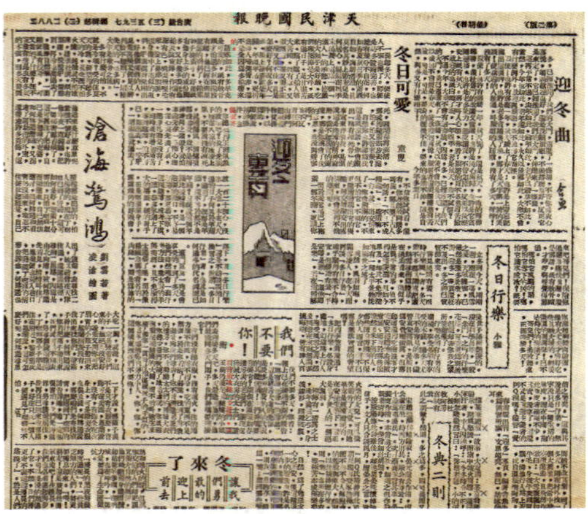
天津民國晚報

滄海驚鴻

冬日可愛

迎冬曲

冬日行樂

我們不要你！

冬來了

冬典二則

刘云若小说《沧海惊鸿》连载

除第一版、第四版两块新闻版面外，《天津民国晚报》最大的看点是它的副刊，即第二版的“春雷”、第三版的“晚会”。“春雷”“晚会”刊载的文章多是随笔、散文、杂文、独幕剧、电影评论、文艺评论等，另有小说连载。

一部是郑证因的《昆仑剑》，另一部是刘云若的《沧海惊鸿》。前者是武侠小说，延续了郑证因此类小说的“江湖气”。另一部是社会言情小说，从 1947 年 8 月开始在该报连载，小说写的是民女凤兰被拐卖并被逼为娼的悲剧故事。凤兰是农村姑娘，因生活所迫，流落到津，被奸人何路通收留。何路通外表仁厚，内心险恶。他收留凤兰，并不是给她解决生活困难，而是在寻找机会把她卖掉。他欺骗凤兰说，要给他找个好婆家，结果与外号叫“黑心郝仁”的家伙私相授受，在谈好价格后，凤兰被这位“黑心”者郝先生投入妓院。小说通过对人物语言、情态的描写，细腻而真实地塑造了郝先生、何路通等的恶人形象，揭露了他们内心丑陋和拐卖妇女恶行。

1949年1月15日，天津解放。1月17日，军管会在接收了《天津民国日报》的基础上，创办了中共天津市委机关报——《天津日报》。笔者持有的最晚一期《天津民国晚报》的日期是1949年1月9日，因此，可以肯定的是，《天津民国晚报》的停刊日期，不会早于1月9日，也不会晚于1月17日。

《河北新闻》与飓风诗社

《河北新闻》创办于 1946 年 1 月，社址在天津第一区罗斯福路 262 号，发行人是私立育德大学校长姜般若和黄家花园“大事全赁货部”经理魏子文。

据王木先生的《鲜为人知的〈河北新闻〉报》一文载，《河北新闻》报社，是坐西向东的三间门脸的二层楼房，是抗战胜利后所接收的一家日本洋行的房子。报社编辑部并不在社址，而是在南市清和大街。《河北新闻》在

河北新聞

HO-PEI NEWS

中宣部彭部長宣稱

建立和平統一基礎

政府方針始終不渝

重盼共方切實反省成立協定

中共代表團發言人謂

仍願馬歇爾贊助續商

《河北新闻》报影

北平、保定、唐山、秦皇岛设有办事处，另在沈阳、霸州、塘沽等设有分销处。附近有一个小印刷局，编辑部负责人是钱政(钱博文)，供职于警察局。要闻版编辑华铸新(原名华泽咸)。副刊名为“万紫千红”，另设有“笔友”专刊，编辑是著名报人王孑民。

该报每期只有一大张两版。第一版是新闻版，主要是国际、国内及本市新闻。每天都有一篇社论，表达对社会热点问题的关注。如《扫除文盲与救济失学》一文，针对社会教育程序不高、文盲占比过大的问题，天津教育局举行大规模的民众教育运动，凡在年十五岁至四十五岁民众，均应当参加培训学习。

第二版是副刊。与其他同类报纸的副刊似乎没有太大区别。副刊名为“笔友”，在第一期《我们的话》中说，“笔友”是“为了共同的志趣而表现写作者的本能，同时我们更为了发挥广大的友谊而使爱好写作的朋友联系起来”。“‘笔友’好像一个坦白、真诚的孩子，它没有特殊的主张，更没用特殊任务，它仅仅知道老老实实，平凡地去做一点文学本位以内的工作，而获得多数相知的同好者。”“我们交‘友’并不限一位朋友，所以我们这里所持的‘笔’也非只是一管笔，我们的需要和希冀是众多的，坚强的，有力的。”在第一期里，有一篇由著名诗人、天津飓风诗社成员万格平先生撰写的《今后文学发展之我见》的文章。这篇文学评论，提出了民族文学的概念，作者认为，文学是社会的反映，五四以来，新文学虽然打倒了旧文学，但文学还处于蹒跚学步的阶段，我们的作家们还在模仿其他国家的文学，因此，今后文学的发展，似乎应当向“民族文学”迈进。所谓“民族文学”，就是立足于中国实际的文学，它不是从现在才有的，老早以前，就有人提倡了，真正民族文学的作品，还没有看到过！

同一期还刊载了同为飓风诗社成员的诗人宋泛的文学评论，题目是《评张望的诗》。张望是现实主义的诗人，他走过一段很艰难的路，出版了《谒浮萍》《海和盲女》《生存》《张望草》《五朵花》等诗集。作者认为，张望先生的诗具有一定局限性，“博大的和狭隘的，利他的和自私主义，错综地

筆友 第二期

寫給讀者

「筆友」從這一期起決定改爲每星期一發刊了。這並不是遲期而故意使愛好的讀者等待，卻是爲了適應本報七月一日改新版面的日子同時共謀進步的意思。

由於筆友們寫作的經驗和態度不一，故在這裡所登載的稿子當然是不免幼稚的。不過正因此點才是表現「筆友」的作風。它願意給與任何一位筆友一個充分而自然的發揮力，只要性質合乎「文藝」的範圍，「筆友」將會盡力供以發表的機會。希望愛好的讀者們也以同樣的目光賜予更深地熱情和諒解。

「筆友」的通訊處是：本市[illegible]陽路宏仁里十六號交蘇萍收轉。

編輯室

本報於一日前曾發刊「筆友」暫定每星期日出刊，茲因編務關係，「筆友」每星期一與讀者相見，「冀光」欄同時停刊一日，希愛護本報讀者不吝賜教乃源源惠稿，至所歡迎。

編者

《河北新闻》“笔友”副刊

存在于张望先生的心里,它们将不休止地冲突、争斗”。因此,作者建议张望先生在“生活方面多看,多体验,多知道,与多分析”。只有这样,才可以写出更好的现实主义作品来。

青岛籍诗人田风发表了一篇名为《日子》的短诗,流露了作者积极向上的精神状态:“是春天的一片微笑, 是月明中的晨星。”“空叹日子的溜走,流也流不去心上的悲愤,愿自己的哀愁也如流水流去。”

天津飓风诗社是 20 世纪 40 年代出现的一个诗歌团体,海笛、毛羽、宋泛、万格平等都是这个团体的成员。若研究天津现代诗歌的成就,《河北新闻》所刊载的飓风诗社的作品是不可或缺的。

擬情書

萬格平

我親愛的友：

自從別後，到現在已經一個多月了！在這三十幾天裏，說實在的，我確實沒有忘記過你，我還清楚的記得，在你起初幾天未來的時候，我曾經時時刻刻在門口注視着從南往北的三輪車，希冀嗜在千百輛三輪車里，能有一輛把你載來，可是從早晨到中午，從中午到黄昏，從黄昏到深夜，一天，兩天，三天，……直到一星期都過了，我已知道自己的希望宣佈破產，而我底心更感受到一種莫名的悲哀，說不清是怨憤，也說不清是喜悅，總像是有一種酸甜的感覺，大概是失戀的滋味吧！假如眞是如此，那我非常恐怖，因爲我們倆雖然一同走過幾次路，可是並沒有發生什麽戀愛的關係啊？現在幹嘛要有這種痛苦呢？

說實在的，我自從見了你，我底心上就很深刻地印上了你一面影子，直到現在，影子不但沒有消失，而且更加清楚，她簡直想在我底心里跳舞想唱歌，因此，常鬧的使我煩的要死！

！我提起了要死，記起了你最愛說的那句口頭話：「你要死啊！」是的，我現在要死了！可是，我不用害怕，其實你也不必害怕！因爲我只是「要死」而已！

每當深夜，自思或獨自從朋友家里歸來的時候，我們散步在街頭的情形，就會映現在我底心上，（其實是在腦子里映現的，可是爲了顯示出鄭重的意思，所以就說是心里吧）！正因如此，我起了當時的甜蜜，到如今只成了一片追憶！[illegible]一首歌里的詞句吧！　！想起來了，是鳳　于飛呢！）而多少引起了自思自嘆的心事！　！想起了當年美麗的事跡，到如今只成了一片追憶！一片追憶啊！

前天，我到朋友處，他告訴我說你來了，說是〇〇三二四號住，當時，倘不是誇大來話梁，我眞恨不得能立刻到那里去，可恨的是我竟也受了僞君子的遺毒，而在大衆面前竟說出我不能去的話！我可以對天發誓，誰要不是眞想去見你，誰……我們是好的朋友，還是不要嗚吧！

自從聽到了你確實的住址，我底心里就像長了草，坐立不安，寢食不寧，任事也辦不妥當了！

一天一天的過去了，一天，我終於鼓足了勇氣，含着一隻要從腔子里迸出來的驚喜，盼望底心，走到那高大的建築物里去，一層樓一層樓的，我在萬分細心的尋找里，看見了「三二四」那個使我驚喜又使我恐懼的號碼，天啊！當時是我多麽「愉快」的難受啊，要不是我底嘴閉的緊，「心」恐怕早就要迸出來了！你笑我太懦弱了嗎！也許是的！可是……可是……我的確太懦弱了啊！

（未完）

筆友

第二期

《河北新闻》刊载诗人万格平的作品

《人群报》的“漫画与木刻”

《人群报》为三日刊，创办于 1947 年 10 月 10 日，社址在天津南门东 233 号，发行人侯治平。

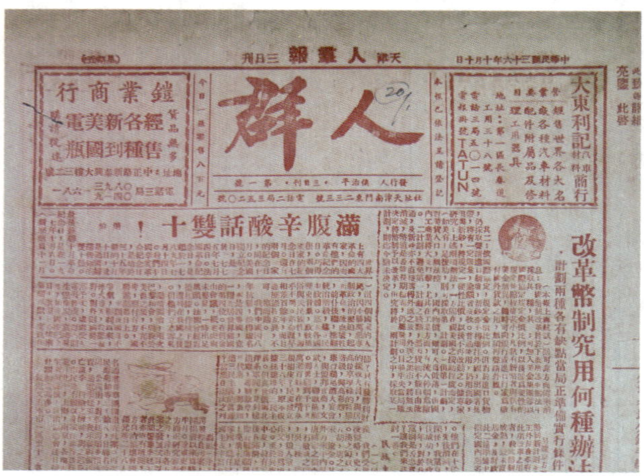
人群
满腹辛酸话双十
改革幣制究用何種辦法

《人群报》创刊号

这家小报是套红印刷的，与其他小报在形式上有明显的不同。其第一版是时事新闻，因为创刊日正是“双十节”，刊载的文章多是重大题材，涉及国共合作的内容、张廷谔贪污案以及读者对国庆节的期许。所以，表面看，这家报纸还是显得高大上的。第二版是“银光菊影”版，读者可以从这个名字体会到，这一版是游艺专版，主要是电影、戏剧方面的娱乐性新闻、人物传记等。在创刊号上，刊载的文章有《文艺剧人范映》《尚和玉示范演出》《六宫粉黛》等。其中有一则关于赵燕侠演出的消息：“赵燕侠近在平极为活跃，每次露演上座总是七八成，故其父赵小楼近来总是笑容满面。近闻有一空军高职郭某，山西人，大捧赵燕侠，并有意令赵伶赴天津国中露演一期，赔赚由郭某一人担负，由此可见，赵燕侠恰之红运高照矣。”第三版是副刊，取名“十字街头”。关于为什么取这个名字，夏流在《开路大吉》里是这样说的：“本‘街头’也不会有什么‘作家’出现，因为‘作家’是‘超人’，是由打人群里挑出来的，既然超出人群以外的‘人’，他就不会了解人群，更不会喊出人群要说的。”在编辑夏流先生看来，“在本‘街头’露面的，我希望都是些人群堆的，唯有人群中的人，才会认识人群的需要，才能了解人群的苦痛！于是我们才可以一同在这‘街头’喊和骂。”显然，编辑希望借助这个副刊，调动起人群的积极性，让大家一起畅所欲言。从发表的文章看，多是杂文，如《畜牲的精神》《街头闲话》《人种透视》等，所涉及的内容五花八门，但均体现出一定批判精神和“匕首”的作用。除此之外，还有小说连载，第一部小说是枕戈的《长夜漫漫》。

《人群报》最令人感兴趣的，是它的“漫画与木刻”专刊。在创刊号里，有作家招司的两幅漫画，分别是《请选我一票》《舞女与舞客》。画风粗犷、夸张，读来令人捧腹。招司在 20 世纪 40 年代，曾是一位活跃的报刊作家。1950 年 2 月，小说家刘云若去世后，他曾写过悼文，由于历史久远，人们对他的了解并不多，或许也仅限于此。招司漫画作品的发现，多方面展示

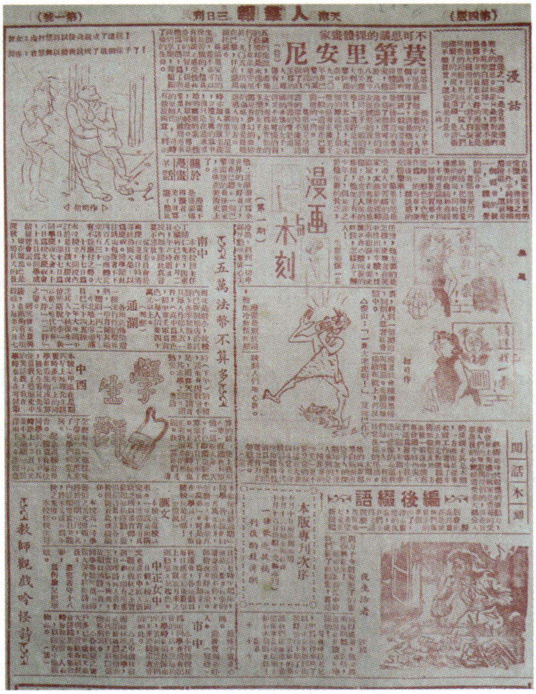
人群報
莫第里安尼
漫畫與木刻
五萬法幣不算多
學生
編後綴語
教師觀戲吟

《人群报》“漫画与木刻”专版

了招司的艺术才能，为我们了解这位大家提供了难得的史料。

在这个专版上，发表的第一幅木刻作品，是沙龙的《夜生活者》。署名“棠”的作者，发表《闲话木刻》一文，对木刻艺术提出了自己的看法。他认为，“木刻有它的特点，它的那黑白版面所给予人的深刻印象，使人感到的是一种非常的‘美’，更不要说它的取材接近大众，以及它本身所独有的时代性和经济性，值似一个茁实而有力的劳动者。”正是因为木刻接地气的特点，所以，《人群报》开辟了木刻专版，给有志于这种艺术的作者以展示的机会。从这一点上看，《人群报》对推动木刻艺术的发展有着不可磨灭的贡献。

《天津工商日报》刊载有关督军王占元家事

《天津工商日报》创办于 1946 年 9 月 1 日,社址在天津特别第一区河北路 88 号,发行人苑宝璜。

这份报纸为四开小报,第一版为要闻版,主要刊载国内及本市重大

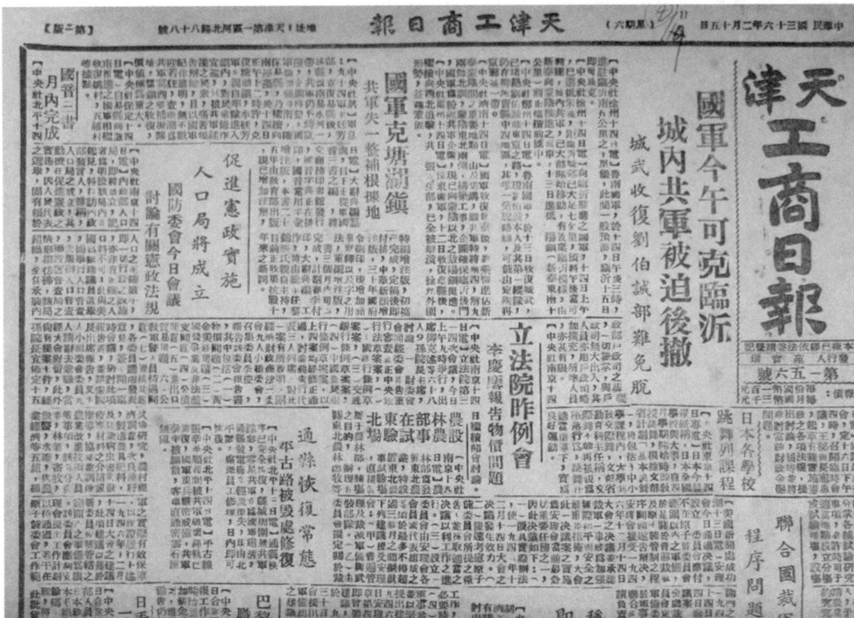
天津工商日報

國軍今午可克臨沂
城內共軍被迫後撤

國軍克塘溝鎮
共軍失一整補根據地

促進憲政實施
人口局將成立

國防委會今日會議
討論有關憲政法規

立法院昨例會
李慶麐報告物價問題

農林部在東北試驗農場

通縣恢復常態
平古路被毀處修復

聯合國裁軍
程序問題

《天津工商日报》报影

新闻，因正处于国共内战时期，所以战场消息成为主要内容。第四版是工商版，内有工商新闻，涉及证券、金银及粮食、肉类市场动态。在下半部分，开设“商情行市”，涉及棉纱、粮食、食油、蔬菜、纸烟等。有一篇文章是有关开滦煤矿的，其中提到了日产量 13000 吨这个数字，若按照这个标准计算，开滦煤矿的年产量将超过 400 万吨，这篇文章为我们了解开滦煤矿的生产情况提供了依据。

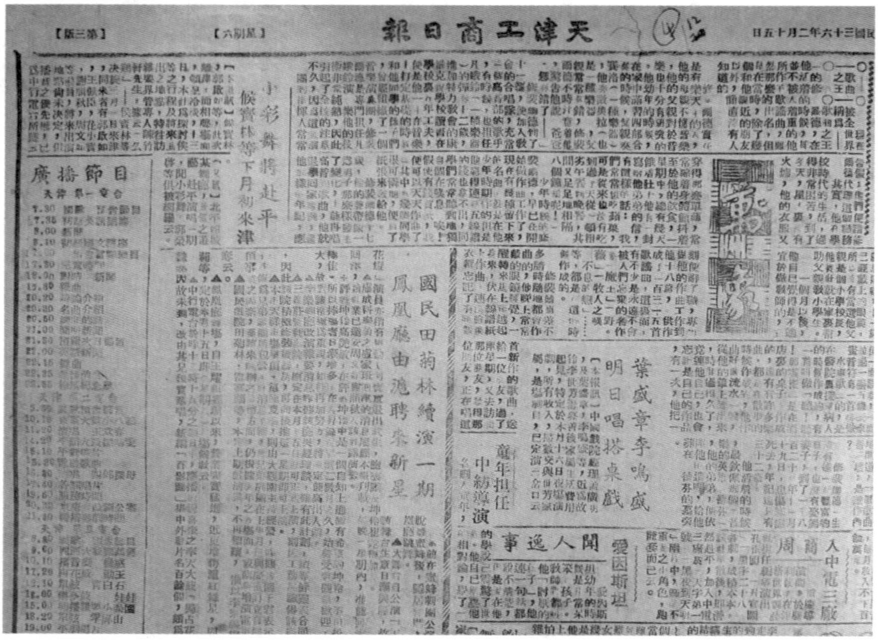

天津工商日報

侯寶林等下月初來津

小彩舞聘赴平

廣播節目

國民田莉林續演一期

鳳凰廳由滬聘來新星

葉盛章李鳴盛明日唱搭桌戲

閒人逸事

《天津工商日报》“万象”副刊

第二版是副刊版，有随笔、杂文、诗歌等。其中还开设了“笔联”周刊，与《大路晚报》的“笔联”周刊同名。有意思的是，两个“笔联”似乎有着某种关系，其作者群似乎都是飓风诗社的成员。如万格平、闻杰、吴伯扬等。涉及的文体有新体诗、文学评论及随笔等。1947 年 2 月 15 日出版的第 156 号第二版，是“庆祝三十六年戏剧节蜜蜂文艺特辑”。内有随笔、杂感及新诗等不同体裁。第三版为游艺专版，取名为“万象”，多为电影、戏剧和曲艺明星的演出消息和人物传记。有一篇《侯宝林等下月初来津》的文章，介绍了侯宝林在天津受热捧的情况。据报载，侯宝林、郭启如在天津演出时，场场爆满，座无虚席。后二人离津后，津门相声场顿时冷却下来。为满足听众需求，应杂耍界邀请，侯宝林等将于 3 月 1 日来津，随行者除郭启儒外，还有王佩臣、花小宝、谢韵秋、周文如等演员。

这家小报刊载的一些社会新闻还是非常有价值的。在 156 号这一天的报纸上，读到一篇名为《督军公子王恩普恋姘妇弃发妻》的报道，其中提到王占元的家庭琐事。据这篇文章载，旧英租界烟台道 66 号住户为前督军王占元，其子王恩普，33 岁，娶丁氏女为妻，生有三子，王某曾结有姘妇刘钟英，为前伪滦县县长之女，颇得王某宠爱。刘氏并时常调唆王某，将丁氏遗弃。王某当纳枕边之言，而迫丁氏至娘家居住，生活置之不顾，所有产权尽归刘氏掌握，并禁王与丁氏及三子晤面。刘钟英控制王某财产后，复将王恩普拘于一室，不许自由，致王得了神经病，哭笑失常，已半年有余。丁氏闻讯，既怜其夫，复恤个身之遭遇，曾具状法院，成讼在案，经讯数次，于上月十六日，院方令法官偕同丁氏同往烟台道查封其房产，致夫妻团聚。刘氏传讯未到，由某律师代理，刻仍在审讯中。不仅刘钟英不地道，其弟刘权，同样也是有渣。据闻，刘权曾拖欠天津老车站一带的“同兴厚”货栈之款高达二亿元，然后竟潜逃无踪，迫使该货栈股东具讼法院，控诉避害债私逃，院方在侦缉中。

董效舒与《商务日报》

《商务日报》创办于 1947 年 2 月，社址在一区兴安路 165 号，发行人李东序，总编辑董效舒，经理王竹坡。

该报第一版是国内要闻版。除报道内战消息外，还有金融管制方面

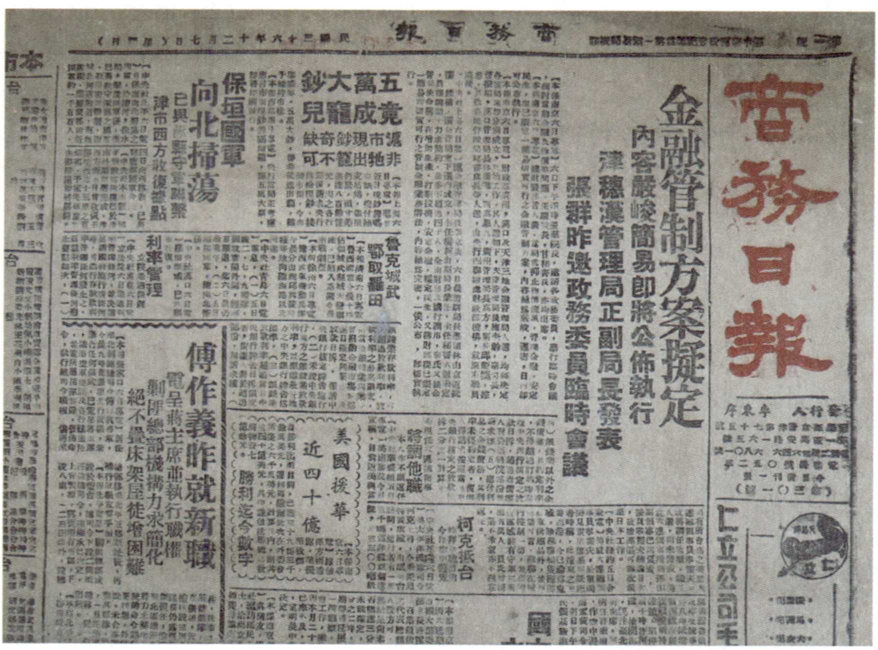
商務日報

金融管制方案擬定

內容嚴峻簡易即將公佈執行

津穗漢管理局正副局長發表

張群昨邀政務委員臨時會議

五萬大鈔竟成寵兒

保垣國軍向北掃蕩

傅作義昨就新職

美國援華近四十億

《商务日报》报影

的内容。这可能与当时的政治经济形势有关。有一则新闻，题目是《自卫枪支执照三年换领一次》，按照这篇文章的说法，依据立法院修订的《自卫枪支管理条例》：“人民及公务员、退伍军官作自卫枪支，每人以一支为限，每户不得超过两支，应于本条例施行后，申请会验给照。”也就是说，在民国时期，私人是允许拥有枪支的。第二版是本市新闻版。可能由于当时的形势变化，在这一版面上，多是津城防务方面的消息，此外，都是社会常见的一些乱象，如诈骗案、劫案和凶案等。有意思的是，笔者在第301期的报纸上，看到一则《离婚声明》，内容是：“我俩因感情不睦，已于十二月五日邀同亲友见证，两愿离婚，嗣后男婚女嫁，各不相涉，除立有契约分执外，特此登报声明。郭瑛、李世培启。”看来，民国时期，人们的思想还是开放的，在人们的印象中，离婚似乎是见不得人的事，悄悄地分手即可，无须大张旗鼓的宣传，但郭瑛、李世培夫妇，却反其道而行之，大大方方登报声明，以让全世界的人都看到为好，客观上反映了民国时期的社会风尚。

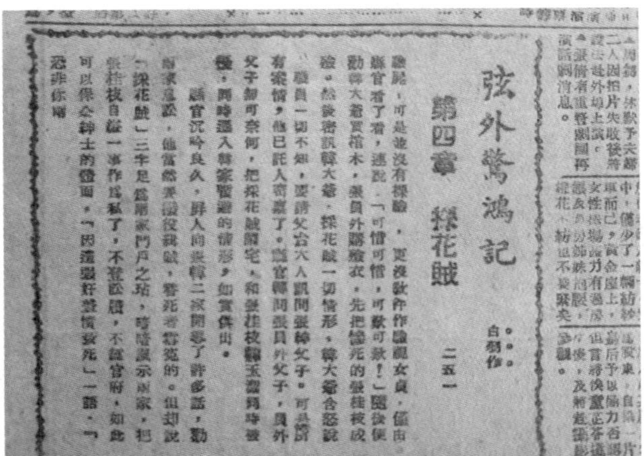
弦外驚鴻記

第四章 採花賊

白羽作

二五一

白羽小说连载于《商务日报》

第三版、第四版是副刊，其中第三版以连载小说为主打，小说包括赤眉的《兽廷魔舞记》，蒋轸庭著《京津近代英雄谱》，朋弟的《阿摩林流亡史》（漫画小说）。第四版是游艺专版，有电影、戏剧和曲艺方面的演出消息和业内动态，还有一些演员的小传。这一版也有小说连载，其中有白羽的《弦外惊鸿记》。在这版上，有每日行情栏目，重点介绍银行利率、外汇汇率、股票证券以及流通券等，此外，还有日用必需品，如粮油、糖类、纸张、海货、文具、西药等方面的行情动态。刊登每日行情，这可能是与这张报纸取名《商务日报》有关。但其实，除了每日行情外，还真看不出它与经济有什么关系，相反，它更像一张娱乐性小报，与其他流行小报并没有太大的区别。

董效舒是著名报人，1911 年生人，20 世纪 40 年代，曾担任《益世报》《青年日报》总编辑。1952 年任《新晚报》副总编辑兼总经理，1960 年 7 月任《天津晚报》副总经理。由董效舒担任《商务日报》总编辑，说明这家小报在天津报业史上还是可圈可点的。

刘云若、白羽同台竞技《真善美日报》

《真善美日报》创办于 1946 年 12 月 25 日(圣诞节),发行人有王真、高日升、郑华章等三人,社址在南市荣业大街庆记大楼。

笔者曾在 1946 年 12 月 21 日出版的第 32 期《星期六画报》上看到一则广告,对于了解这份报纸很有裨益。按照这则广告,《真善美日报》是每天出版的综合性日报,是“高级的读物”,具有“硬性的作风”。其特点是“图文并茂,材料丰富,道林纸印,琳琅满目,美不胜收;特约全国名流、名伶、影星、剧人执笔撰述,空前绝后”。其内容,广告上是这样说的:国际新闻——世界各国的特别事件;国内新闻——内地边疆的趣味新闻;本市新闻——市内特别的新闻专访;特写专访——社会游艺的互描谈写;影剧快报——全国影剧发生

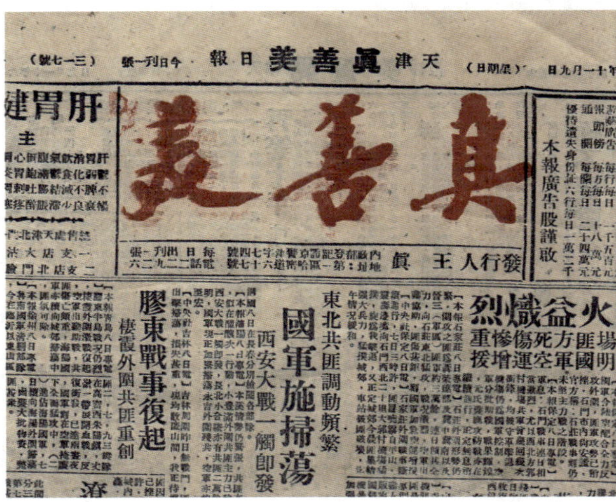
天津真善美日報
今日出刊一張
真善美
本報廣告股謹啟
發行人 王真
國軍施掃蕩
東北共匪調動頻繁
西安大戰一觸即發
膠東戰事復起
棲霞外圍共匪重創
匪方死傷慘重
國軍空運增援

《真善美日报》报影

的飞快消息；游艺批评——影剧杂耍的公正评判；广播网——全市电台的动态节目；小说——滑稽讽刺的社会小说；野蔷薇——冷嘲热讽的幽默文字；科学珍闻——世界科学的迅速报道；古语今释——格言古语的现代释意；不平则鸣——黑暗社会的当头大棒；译意风——报纸杂志的社会简录；橄榄——短小隽永的时代小品；时事漫画——暴露社会的犀利作品；照片插图——社会新闻的照片插图。

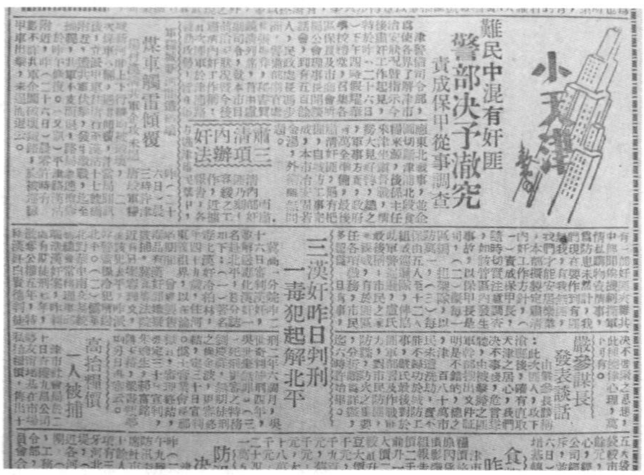
小天津
難民中混有奸匪
警部決予澈究
責成保甲從事調查
痛清內奸三項辦法
煤車觸雷傾覆
三漢奸昨日判刑
一毒犯起解北平
嚴參謀長發表談話
高抬物價一人被捕

《真善美报》的“小天津”副刊

1946年12月22日，该报出版了“试版纪念”，免费赠阅。事隔三天后正式发行。创刊初期，取名《真善美日报》，每天出版8开2版一张。第一版是新闻，有小社论《吼声》，由社长王真任编辑；第二版是游艺版，由高日升任编辑，主要是报道戏剧、曲艺、电影动态以及各大舞场舞会消息，由演艺界人士供稿。因消息灵通，图文并茂，故销路不错。到了1947年5月，由于物价飞涨，报纸难以为继，此时，该报得到志达化工厂的老板赵光远（王真的朋友）资助，勉强渡过难关。一个月后，《大路晚报》倒闭，《真善美日报》在赵光远出资支持下，收购了该报馆的资产，并将报馆迁入了哈密道新址。有了充足的机器设备，《真善美日报》便进行了改版，由原来的八开二版变成了四开四版，并更名为《真善美报》。

第一版仍为要闻版，主要采用中央社电讯稿。先后由陈庸生、陈嘉璋担任编辑，但王真仍然以“王不留”的笔名撰写社评，发出自己的“吼声”。第二版为副刊，有“野蔷薇”“青春园”等专栏，刊登短论、杂文以及校园简讯。第三版为小说连载和生活服务专版（求医问药）。最多时有四部小说同时连载。第四版为游艺版，名为“游艺圈”，仍由高日升担任编辑。当时津门戏曲界人士侯宝林、史文秀、刘雪涛、蔡冰白、白光、严化、顾也鲁等均为其供稿。一个月后，该报又进行了调整，以“新姿态”标榜，将原来的四版扩大到了六版。增加了国外要闻、国内专电、经济新闻、平津新闻、特写专访等内容。

值得一提的是，在小说连载部分，《真善美报》同时连载宫白羽的武侠小说《七星鞭》(笔者在其作品目录中未查到，可能属于轶文)和刘云若的社会小说《湖海婵娟》。众所周知，宫白羽、刘云若均为小说大家，一位以武侠小说见长，一位以社会小说称奇，在天津民国文坛上可谓双峰并峙，他们虽然是文友，但因风格和题材内容的不同，绝少在同一张报纸上“笔”邻。而在《真善美报》上，这两位文坛密友却能够同台竞技，一展所长，一方面说明《真善美报》注重题材内容的多样性，另一方面也说明二位大家在报界不可或缺的地位，堪称津门文坛上一段佳话。

《真善美报》是解放战争时期天津一份重要报纸。由于它连载了刘云若、宫白羽等知名作家的数部长篇小说，使得这份报纸在天津文学史上具有了一定的历史地位。1947 年 12 月因物价上涨因素一度停刊。1948 年 4 月，经国民党保密局批准复刊，并增出《真善美晚报》。1949 年 1 月 15 日天津解放，军管会文教部通知该报停刊。

期刊里的社会风云

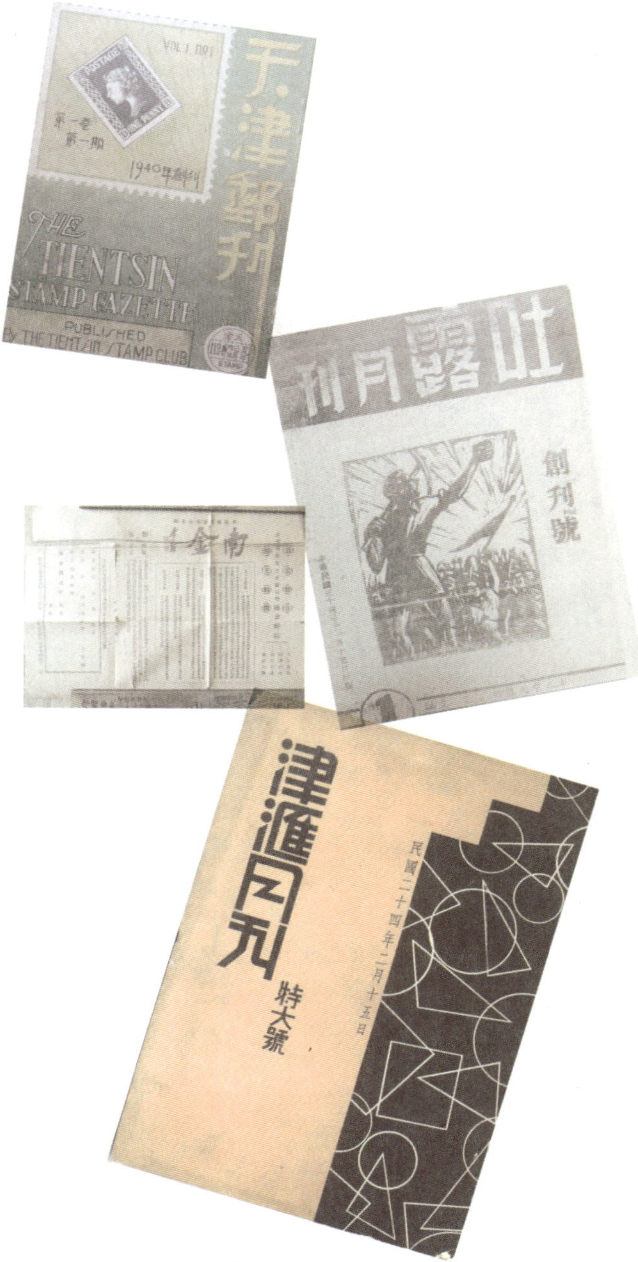

天津郵刊
第一卷 第一期
1940年創刊
THE TIENTSIN STAMP GAZETTE
PUBLISHED By THE TIENTSIN STAMP CLUB
吐露月刊
創刊號
南金
特大號
民國二十四年二月十五日

《星期小说》刊载的《戒赌歌》

《星期小说》创办于1921年9月4日。32开本，每月4期。社址在天津南市广兴大街《晓报》社内。由笔侠担任主编，今睿负责插画(美编)。

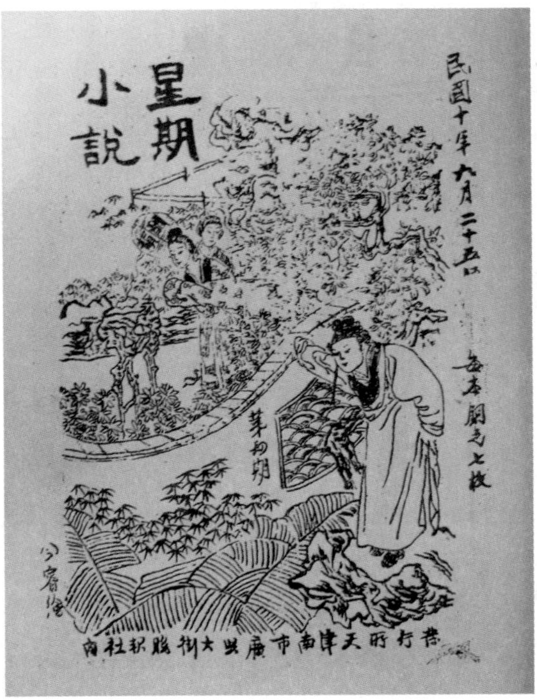

《星期小说》报影

《星期小说》的题材以小说为主，每期都有数部小说连载，作者有高新民、笔侠等。另外也有部分散文随笔，如在第4期，曾发表了署名“天虚我生陈”的《戒赌歌》，这位“天虚我生陈”就是当时驰名文坛的著名作家陈栩。

陈栩，字栩园，号蝶仙，别号天虚我生。生于1879年，杭州人，著名小说家、报纸编辑。他16岁开始小说创作，著有《桃花梦传奇》《泪珠缘》《鸳鸯血》等作品，是鸳鸯蝴蝶派代表性作家。他还曾一度担任《申报》副刊《自由谈》的主编，在全国具有重要影响。

进入民国后，在上海、天津等大都市里，赌博在市民中间颇为盛行。沉迷于赌，轻则荒废事业，重则妻离子散、倾家荡产。《戒赌歌》以民谣形式，尽陈赌博危害，发人警醒，振聋发聩。

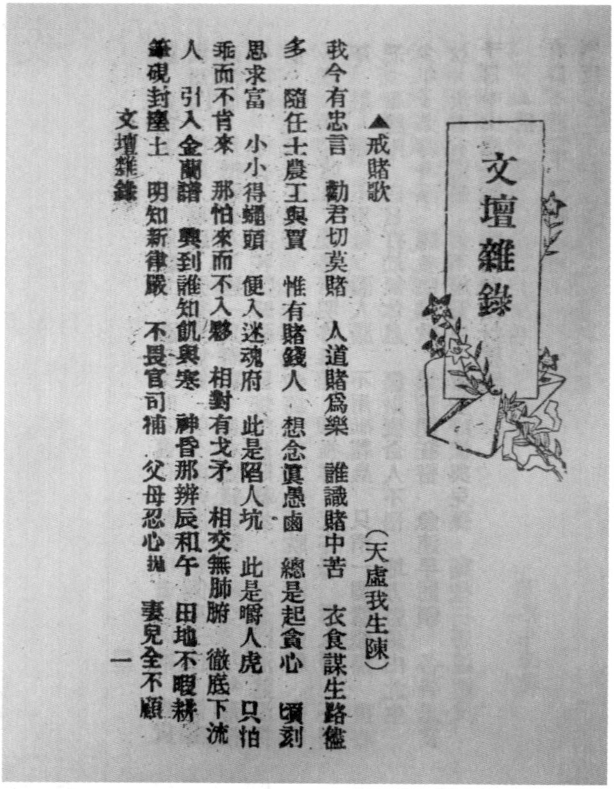

文壇雜錄

▲戒賭歌 （天虛我生陳）

我今有忠言 勸君切莫賭 人道賭爲樂 誰識賭中苦 衣食謀生路儘多 隨任士農工與賈 惟有賭錢人 想念眞愚鹵 總是起貪心 頃刻思求富 小小得蠅頭 便入迷魂府 此是陷人坑 此是嚼人虎 只怕乖而不肯來 那怕來而不入彀 相對有戈矛 相交無肺腑 徹底下流人 引入金蘭譜 興到誰知飢與寒 神昏那辨辰和午 田地不暇耕 筆硯封塵土 明知新律嚴 不畏官司捕 父母忍心拋 妻兒全不顧

文壇雜錄 一

天虚我生陈在《星期小说》刊载的作品

“我今有忠言，劝君切莫赌。人道赌为乐，谁识赌中苦。衣食谋生路尽多，随任士农工与贾。惟有赌钱人，想念真愚鲁。”作者认为，无论是从商，还是种地，谋生的手段很多，把心思都用在赌上，这是非常愚蠢的行为。所以作者坦言相告，“劝君切莫赌”。

作者也分析了赌博盛行的原因。他认为，有些人“总是起贪心，顷刻思求富。小小得蝇头，便入迷魂府”。受小利诱惑，进而起了贪心，这是沉湎于赌的根本原因。

“此是陷人坑，此是嚼人虎。”作者抨击了赌博的危害，把赌博与老虎的凶狠加以类比，足以振聋发聩。作者认为，赌徒们“相对有戈矛，相交无肺腑。彻底下流人，引入金兰谱。兴到谁知饥与寒，神昏那(哪)辨辰和午。田地不暇耕，笔砚封尘土。明知新律严，不畏官司补。父母忍心抛，妻儿全不顾。赢了更贪多，输了思翻负。赢得来时不复存，输将出去剜肉补。告贷已无门，拐骗又无路，弄得赤条条，朝夕浑难度”。

作者还拿现实作例子警示人们。如有的人原本家财万贯，但却在一天输得精光，以至于落得“年年落拓身无裤”的地步。“也有天涯远客罄归囊，穷途流落难移步。”更有厉害的情况发生：“豪门滥赌浪挥金，华堂卖尽迁蓬户。”

另一方面，因为赌博兴盛，打劫、偷盗、图财害命的现象比比皆是。“只消一个赌钱场，狠心恶少群趋附。白日打劫无休息，伤财丧命人不悟。地方盗贼由此生，少年子弟终身误。”

所以，作者告诫人们，一定要“听我唱樵歌，为尔开狂瞽”。希望沉迷于赌的人，“急速早回头，各个思当务。汝若有闲钱，何不施贫户。留些好样与儿孙，剩些田房远祖父。千日中山酒一醒，翻身跳出豺狼坞”。

《戒赌歌》发表时间距今已近百年，但它的教育意义至今犹在。

梁启超任主笔的《庸言》

1912 年 12 月，吴贯因留日归国后，便和梁启超在天津日租界旭街 17 号(今和平路)创办《庸言》。之所以取名《庸言》，正如创办人梁启超在第 1 卷第 1 号刊首所说：

> 庸之义有三：一训常，言无奇也；一训恒，言不易也；一训用，言其适应也。

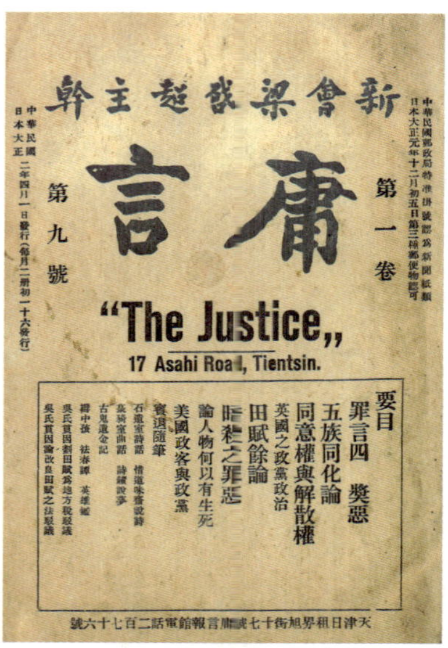

《庸言》刊影

吴贯因(1879—1936)，次章柳隅，广东澄海人，我国著名史学家、语言学家。日本早稻田大学政治学学士。留日期间，结识了流亡在日本的梁启超，成为好友，从此他追随梁奔走呼号，探索富国强民之路。曾于 1912 年和梁启超在天津创办《庸言》月刊。后历任北洋政府卫生司司长，1928 年 8 月任东北大学史学群学系主任教授，著有《史之梯》《中国经济史》《中国文字之原始及其变迁》《中国语言学问题》等。

《庸言》从第1卷第1期至第24期为半月刊，从第2卷开始改为月刊出版发行。梁启超任主笔，吴贯因任编辑。撰稿人除梁启超、吴贯因外，还有严复、林纾、张謇、陈衍、夏会佑、陈家麟、丁世峰、周善培、蓝公武、麦孟华、黄为基、张东荪等共29人。《庸言》又被称《庸言报》，是以政论为主的综合刊物，共分5门18类。5门是建言、译述、佥载、艺林、杂录。其中，“建言”栏所刊内容全是针对当时政治和社会的通论、专论、杂论、讲演等文稿；“译述”的内容包含世界名著、外论、杂译等；“佥载”有国闻、外纪、摭言等；“艺林”刊登史料、艺谈、文苑、说部、文录、随笔等，其形式和内容短而精悍且神奇古怪；“杂录”则是刊发一些法令和时事日志方面的文字。主要栏目有：通论、专论、杂论、名著、丛谈、随笔、文录、诗录、杂录、特载、说部、日记、附录等。但每期栏目则并非整齐划一，而是随着来稿内容的区别而略有不同。该刊表面上拥护民国政府，但骨子里仍然是君主立宪那一套思想，自始至终都贯穿有梁启超对政治和社会的改良思想。吴贯因在《今后的政治趋势》《中国共和政治之前途》等文中，对中国能否实行民主持怀疑态度。但该刊对袁世凯修约法、改官制等独裁活动，也进行了抨击，反映了该刊比较正面的一面。《庸言》还以大量篇幅登载了有关宪政问题的讨论，主要围绕三大问题：国权与民权关系；立法与行政关系；中央与地方关系。如吴贯因的《宪法问题之商榷》发表在《庸言》第1卷第10号上。吴贯因强调：“国家为重，而人民为轻。苟人民之利益与国家之利益冲突时，只能牺牲人民之利益，以殉国家，……，盖国之不存，人民且无所托命，而系论其利益也。”该刊还登出吴贯因、梁启超分别拟写的中华民国宪法草案。另，在第1卷第9号上，刊载1913年京奉铁路、津浦铁路行车时刻表，对于人们了解早期中国铁路客运史，具有一定的资料价值。

除刊登政治、经济方面文章外，学术论文也占有相当篇幅，包括有伦理学、文化史、经济史、民族学、文字学以及新闻、教育乃至自然科学等许多领域，同时还刊出有关历史、文艺研究及评论、旧体诗、小说(包括外国小说)等内容。《庸言》还是宋诗派作品的阵地。所谓宋诗派乃民初学者对

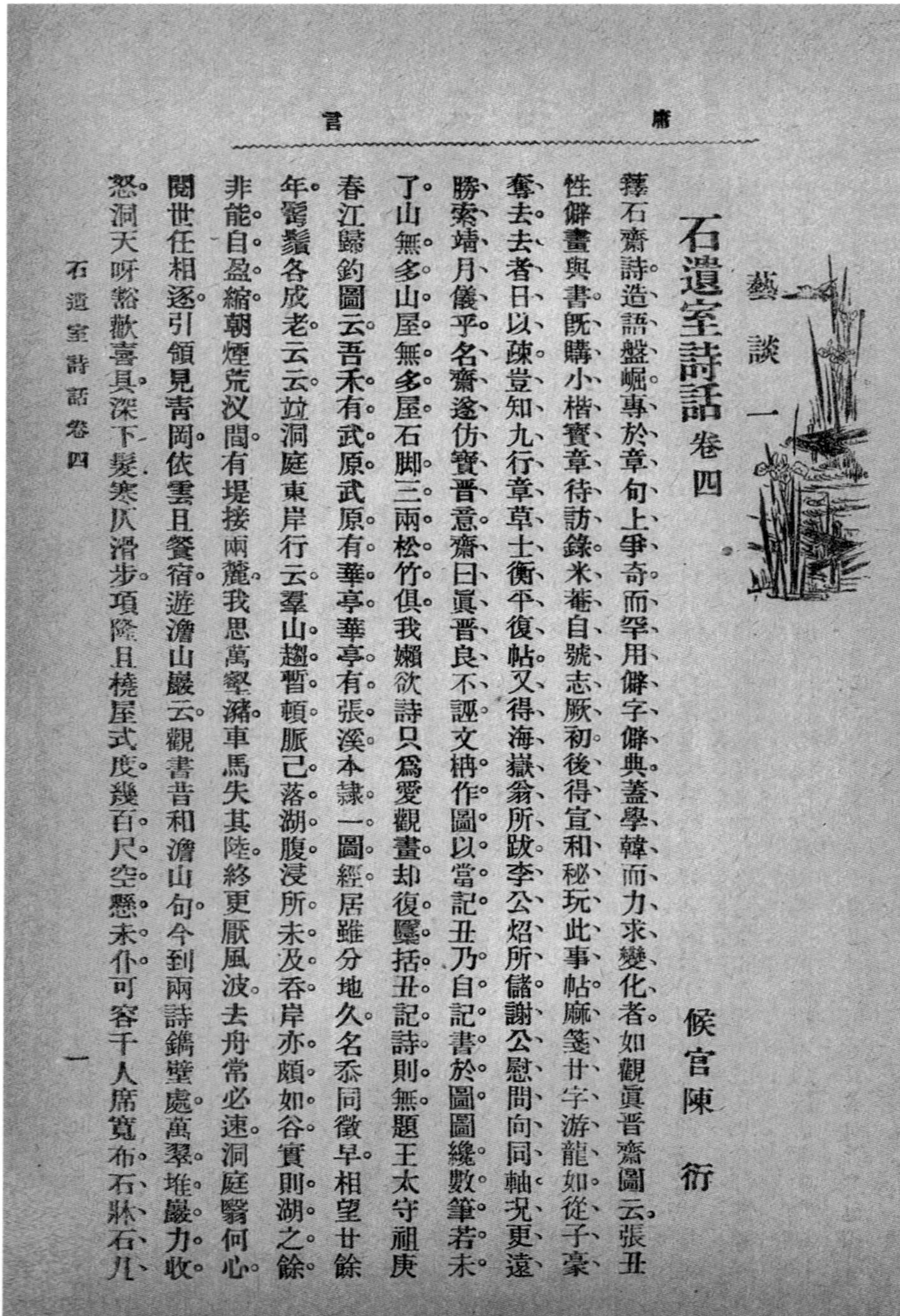

庸　　言

石遺室詩話 卷四

藝談一

侯官陳衍

薛石齋詩造語盤屈專於章句上爭奇而罕用僻字僻典蓋學韓而力求變化者如觀眞晉齋圖云張丑性僻畫與書既購小楷寶章待訪錄米菴自號志厥初後得宣和秘玩此事帖麻箋廿字游龍如從子豪奪去去者曰以疎豈知九行章草士衡平復帖又得海嶽翁所跋李公炤所儲謝公慰問向同軸況更遠勝索靖月儀乎名齋遂仿寶晉意齋曰眞晉良不誣文柄作圖以當記丑乃自記書於圖圖纔數筆若未了山無多山屋無多屋石腳三兩松竹俱我嬾欲詩只爲愛觀畫却復檃括丑記詩則無題王太守祖庚春江歸釣圖云吾禾有武原武原有華亭華亭有張溪本隸一圖經居雖分地久名忝同徵早相望廿餘年霜鬢各成老云云竝洞庭東岸行云羣山趨暫頓脈已落湖腹浸所未及呑岸亦頗如谷實則湖之餘非能自盈縮朝煙荒汊間有堤接兩麓我思萬犂瀦車馬失其陸終更厭風波去舟常必速洞庭翳何心閱世任相逐引領見青岡依雲且餐宿遊澹山巖云觀書昔和澹山句今到兩詩鐫壁處萬翠堆巖力收怒洞天呀豁歘喜具深下髮寒仄滑步項隆且橈屋式庋幾百尺空懸未仆可容千人席寬布石牀石几

石遺室詩話 卷四　一

《庸言》刊载的《石遗室诗话》

清道光“宋诗派”兴起的推崇宋诗、学习宋诗的文学“风尚”与“流行”“风气”的命名。“宋诗派”的形成分为两个阶段：第一阶段指道光、咸丰年间，以程恩泽、祁寯藻、何绍基、魏源、曾国藩、郑珍、莫友芝等为代表的倡言宋诗者；第二阶段指同治、光绪、宣统时期兴起的学宋诗潮，代表人物有陈三立、郑孝胥、陈衍、沈曾植等。从 1912 到 1914 年，《庸言》“诗文”栏发表宋诗派作品二百多首。宋诗派重要的理论作品陈衍的《石遗室诗话》也连载于该刊。《庸言》开创了近代宋诗运动的一个新的阶段，一批年轻的宗宋诗人在《庸言》上频频出现，他们自觉以陈三立、郑孝胥、陈衍为核心，延续了自晚清以来的宋诗运动的生命。《庸言》在宋诗派由分散状态向集团力量过渡中起到了重要作用，在宋诗派发展史上占据了重要地位。

由于梁启超在学界及舆论界具有很高威望，故《庸言》发行范围及于全国，发行量最高时达 15000 份，可见该刊具有相当的影响力。1914 年 6 月，《庸言》在办刊近两年后因故停刊，共出刊 30 期。

章士钊与《国闻周报》

《国闻周报》于 1924 年 8 月 3 日由胡政之在上海创办，国闻通讯社编辑。这是一本 16 开本的综合性时事周刊。内容有一周简评，时事论文，外论介绍，一周间国内外大事述要，一周大事记，文艺，书评和新闻图片等。1926 年 9 月移往天津出版，1936 年迁回上海。1937 年 12 月 27 日出至第 14 卷终刊。每卷 50 期。

《国闻周报》很重视文艺作品，曾多次发出征求小说、笔记、游记、学校生活写真、讲演录稿件的信息，其目的是扩大读者群。它说："本报所刊文艺常识，向以适合于家庭阅读为目的，此后仍当秉此标的，力求精湛，尤希望女界讨论家庭问题之著作，俾使本报成为家庭中之良好读物。"

王咏梅《民国新闻周刊〈国闻周报〉研究》一文记载，《国闻周报》的小说、影评由何心冷、马二先生等负责。凌晓舫、李镌冰、蒋逸霄三位女记者，于文艺作品贡献极多。1925 年 5 月，《国闻周报》开设了"银幕新潮"，为介绍中国影片而设，此后随时有所搜集，同时将影片图片制版发刊，以引起社会注重国产影片的热心。《国闻周报》刊载有关电影的文章，不仅是为了满足读者的兴趣，还为了供人们研究。1927 年后，"多选国内著名杂志名贵之作，俾读者得此一册，胜读其他杂志"。精选多选的原因是："近年以来文化事业日渐进步，各地出版物如春潮怒涨，其间不乏名贵之

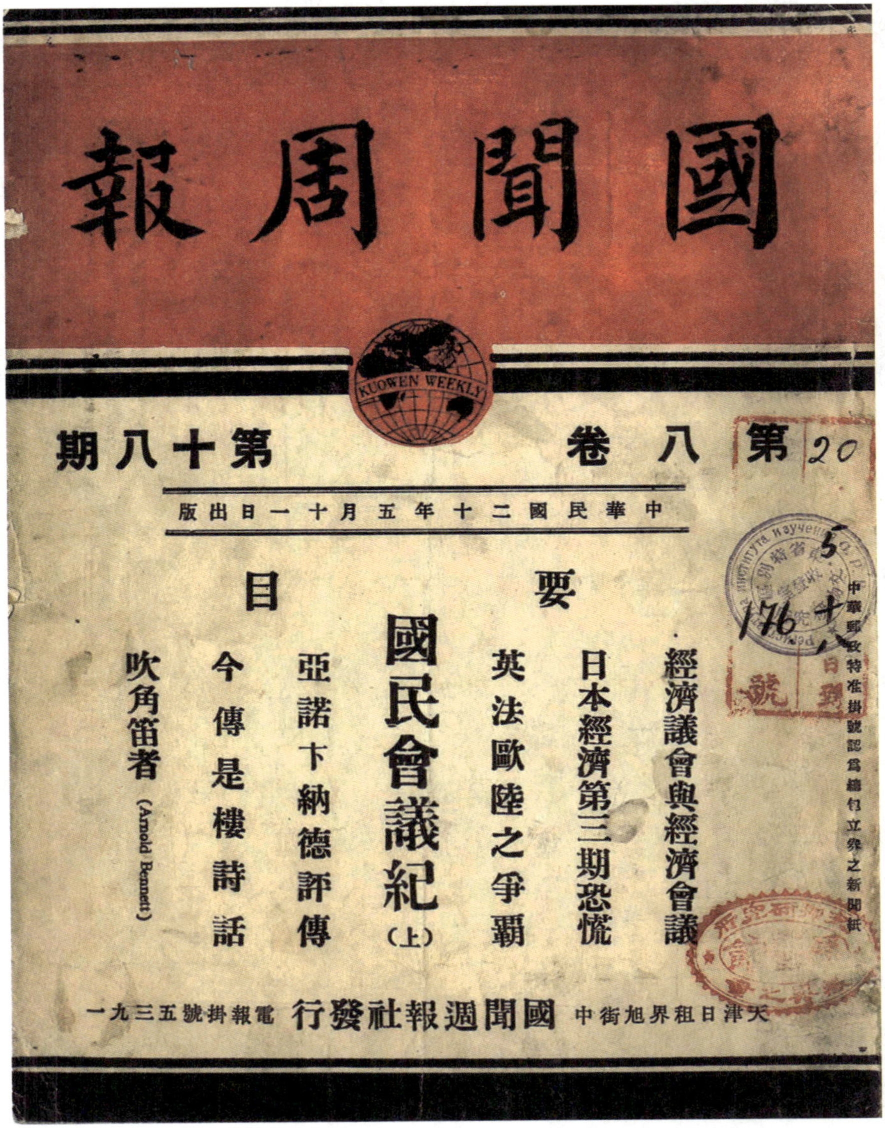
國聞周報
KUOWEN WEEKLY
第八卷 第十八期
中華民國二十年五月十一日出版
要目
經濟議會與經濟會議
日本經濟第三期恐慌
英法歐陸之爭霸
國民會議紀（上）
亞諾卞納德評傳
今傳是樓詩話
吹角笛者 (Arnold Bennett)
天津日租界旭街中 國聞週報社發行 電報掛號五三九一

《国闻周报》刊影

作，读者势难全读，此后本报将选择各种杂志日报精湛作品，俾读者读周报时，犹遍览其他杂志日报也。”这是其在杂志日渐增多后的一种竞争策略。1927 年 7 月，《国闻周报》开始按期刊载“采风录”栏目，“历由国风社同仁主持。凡全国名流学者之近著，及有关国故之诗歌，多已入选。论者谓甄择精审，网罗宏富，实为南北艺林之结晶，亦为社会一般所共许”。三年半后，“顾每期只载一页，限于篇幅，全豹难窥。海内外读者，或觅补旧报，或索阅专著，函牍纷询，苦无以应”，于是由《国闻周报》社出书。查阅《采风录》，当时全国知名的诗人郑孝胥、邵瑞彭、周善培、陈宝琛、杨寿枬、周肇祥、李兆珍、章梫、陈中岳等上百位作家，均有诗词刊载问世，在全国形成了巨大影响。

1928 年 1 月，《大公报》刊行文学副刊，内有书评及中西新书介绍，体例略仿欧美各大日报的文学版及星期文学副刊，颇为读书界所欢迎。5 月，《国闻周报》择优转载，开设“中外书报介绍与批评”，“以资阅者参考”。“此事既甚便利全国之读者，而于该书之销售流行，亦大有裨益。”1934 年初开设的书评栏目颇受读者欢迎。1935 年 8 月，《国闻周报》“在文艺栏后另辟一栏文艺新闻，由大公报小公园编者萧乾先生主编，将选录精粹的材料，以尽文坛报道之责，兼资保存”。

章士钊是我国著名学者和社会活动家。从 1927 年 4 月始，章士钊曾寓居津门半年多，其间应约给《国闻周报》撰稿，过了两个月的卖文生活，在其个人生涯中，写下了重要一笔。

1927 年时，章士钊曾任段祺瑞执政府司法总长兼教育总长。“三一八”惨案后，因奉系军阀进入北京，段祺瑞执政府被迫下台。章士钊于当年 4 月 18 日，随段祺瑞乘车离开北京赴天津，在日租界过起了寓公生活。此时，失去工作的一介文士，连生活都遇到了困难。

正当章士钊进退失据之时，他的朋友吴鼎昌（时任天津《大公报》社长），提出了一个帮其渡过难关的办法。据白吉庵《章士钊》记载，吴请章士钊为《国闻周报》（《大公报》附属周刊，以报道评论国内外新闻为主的时事刊物)每期写一篇稿件,吴氏则按月奉送生活费 600 元。于是,章士钊从 7 月到 8 月 29 日,连续在《国闻周报》上发表了 8 篇文章,即《学马微》《书邵振清》《未尝》《政治心解》《奚侗庄子补注书后》《与章太炎》《原指》《论南京倡投壶礼事》。

《学马微》对马克思剩余价值学说大加赞赏:"愚尝谓马氏之论胜于理,而反马诸家胜于情,盖其剩余价值之说,在理无甚可驳。"在《书邵振清》一文中,有"防口者专制之愚策,杀士者国家之大耻"之句,对枪杀《京报》主编邵振清(即著名报人邵飘萍)的军阀表达了不满。这一时期,章士钊的文章并非无病呻吟,多是有感而发,反映了章士钊对事态积极的关注。

从《国闻周报》第 3 卷第 33 期起,因章士钊的文章涉及北伐问题,被编辑部拒绝采用。于是,章士钊停止了卖文生活。这一年的 12 月,在朋友的资助下,他于 1916 创办的《甲寅》得以复刊。于是,章士钊离开了天津,从此结束了在天津半年多的寓公生活。

姚灵犀与《南金》

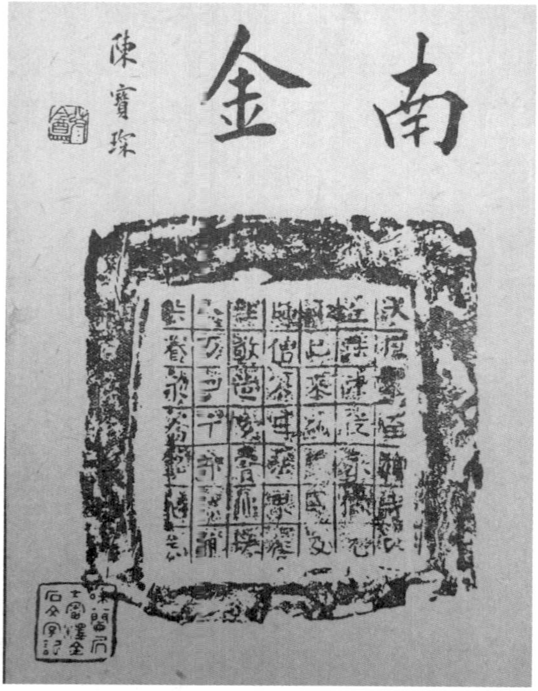

《南金》刊影

《南金》创刊于 1927 年，社址位于意奥交界 32 号(即今河北区建国道)，由姚灵犀担任社长，胡叔磊任主编，编辑部有毕素波、傅惜华等。除总社外，在北京另设分社，分社长由傅芸子担任。《南金》为 32 开，每期约 80 页左右。诗词、书法、篆刻、书画、随笔、杂文、论文等应有尽有，另配有彩色插页。作为综合性文艺杂志，其“内容文字之古雅，图画之清新，印刷之精美，久为世人所称赞，称其为北方唯一最美之文艺月刊”(《南金》第 9 期广告)。

姚灵犀，名君素，字衮雪，号灵犀，以号行世，江苏丹徒人，生于 1899

年。1927 年 8 月在天津创办《南金》杂志。自 1930 年开始，在《天风报》副刊“黑旋风”上主编“采菲录”(研究妇女缠足文化史)专栏，并先后分 6 册结集出版，从而享誉津沽。另著有《瓶外卮言》《思无邪小记》《瑶光秘记》等。

姚灵犀

在 1928 年 4 月第 9 期《南金》杂志有 17 篇文章，包括著名戏剧家齐如山先生的《戏剧之变迁》，著名报人、戏曲家傅芸子先生的《天泰山肉体魔王考》，傅芸子之弟、报人、戏曲家傅惜华的《关汉卿杂剧作品考》以及姚灵犀的《瑶光秘记》等。在“言志栏”，刊有齐白石先生的《画蟹题句》一诗：“飘然心已出京师，道出烟台是几时。清福余年如有分，持蟹海外自删诗。”可能因为时代久远，在研究齐白石的专著中，绝少提及此诗。该期杂志还刊有一些名人、名伶照片。如津门学者、书法家、被称为“联圣”的方地山，戏曲理论家齐如山，“上海交际之花”陆小曼(徐志摩之妻)，京剧四大名旦之一荀慧生，女老生孟小冬以及程派传人、名伶新艳秋等的照片，其中方地山的生活照片实为罕见。

另据 1928 年 8 月 31 日出版的《南金》第 10 期(戏曲专号)所刊载的《本社特别启事》：“本社社长姚君素以事南归，同人公推胡叔磊为津社社长，傅芸子为平社社长兼总编，一切事务统由胡傅二君负责……”也就是说，姚灵犀在第 9 期出刊后去了南方(应当是姚的江苏老家)，《南金》的组织机构因此进行了调整，原主编胡叔磊出任社长，主编一职则由傅芸子接任。社址也一度迁往法租界大陆大楼 201 号。

目前人们见到的最后一期《南金》即是刊载这则特别启事的第 10 期，也就是说，姚灵犀南归后，《南金》停刊了三个月，一直到 8 月才继续出版。但这是姚灵犀离职后，《南金》出刊的第一期，也可能是最后一期。至于这

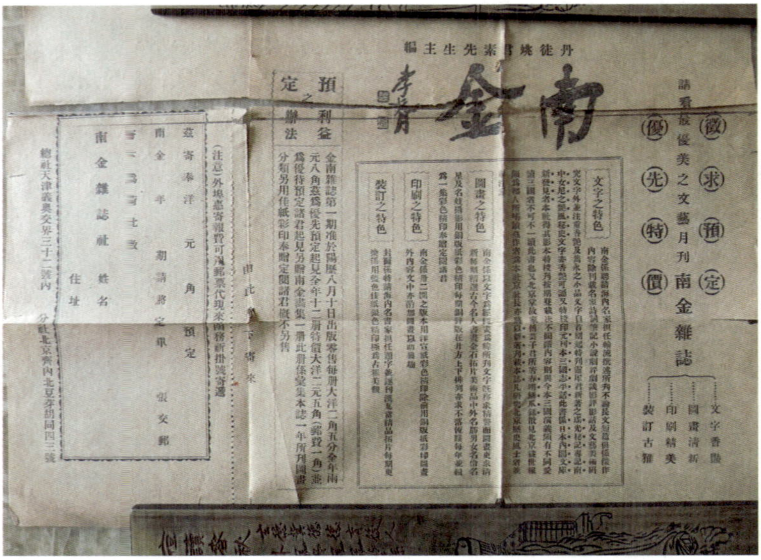

《南金》发行广告

份高品位的杂志为何仅存在一年有余，至今仍然是个谜。

20 世纪 40 年代末，姚灵犀到北京定居，1963 年病逝，享年 65 岁。由于历史原因，在后来相当长时间内，姚灵犀的名字几乎被人们遗忘，对其评价也是贬多褒少。如今，姚灵犀在文化史上的贡献已逐渐为人们所认识，沽上著名昆曲名家陈宗枢有诗曰：“绮语逋难了，惊才早脱羁。世惟羞故步，君独阐其微。沽水残鸥在，扬州旧梦非。寄声托红豆，意共麝尘飞。”对姚灵犀在学术上摆脱束缚、“独阐其微”的开拓精神大加赞许。

天津最早的女性杂志
《会务季刊》

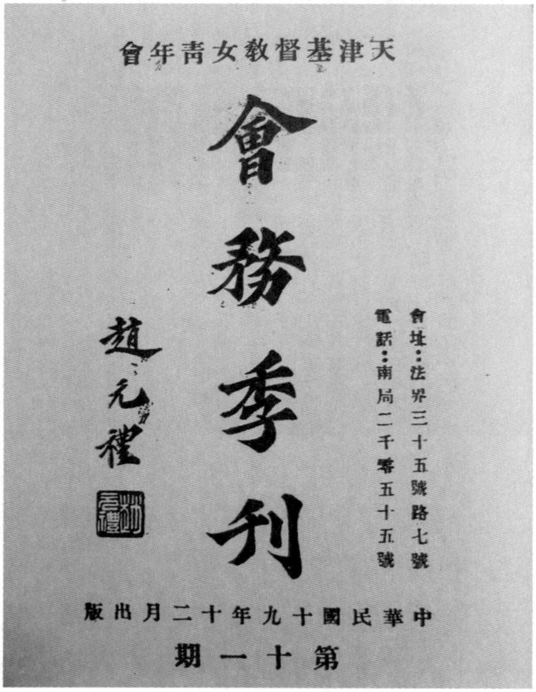

《会务季刊》刊影

《会务季刊》是天津基督教女青年会的机关杂志，创办于1929年6月，16开本，季刊，每年的3、6、9、12月份出刊。

关于基督教女青年会的情况，在第12期《会务季刊》刊载的《梦中一幕》一文作了详细介绍。如关于会所的建筑，“计全会所有房屋三大座。东座楼上有图书馆，内有各类书籍、图画甚多，会员可持会员证借书阅读。楼下有课室十数间，专为教育班及公事房之用。南座楼上为体育室，凡关于体育的用品，一应俱全。会员公余之暇，可随意参加各种体育节目。楼下是大礼堂，里面装饰得很是庄严，凡是礼拜、毕业礼、周年大会，皆在这礼堂举行。此外婚礼及特别会议皆可随时租用。礼堂前后有祈祷室及董事会议室。西座楼下有饭厅、接待室及理发所，楼上为旅客卧室。三座房屋的中间有一花园，中有喷水池，四围有各种花卉。大门右旁为守门的住所，左旁有消费合作社，妇女应用之物，无不应有尽有。会员有经济薄弱者，可在图书馆及消费合作社充当助理员，因此对于他们的生活有相当的辅助”。基督教女青年会设有董事会，“由各界妇女组织而成。有医界的、学界的、家族界的、政界的。因此会务的发展都由这各有思想的妇女参加意见，扶助进行，同时本会的工作也赖着这般人带到各处宣传”。

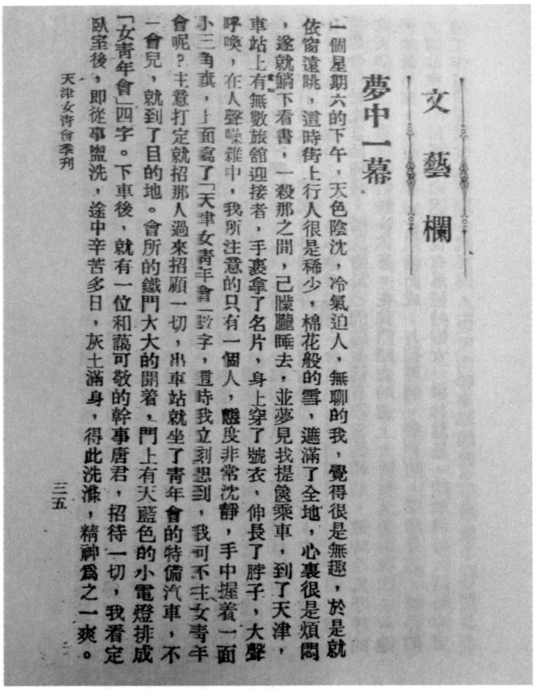
文藝欄

夢中一幕

一個星期六的下午，天色陰沈，冷氣迫人，無聊的我，覺得很是無趣，於是就依窗遠眺，這時街上行人很是稀少，棉花般的雪，遮滿了全地，心裏很是煩悶，遂就躺下看書，一剎那之間，已朦朧睡去，並夢見我提篋乘車，到了天津，車站上有無數旅館迎接者，手裏拿了名片，身上穿了號衣，伸長了脖子，大聲呼喚，在人聲噪雜中，我所注意的只有一個人，態度非常沈靜，手中握着一面小三角旗，上面寫了「天津女青年會」數字，當時我立刻想到，我可不去女青年會呢？主意打定就招那人過來招顧一切，出車站就坐了青年會的特備汽車，不一會兒，就到了目的地。會所的鐵門大大的開着，門上有天藍色的小電燈排成「女青年會」四字。下車後，就有一位和藹可敬的幹事唐君，招待一切，我看定臥室後，即從事盥洗，途中辛苦多日，灰土滿身，得此洗滌，精神爲之一爽。

天津女青年會季刊 三五

《会务季刊》内页

《会务季刊》“在过去的十一期中，大抵仅仅是报告会务，文字上没有什么贡献给读者”，自 1931 年 6 月第 12 期起，对内容作了更新。除保留工作刊物性质外，增加了文艺内容。据《告读者》一文，“我们想拿他刷新一下，希望藉文字上，帮助我们工作的进行。古人说，‘物不得其平则鸣’，又说：‘嗟叹之不足则咏歌之’。所以诗词歌赋，是可以发抒情感的……所以我们专诚辟出这一栏，欢迎女同胞的作品，不论新旧诗体，文章词赋，一律登出，以备爱好文艺的同志，互相观摩切磋，增加兴趣。”

仅在改版当期的“文艺栏”就刊有四篇作品，其中有散文《梦中一幕》，人物随笔《介绍本会的一位干事》，新体诗《爱冰楼随笔》，小说《可敬的徐妈》，其中的旧体诗较有特色。

《爱冰楼随笔》是一组旧体诗，共计六题九首。其一，《癸丑重游母校》，表达了故人的思念情怀，“不到名园已三载，花开犹如昔年容。剧怜人事今非昔，人面难如花面红”。“楼台似旧景依稀，秋水伊人紧我思。莲叶亭亭摇翠盖，临风颔首若相如。”语言清丽，意象优美。《偶感二短歌乙》是一首仿离骚体小诗，表达了作者对内心理想的不懈追求：“我心灵之深处兮，有弱小之明灯。虽弱小似微丝兮，具奋斗之精神。具奋斗之精神兮，实万古而不磨。”

众所周知，20 世纪二三十年代，中国社会尚处于社会转型的过程中，妇女的社会地位并不高，虽然已经出现了女作家、女报人，但却少之又少。《会务季刊》作为最早的女性杂志，它为青年女作者搭建了平台，无疑有利于女作者的成长，就这一点看，该杂志就已经奠定了其在天津期刊文学史上的历史地位。

《双星》首创“连珠小说”

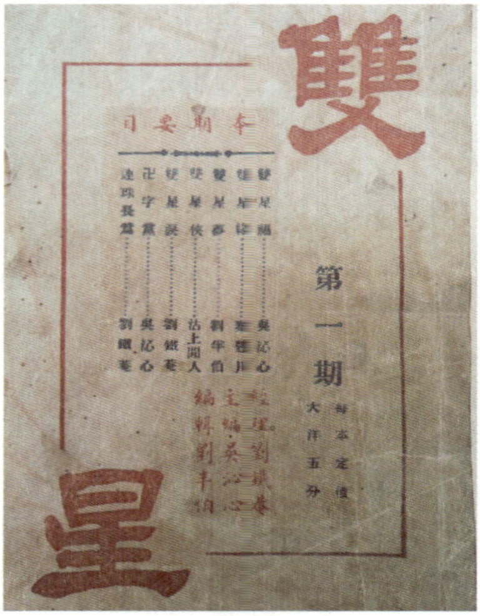

《双星》刲刊号

《双星》创办于1924年8月31日，社址设在小说日报社。总经理刘铁庵，主编吴沁心(自第六期，因吴沁心因病辞职而改为王敬庵)，编辑刘半伯。

《双星》是一本小说半月刊。关于为什么创办《双星》杂志，据刘铁庵发表在创刊号上的《集腋成裘》一文载，1924年3月1日，《小说日报》正式创刊，经过半年多的努力，其发行范围已遍及全国各地，发行量超过一万七千多份。由于投稿踊跃，而版面有限，很多作品被积压、延后，“总有三百余件，若专指着一个《小说日报》，恐怕一年也登不完，何况未来的稿子还要陆续而来呢”！为解决积压稿子的问题，编辑部决定创办一种小说杂志，每次可消化10篇左右的小说。因为是每两个星期出版一次，故取名为“双星”。按照上述文字，《双星》属于《小说日报》的姊妹刊，创办人与编辑者与《小说日报》相同。

在创刊号旦，吴沁心发表了《双星福》，相当于一篇“发刊词”，介绍了

（雙 星）

雙星淚

劉鐵菴

社會進化。民智開通。現在已是科學發達時代。從前的種種迷信舉動。早在廢除之例了。無奈一般腦筋腐舊的頑固老。他看着一般提倡破除迷信的人。簡直是社會上的反叛。因此他的迷信心理。不但絲毫不減。反倒比從前加增了。即便因迷信而破財。敗家。甚至喪了命。也是至死不悟。項到咽氣的時候。他還說他自己的八字不好了。你說這種人夠多們可恨而又可憐哪。究竟現在的社會上還有這種人沒有呢。哈哈。多得很呢。並且這種人還不用費力去找。就看看每年各處提倡什麼皇會。鬼會。藥王會等等的那些人。哪一位不是老腐敗呀。我前幾天就聽了一段迷信的故事

（雙 星 淚）

著名报人刘铁庵的《双星泪》

《双星》名字的由来以及办刊宗旨，按照作者的说法，“出版《双星》，并没有多大抱负，不过把我们胡诌的几篇小说登出来，供给读者消遣，而兼就于正道的思想罢了。”吴沁心的第二篇作品取名为《双星福》，也是一篇祝福文字，讲的是在“双十节”这一天，一对新人举办结婚庆典的故事。这篇文章的独特之处，是每句话里都嵌上一个“双”字，以示对《双星》的祝福。著名报人秦丰川，发表了一篇《双星缘》。这篇小说，描写的是知识青年高杰，在《双星》杂志上发表了一篇《我的理想家庭》的小说，提出了选择伴侣的标准，认为终身伴侣的结合，“须由纯洁的朋友中得来”。高杰的文字见报后，受到知识女性唐毓梅的青睐，并由此触发了她对高杰的感情，二人以写信方式建立了联系，后来双方约好“各拿一本《双星》作为暗记”在公园里见面。按照小说的叙述，高杰与唐毓梅终成眷属，而二人的介绍人不是别人，正是《双星》杂志。刘半伯发表了一篇名为《双星梦》的小说，在

这篇作品里，作者描写了报童卜犹仁，在卖报结束后看了一出戏，名为《双星渡河》，由牛郎织女爱情故事，引发了卜犹仁对爱情的梦想，希望有一天自己也能够象牛郎一样，娶到一位像织女一样的可爱的女人为妻。有一次，他到桥边散步，竟然看到了一位美女正在河里洗澡，于是他想象着把她的衣服拿走，并强迫那个女人嫁给自己为妻，做一个地下“双星”，结果引来的是众多女仆的追打，直把这梦中的卜犹仁被打醒了，才知道原来是南柯一梦！

署名“沽上闲人”的作者发表了一篇名为《双星侠》的小说，描写了名为郑海龙的小伙子打擂娶妻的故事。周天镖带着女儿雅秋到曹州府地面卖艺招亲，声言如若将他的女儿打胜，若是年岁相当的男子，便把女儿许他为妻。平民出身的郑海龙，自小跟随法因和尚习武，练得一身好武艺。这一天来到把式场打擂，与雅秋打得难解难分，“雅秋打得性起，忙飞起一只小脚，直向海龙上部踢去，海龙张开口，将雅秋的鞋尖衔住，引得雅秋格格笑了起来，向后一仰身，跌了个倒栽葱”。周天镖非常喜欢海龙，他的女儿同样欣赏海龙的人品，他们在法因的见证下，双双走进了婚姻的殿堂，成为一对绝配。

有意思的是，刘铁庵创造了一种“连珠小说”形式，即“先由一个人作出第一回来，并不点出由某人作第二回，可也不约定人数，而是谁爱接着作第二回谁作，作完后寄来，本社挑好的登，由第二回起，以此类推”。第一部连珠小说，取名为《集腋成裘》，以《双星》杂志创刊为引子，希望作者们接续撰稿，演绎故事。初定 50 回，每回 1600 字至 1800 字。刘铁庵作第一回，许索稳、王敬庵、谭雅谊、任守拙等分别撰写了第二、三、四、五诸回。从现存的前五回来看，小说以天津为地域背景，以都市现实生活为内容，构思巧妙，首尾连缀，文字挥洒自如，颇见众作者功力。

遗憾的是由于第六期及以后各期笔者未能见到，故这部连珠小说的总体面貌已不可考。

《月华》是天津第二份小说月刊

《月华》是一本小说月刊，由陈伯仁创办于 1928 年 5 月 20 日，编辑主任许吟花、杨莲因，美术编辑有曹涵美、胡亚光、高龙生、祁素愫等。社址在河北新大路骏骥里十号天津出版社。16 开本，每期 54 页。创刊号封面由高龙生绘画，由小说家赵眠云题签。目前只见到第 1 期。据《天津出版社启事》一文，天津出版社是由《天津妇女》月刊社、《天津电影》杂志社合并后组建的，“专办出版品及发行各种小说杂志，编辑各种刊物，出售上海电影女明星相片，兼办报章杂志”。

许吟花在《月华》创刊号《月中人语》中说明了创办背景：“创办一种小说杂志，休说在天津不容易，就是在上海也不能支持长久。所以现在对于这种出版品，上海的出版界也寥若晨星，不得多见，天津却就更不消说了。我们现在是要想冲破久久沉寂的文坛，挽回这颓势，才费去不少的财力和精神来发刊这本《月华》，然而办事的难处，也未尝不知。唯有凭着毅力用十二分的精神，始终不懈地做去，就是到今天，明‘月’才发光‘华’，是否烨烨灿烂美丽，可爱读者请自看吧。”

创刊号上刊载了六部短篇小说，它们是许吟花的《娼门人语》、杨莲因的《元夜》、翟愚庵的《小莲》、陈一农的《绿梅花下》、金俊仁的《春宵诉心》、姚赓宸《人家的婚礼》等，长篇小说一部，即俞友清《蝶鹃泪》。此外，

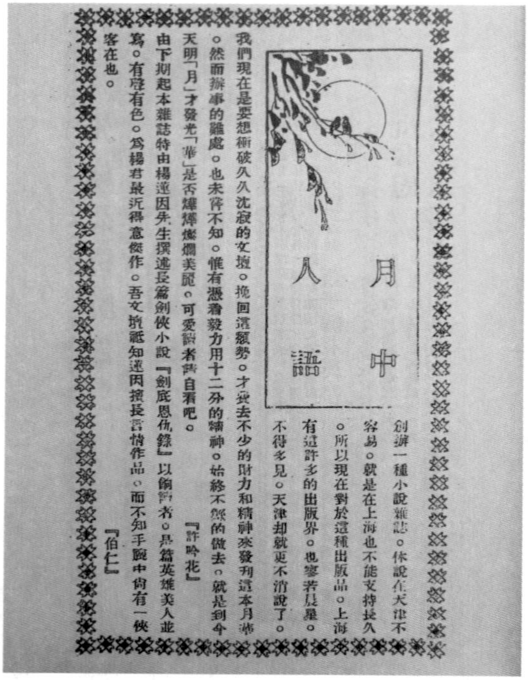

月中人語

創辦一種小說雜誌。休說在天津不容易。就是在上海也不能支持長久。所以現在對於這種出版品。上海有過許多的出版界。也寥若晨星。不得多見。天津却就更不消說了。我們現在是要想衝破久久沉寂的文壇。挽回這頹勢。才費去不少的財力和精神來發刊這本月華。然而辦事的難處。也未嘗不知。惟有憑着毅力用十二分的精神。始終不懈的做去。就是到今天明「月」才發光「華」是否煒煒燦爛美麗。可愛讀者請自看吧。『許吟花』

由下期起本雜誌特由楊蓮因先生撰述長篇劍俠小說『劍底恩仇錄』以餉讀者。是篇英雄美人並寫。有聲有色。爲楊君最近得意傑作。吾文壇祇知蓮因擅長言情作品。而不知手腕中尚有一俠客在也。『伯仁』

《月华》内页

还刊有杂文、随笔和旧体诗等。

《娼门人语》是一部短篇小说，通过对熟客欺诈妓女的描写，反映了旧时代商业都会的社会乱象。《元夜》是杨莲因撰写的一部恋爱主题的小说。在元宵之夜，“一对一对的花灯，很灿烂地发着幽光，带着甜笑的月儿，已到了东墙上”。在这美丽的夜晚，我和“伊”相恋了，不久走入了婚姻殿堂。《绿梅花下》描写梅倩被男子欺骗的故事。

据陈伯仁在创刊号上刊发的启事，“由下期起本杂志特由杨莲因先生撰述长篇剑侠小说《剑底恩仇录》以飨读者。是篇英雄美人并写，有声有色，为杨君最近得意杰作。吾文坛只知莲因擅长言情作品，而不知手腕中尚有一侠客在也”。

杨莲因是民国时期的著名报人、小说家。他曾在1926年在天津创办了《小说日报》，该小报是迄今为止已知的最早的以小说为内容的报纸。同样是这个杨莲因，又参与了天津第二份以小说为内容的《月华》杂志，并且创作了《剑底恩仇录》这部长篇小说。单从这一点上看，《月华》就足以载入天津文学史册了。更何况编辑部尚有许多大家，除杨莲因外，陈伯仁、高龙生、曹涵美，都是驰名全国的文化名人。

普及国术运动的《国术月刊》

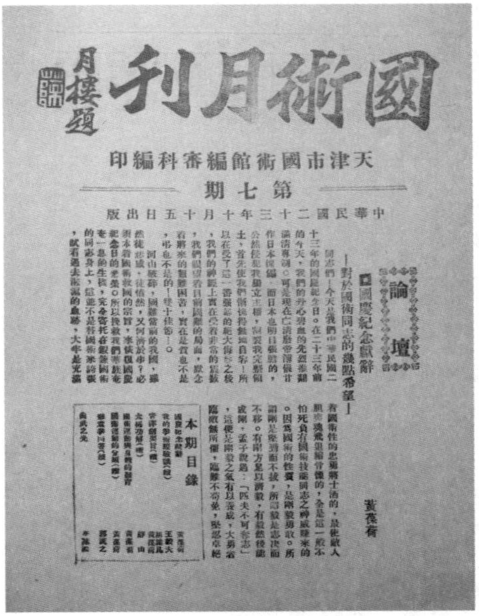
國術月刊
月樓題
天津市國術館編審科編印
第七期
中華民國二十三年十月十五日出版
論壇
國慶紀念獻辭
—對於國術同志的幾點希望—
黃葆衡
本期目錄

《国术月刊》刊影

《国术月刊》是天津市国术馆的工作刊物，其办刊宗旨是：“发扬国术真谛，普及国术运动。”该刊创办于1934年4月15日，16开本，每期8页。

据《天津通志·体育志》载，天津市国术馆成立于1928年，馆址在天津社会教育办事处内。馆长是马良，副馆长王毅夫。1930年1月迁址到河北金钟桥旁大王庙内，后由刘丕同担任馆长。国术馆设有练习班：初级班6个月毕业；高级班2年毕业；师范班6个月毕业；中级班1年毕业。教员有王毅夫（劈卦）、胡维昆（五子拳）、许卓然（太极拳）、郭汉之（形意拳）。授课内容有形意拳、八卦、太极、五子、劈卦、少林、通臂、摔跤以及刀、枪、棍、剑等。

另据1934年12月15日出版的《国术月刊》载，天津市国术馆曾呈文市政府，拟聘请市长张廷谔兼任馆长，原文如下："本馆谨遵中央国术馆颁布《各省市国术馆组织条例》第八条之规定，'省市国术馆正馆长，应推省市政府主席市长兼任，推定后由董事会呈报中央国术馆加以聘任。'等因，奉此，查本馆正馆长未便宜虚悬，空无主宰，领导无人，秉承奚自，则馆长一席，实有系乎全馆之进行，本馆条例，敦聘市长兼任馆长。"天津市政府接到呈文后，颁布市政府令第475号，同意呈文请求，"姑准暂行担任"。也就是说，自1934年12月起，天津市国术馆馆长是张廷谔，这无疑更有助于国术在天津的发展。

《国术月刊》在第一页开辟"论坛"栏目，每一期都刊载一篇社论，结合国内形势提出发展国术的一些主张。如在第七期，刊载了黄葆荷撰写的《国庆纪念献词——对于国术同志的几点希望》一文，对日本侵略我东北领土提出谴责，并提出了"国术救国"的思想。作者认为，"我们丹心碧血的先烈推翻满清专制，可是现在亡清废帝溥仪甘做日本傀儡，而日本也明目张胆的公然侵犯我独立主权，割裂我完整领土，首先使我们惭愧得无地自容！"作者主张，"必须本着国术救国的宗旨，来恢复国庆纪念日的光荣。所以，挽救我们华族奄奄一息的生机，完全寄托在锻炼国术的同志们身上。"在第九期发表了由张耀东撰写的《欲国术发展必修武德说》一文，要求习武者要有"武德"，作者认为，"武德者，武人之正道也，甚言之，无武德，其人即不能存立，其人既不存立，其术又安得信仰?信仰不得，若国人皆然，则国术二字将焉论亡矣。"

除"论坛"栏目外，每期都辟有武术讲座、武术问答等栏目，由武术界人士提供系列稿件。如王毅夫的《我的拳术经验谈》，胡维昆、黄葆荷的《青萍剑要旨》，郭汉之的《形意拳问答》，静昆的《太极功解》。上述人士既是武术高手，又是笔墨行家，可谓能文能武，其中王毅夫著有《螳螂拳》，黄葆荷出版过《国术运动概论》，由于这些"练家子"能够把武术套路通过文字或绘画表现出来，使众多习武者能够有所遵循，并且扩大了传播途径，拓展了中华武术的影响力，为武术文化的传承提供了便利条件。

《国术月刊》还辟有“文艺”专栏，每期都连载李冰淞撰写的武林故事——《尚武之光》。其中一则有关“赛李拐”周海天的轶事，读来颇为有趣，这则轶事发表在第八期上。据该文介绍，数年前的一个秋天，在一个把式场中，有两个人正在对练花枪，忽然其中一人将花枪滑出了手。这时远处正好来了一个撑拐的瘸子，衣衫褴褛，面容憔悴。当瘸子看到这一幕时，“徒然喝了一声倒采”。那个滑枪的人一时挂不住脸，走出场子对着瘸子怒道：“你这人有点不长眼，跑这撒疯来！驴声怪调喊什么？”瘸子慢慢抬起头，嘿嘿冷笑道：“喝采不好吗？”这句话尚未说完，那人立即说：“用不着你喝采！”一边说着，一边走上前去，抬起右手就打。但那人手挨着了瘸子，就感觉身不由已，飘起来摔在三十步以外，呻吟不止。那瘸子道：“你一个男子怎么还学女子撒泼的样子，嘿，吾忠告你：以后无论何事，不能以衣帽度人，你觉得吾穷酸的样子，就加以欺辱，幸是我，若遇见别人早就叫你死在眼前。”说完扬长而去。

《家庭周刊》倡导家庭教育

《家庭周刊》刊影

《家庭周刊》出版于1932年8月，主编朱惠民，社址在英租界张庄大桥义庆里。该刊为32开本杂志，每期50页。

该杂志秉持教育立国的理念，以“提倡家庭教育，增进家庭幸福，改良社会基础，完成三民主义”为宗旨。据《本刊读者注意》一文载：“本刊是因创办人目击中国今日社会国家种种不良现象，皆由于国民家庭教育根本错误所致，故立定坚决志愿，主张改良家庭教育，从根本改造，以救人群、救社会、救国家、救世界，并愿全国各界男女同志一致起来，与本刊携手，共同任此根本救国之运动，组织家庭教育会，普设各省各县，将来本此精神，传布各国，以求世界之大同。”

《家庭周刊》是高品位的家庭教育杂志，围绕和谐家庭、快乐家庭建设主题，设计每期内容，计有家庭讨论、教养指南、妇女须知、婚姻指导、青年必读、职业指导、家庭常识、家庭俱乐部、家庭图书馆等栏目，封页上另安排彩色插画多幅，多是各地风光图片，并配以简略文字说明。在每个栏目开篇，都有“本栏说明”，把这个栏目的宗旨告诉读者，便于作者供稿和读者互动。如《教养指南》是有关儿童教育问题的栏目，在“本栏说明”中，编者提出：“今日的儿童，就是将来家庭社会国家或世界的主人翁，我们要想救中国于不亡，置国家于磐石，使社会日趋文明，只有改良家庭教育是根本救国的方法。我们若是用有利于国有利于社会的方法教育我们的子女，这就是孝敬父母，也就是服务社会，报效国家。本栏之设，旨在使为人父母者知道在教育子女上对于社会国家所负的责任重大，应当革去以前教养的错误，采用改良方法，为社会为国家来小心谨慎教育自己的子女，以期造成全国皆成健全爱国的新国民。”

務請各界注意下列各條
乙種第廿七期
中華民國廿二年 月五日出版
編輯者 朱惠民
發行者 家庭週刊社
書費
國內及日本
歐美 全年三元五角
廣告價目
普通地位
前書皮裏面
後書皮外面
注意

《家庭周刊》版权页

新民先生在《快乐家庭之组织》一文中，提出了快乐家庭的十四个标准，这个标准直到今天仍可以作为借鉴。他提出的标准是：“一、家人除老小外，须皆有职业；二、家中无赌博之行为，及不务正业之子弟；三、对于小儿，须施以完善之教育，而不任其嬉戏；四、家人皆受相当之教育，具应有之常识；五、随世界潮流，改革从前一切恶习；六、勤俭而不失中；七、和衷共济，不互相倾轧；八、对于公益事，宜量力捐助；九、量入为出，一岁收支，立有预算表；十、室内须整洁勿污乱，并须注意卫生；十一、置有日报或杂志数份；十二、需用之器具杂物须购国货；十三、休息饮食皆有定时；十四、家人须不嗜烟，并戒绝奢华。”

在“家庭图书馆”栏目，每期都有两部小说连载，包括徐剑胆、李薰风等名家均在此栏目与读者见面。有意思的是，自第27期始，《家庭周刊》开始连载叶丽荪所著的武侠小说《燕赵健儿》，这部小说取材于八卦掌创始人董海川(明魁)的故事。董海川于清嘉庆二年(1797)农历十月十三日出生在直隶文安县朱家务村的一个农民家庭，他在青年时行走江湖，传习武艺，为不给家人招惹麻烦，改名为“海川”，意为“容纳江海百川”之意。《燕赵健儿》“系编者最近著作，内容取材，均系事实。盖编者闻北京武术大家眼镜程之子所亲述，其中如董海川老师，为八卦掌发明之鼻祖，黄河南北无不知有其人闻其名者，此书皆细述其一生经过历史，情节至为紧张”。在这部小说里，还有大刀王五送安维峻御史至塞北，眼镜程与李存义比武等情节，皆为武术界中之佳话。这部取材于史实的小说迄今没有单行本，有关叶丽荪本人的情况，人们知之甚少，《家庭周刊》在保存武术史料方面可圈可点。

《方舟》是第一本家政杂志

《方舟》创办于 1934 年 6 月,1937 年 7 月终刊。这是天津第一本以知识女性为读者对象的家政杂志,16 开本,由著名实业家、东亚毛纺厂创始人宋棐卿(1898—1956)为宣传“抵羊”毛线创办。

《方舟》刊影

《方舟》标榜"唯一新型的家庭月刊"，以夫妻、家庭关系为重点，以"增进家庭幸福，研究家政实施，提倡家庭手工"为宗旨。设有家庭、纺织、卫生、文艺、美术、珍闻、儿童园地等栏目，另附有以时事新闻为内容的《舵声》专页。该刊设计精美，图文并茂，别具一格。

《方舟》围绕着读者关心的热门话题，倡导夫妻间互相尊重、体谅、恩爱，批判封建礼教对妇女的束缚。特别是对于如何进行儿童教育，经常进行系统介绍和分析，对于年轻父母很具指导性、实用性。

为推销毛线，宋棐卿在《方舟》杂志辟有《纺织》专栏，专门传授背心、毛衣、儿童短裤等各种衣物的编织方法。每一件衣物从定价、尺寸、松紧一直到编织步骤和方法，均不厌其详，并附编织效果图片。有意思的是，在介绍每一件衣物编织方法时，都附有不同标号的毛线的实物样品以及纸做的尺子(粘贴在纸上)，这个创意真可谓用心良苦，为这本杂志平添了许多意趣。

为了增加刊物的趣味性，《方舟》在儿童园地栏目里辟有漫画专版，最多时每期有四五页，许多民国时期著名漫画家的作品均有所见，如高龙生《科学怪人》、宣相权《假使你失了业》、宣文杰《一位大学教授》、姚团丝《爱的舞步曲》等。另外，还有黄尧的特约长篇幽默漫画连载《牛鼻子——抵抗到底》。"牛鼻子"本是黄尧1934年创造并首度发表于上海《新闻报》的滑稽人物，与叶浅予的"王先生"、张乐平的"三毛"和梁白波的"蜜蜂小姐"一样，均是那个年代市民们喜闻乐见的滑稽形象。"牛鼻子"是一个圆脸、圆鼻、圆耳、圆眼睛的胖子，在他身上演绎出了有趣开心的故事，读来令人捧腹。

宋棐卿尽管工作繁忙，但仍然抽出时间过问《方舟》的编务工作，而且还动笔撰稿。他的文章有随笔、短诗以及评论。在他的政论文章里，充满了实业救国和振兴民族工业的理想。如在一篇文章中，他把军阀比作洋人的恶奴，抨击"恶奴"破坏民族工商业的罪恶。

另一个特点是，《方舟》在杂志的封面及内页空白处，经常插花刊载一些格言，既反映了编辑严肃认真的作风，又给读者增加了精神营养，其真诚令读者感动。如有一段署名船丁的格言是这样说的：“丈夫是水，妻子是泥。丈夫爱妻子，好比水和泥，妻子爱丈夫，如同泥和水。” 这种关于夫妇关系的格言至今读来仍津津有味。

只可惜，七七事变之后，《方舟》这本存在三年多的家政杂志，于 1937 年 7 月永远告别了历史舞台。

汇文中学出版的《津汇月刊》

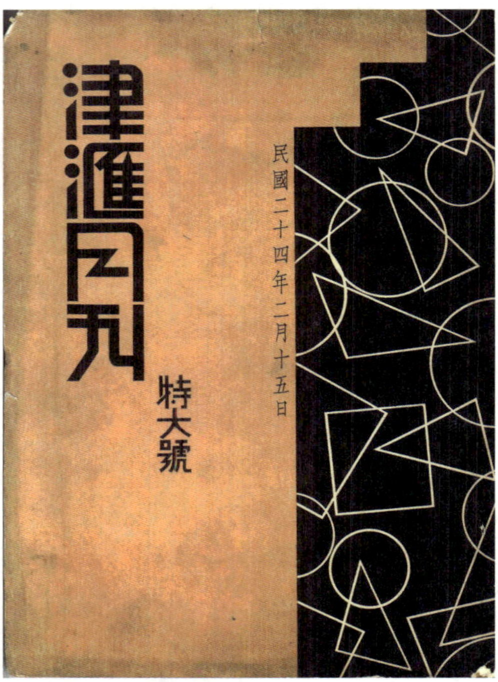

《津汇月刊》刊影

《津汇月刊》创办于 1934 年 11 月，是由天津市汇文中学学生自治会学术部编辑发行的一份校刊。初为月刊,1936 年 2 月改为半月刊,期数另起计算。同年 5 月又恢复为月刊。

据张绍祖先生《津门校史百汇》一书,汇文中学前身是成美学堂，也叫成美馆，创建于 1890 年(清光绪十六年),是天津最早的学校之一。该校由美国基督教美以美会主办，创办人是美国传教士倭克牧师。原校址在法租界海大道（今大沽路)。1911 年迁到南市荣安街,后改称成美中学校,并设小学部。第一任校长是美国人布朗,继任者有袁布德、白辅德、文安思等。1919 年改称汇文中学,由美籍人士康敦瑞教士接任校长。1927 年,由留学美国博士刘馨庭(刘芳)任校长,为第一任华人校长。该校长是宋庆龄的父亲宋耀如的挚友,与冯玉祥关系密切,思想开明,倾向进步、民主,管理校务颇有经验。1919 年五四运动中,该校进步学生高举校旗走在中学游行队伍最前列。汇文中学毕业生中有天津解放后第一任市长黄敬,中国医学科学研究院院长吴阶平,著名导演编剧焦菊隐,著名相声表演艺术家马三立,著名歌唱家李光羲,书法家、国画家王颂余等。

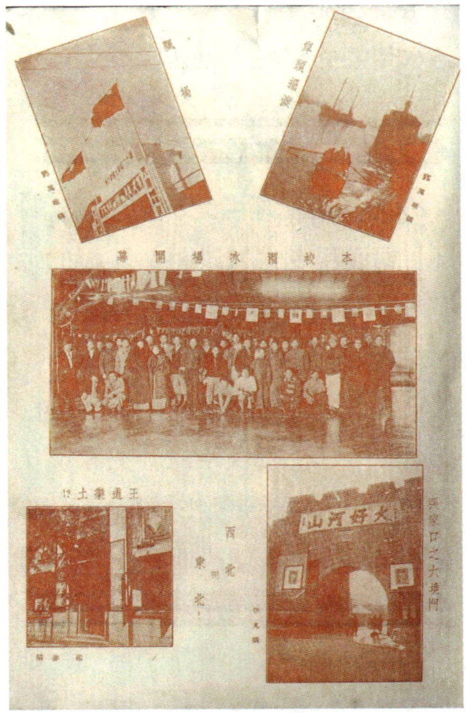

《津汇月刊》内页彩图

汇文中学的课外活动非常丰富。有以课外阅读为内容的"夕阳会",有以写作讲演为内容的"中文文学会""英文文学会",还有京剧、昆曲、话剧、音乐等文娱团体。1935 年,由于没有大的社会动荡,加之当时的经济比较繁荣,天津的文化生活也比较活跃。电影、戏曲、广播、新闻出版等文化事业十分发达,是天津民国历史上社会经济和文化活动最为繁荣的一个时期。仅每日发行的报纸就不下四五十种,杂志更是数不胜数。《津汇月刊》的诞生,一方面是为了适应汇文中学丰富的课外活动的需要,另一方面也与当时天津繁荣的文化市场密不可分。

1935 年 2 月 15 日出版的《津汇月刊》特大号(第 3 期),是编辑部为了丰富学生寒假期间的生活,将收集到的所有稿件全部予以刊发,在体量上要比平常多得多,故以特大号冠之。的确如此,《津汇月刊》特大号近 180 页,估算总字数足有 20 万之多,远超过当时的一般期刊,所以,用"特大号”命名并不为过。

《津汇月刊》实际上是一份具有学术性和普及性特点的综合性月刊。该刊发行范围不限于学校内部，而是面向全国各界，因此，其内容的可读性、丰富性是不言而喻的。该期特大号分为论文、专载、科学、文艺、童声、杂俎、校闻等栏目，总计有七十余篇文章，并配发数幅彩色图片，另有著名木刻家杨镲的木刻作品《眠》。这其中由该校学生远馨、伊凡撰写的名为《平绥铁路旅行回忆录》的论文最为出色。据该文介绍，“在开发西北的声浪高过一切的时候，平绥铁路局创办了一个西北考察团，往返路费共收20元，路程是由北平到包头，日期是一个星期——从1月21日至27日。据说用意在鼓励平津各校的师生到西北去看看，希望能使这般久住都市的人们，藉此移转一下眼光和兴趣。”参加这次考察的人并不是很多，总共有28人，分别来自清华、燕京等8所学校。大学生占了多数，中学生只有3人，这其中就包括该文的两位作者。《平绥铁路旅行回忆录》系统地介绍了平绥铁路的历史和现状，对沿线的几个主要城市如张家口、大同、包头的社会经济状况作了全面分析，最后对开发大西北提出了一些建议。行文条理清晰、文字简练、数字准确，时隔七十余年，仍然可以通过文字感受到人们开发大西北(指今内蒙古和甘肃)的热情和期盼。

本期特大号还披露了另外一则鲜为人知的史实。在《校闻》专栏，有一篇题为《张学良将军慷慨捐助——大洋千元，刘馨庭校长温度大增——水银四溢》的简讯，介绍了汇文中学为建设图书馆募捐的情况。其中校长的募捐箱里收到了一笔最大数目的捐款，这位捐款者不是别人，他就是大名鼎鼎的张学良先生。张将军军旅一生，但其对天津教育事业的发展也十分关心，其捐款千元助学的义举被载入该刊物，为后世所知晓。

《津汇月刊》存在时间仅有三年多，七七事变后停刊。与其他天津名校创办的校刊一样，《津汇月刊》作为汇文中学这所具有光荣传统的校刊，其在繁荣天津学生文艺作品创作上发挥了重要作用，值得好好总结。

铃铛阁畔的《铃铛》校刊

《铃铛》创办于 1932 年，是河北省省立天津中学校的校刊，至 1937 年总共出版 6 期。前 3 期为 32 开本，从第 4 期起改为 16 开本。据《官立中学堂——天津市第三中学校史》记载，《铃铛》是河北省省立天津中学校(旧址今位于天津红桥区芥园道铃铛阁中学，见附图)创办的年刊，专载该校师生学术和文艺作品。

《铃铛》刊影

《铃铛》每期有 240 页，由论文、译述和文艺三个部分组成。论文部分有十几篇文章。如包括汪桂年(天津文史专家)的《大学思想之体系》、黄恩立的《谈新货币政策》和著名语言学家裴学海先生的《音韵考原》(续)。

裴学海(1899—1970)，曾用名裴会川，河北滦县人。1928 年考取北京清华国学院，受业于梁启超、陈寅恪、赵元任诸人。毕业后，在河北省省立天津中学校教国语，1954 年调至天津师范学院中文系任教，毕生从事文字、训诂、音韵方面的研究，主要著作有《古书虚字集释》(商务印书馆 1932 年出版)，奠定了其在古汉语研究界的学术地位。

《音韵考原》是一篇长篇论文，从 1934 年开始，在《铃铛》第 3 期至第 6 期连载。

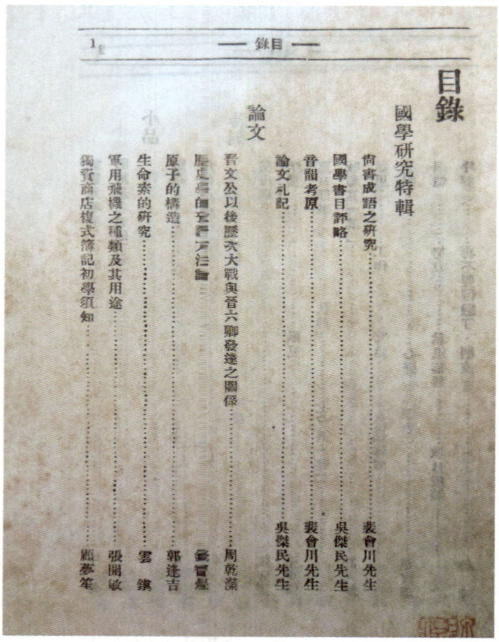

1 —— 錄目 ——

目錄

《铃铛》目录

译述部分有两篇文章。分别是赵从显的《柯莎特可怜的女孩子》和何宝贵的《少妇欤？老虎欤》。

《铃铛》每期刊有文艺作品约 30 篇左右。有散文、诗歌和小说。其中值得提及的有卢良辅的《抵抗》和《一个青年》两篇短篇小说。卢良辅，又名刘文，1919 年生于天津芦庄子。1938 年毕业于河北省省立天津中学校。据赵琪《记成长在敌占区的优秀共产党人》一文介绍，卢良辅在校期间参加了著名的一二·九运动，1941 年加入共产党。天津解放初期曾与鲁荻等人受军管会委托接管了国民党的天津广播电台，任天津人民广播电台副台长和中共天津市委宣传部宣传处长等职。《抵抗》描写农民因不满地主压迫而奋起反抗的故事。《一个青年》则讲述了一个名为家章的青年，因不满父亲的封建说教，离家出走而寻求新生的故事。两篇小说文笔流畅，情节生动，主题突出，具有强烈的反抗精神，体现了卢良辅对革命真理的不懈追求，这与卢良辅后来走上革命道路，成为一名优秀共产党员的历程如出一辙。

河北省省立天津中学校的前身是“官立中学堂”，是天津最早的官立中学，一百多年来，曾培养了一大批政界、科技界、文化界名流，如著名的书法家刘炳森即出自该校。《铃铛》这本天津较早创办的校刊，记载了该校的成长历程。

在民国时期，天津有许多学校拥有自己的校刊，如汇文中学的《津汇月刊》等。《铃铛》作为省级重点中学创办的文艺杂志，无论是在学术上，还是在文学创作上，在天津学校文学史上都占据了一席之地，值得我们深入研究。

《天津市市立通俗图书馆月刊》刊载《天津乡贤赞》

《天津市市立通俗图书馆月刊》刊影

《天津市市立通俗图书馆月刊》创刊于1934年5月31日，由天津市市立通俗图书馆编辑委员会编辑。该杂志为16开，自1934年5月至1937年4月累计出版21期。设有论著、通俗图书馆一瞥、图书馆界、法规、书评、学术、杂俎等栏目。在讨论图书馆学术、传播图书馆信息、鼓励民众阅读兴趣、促进图书馆工作等方面发挥了重要作用。

1929年至1930年，天津市政府教育局相继建起七个通俗图书馆(第一至第七通俗图书馆分别位于东马路、西马路、北大关、河东地藏庵、南马路、堤头村、元纬路)，收藏书报，设立“代办处”和巡回文库，以便利市民阅读。但由于大多数人对图书馆情况一无所知，因此，如何宣传图书馆，让大家了解图书馆成为当务之急。为此，1933 年 10 月 25 日，七所通俗图书馆联合成立了天津市市立通俗图书馆月刊编辑委员会。据萧纲撰写的《发刊词》，天津市市立通俗图书馆月刊编辑委员会由全市七个通俗图书馆的相关人员组成。社址在东马路第一通俗图书馆内。该杂志作为本市图书馆的喉舌，负有“丕振文化，增进民智和发展图书馆事业的重大使命”。

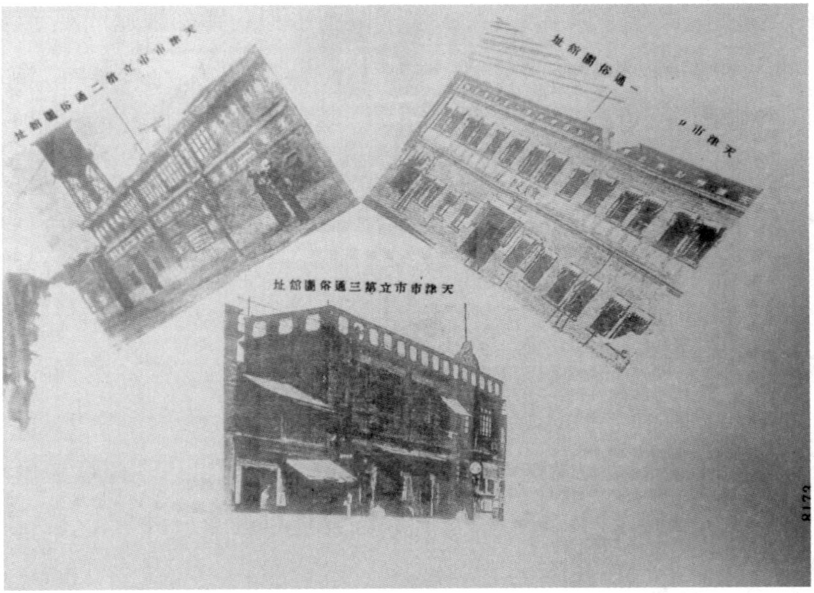

《天津市市立通俗图书馆月刊》内页

创刊号上扉页处发表了《总理遗嘱》并配以总理（孙中山）遗像。另刊有天津市教育局局长邓庆澜肖像及编辑委员会合影。各界知名人士题词，邓庆澜题写“阐扬文化”，陈宝尔题“集思广益”，李光恒题写“营养人类性灵的粮食”，李金藻题“言文行远”，刘潜题“相观而善”。天津县财务局局长徐镜波祝词：“司铎分教，同具热肠。集思广益，挈领提纲。无间内外，文化阐扬。大开民智，蕴为国光。”天津县教育局秘书骆意如祝词：“不胫而走，不翼而飞。民族之喉舌，吾党之先锋。无远弗届，无坚弗摧。此吾中国之飞机也。”此外，时作新、于雪岑、于梦梅等亦题词祝贺。

天津县教育局局长刘宸章发表了一篇赋体祝词，堪称美文："沽海之疆，章武之坊。文化渊薮，图书宝藏。西园东观，满目琳琅。匪为獭祭之美，实以锦其心而绣其肠。风以移而正，俗以易而良。于以扶四维振三纲，行万里化八荒。挽狂澜之既倒，绍坠绪于茫茫。慨自尔朱破魏，戎马仓皇，宇文入郢，散成缥缃。今幸七贤合作，四部宏张。庶众擎之克举，喜惬心而贵当。玉轴连云，不仅杜家之武库存。牙签压架，远迈曹氏之书仓。是可以医愚顽针膏肓。民族于以启其智，国家于以图乎强。幸勿歧途而观望，以致枵其腹而面于墙。所冀牛背读者，熊丸才郎。旧学商量，不必胶庠。新知输灌，同属智囊。行见日新月异，纸贵洛阳。唾珠屑玉，无非夜光。既摭芜词而颂祷，愿率群众拜祝馨香。"

值得提及的是，1936 年 4 月 20 日出版的第 2 卷第 3、4 期合刊载有李金藻的韵文体《天津乡贤赞》。关于为什么要写这篇韵文，文章开头作了解释："天津有一位先生王仁安，在浙江省做过道员。有一天在衙门闲暇无事，看看《天津县志》有十一位乡贤。这乡贤供在文庙乡贤祠内，从明朝到现在三四百年。姓氏名谁何人知晓？他的事迹更湮没不传。因此作了《乡贤事略》的白话，说这十一位的事迹本本原原。一则为后来做个榜样，二则为天津的人物表彰一番。社会教育林总董派员讲演，又教在下编了曲押了韵以广流传。"

《天津市市立通俗图书馆月刊》不仅仅是图书馆的工作刊物，其所刊的文艺类随笔、歌谣兼具史料和文艺价值，同样值得我们好好研究。

以杂见长的《天下篇》

《天下篇》创刊号

《天下篇》于1934年2月16日创刊，社址设在法租界33号致远里楼房三号。32开本，每月1日、16日出版。每期42页，文章刊登15篇左右，由著名学者巢章甫题写刊名。

关于办刊宗旨，季扎在发刊词作了介绍："我们想用浅近的文字，介绍各方面的各种事情……我们只有这一点小小的目标，灌输人们一些应有的知识和理智，要达到这目标的手段，也许是科学，也许是文艺，也许是批评，也许是讽刺。所以我们这东西，始终打算维持一个'杂'。"

《天下篇》是综合性文化杂志，其创刊号刊载了14篇作品，其中文艺作品有《阑珊》（徐蒙）、《小人书》（戊生）、《天下篇今释》（云心）、《古书的蠹鱼》(雷)、《小英》(约翰)等。

徐蒙的《阑珊》是一篇随笔,以轻柔的笔触描绘了一家人安逸从容的生活:"吃完饭,大点的孩子去写大字,抄小麻雀,小点的孩子则拿糖块吃。""胡同里吆喝着来了,小孩子那一副尴尬面孔马上光辉起来,大孩子把濡着墨汁的毛笔掷在仿纸上,两个人攒着口袋里的铜钱,高高兴兴地往外钻。迟了许久,小孩子举着两块插着小木棒的柠檬糖,大孩子捧着一包沙红果……"

戊生的《小人书》,记述了民国时期小人书内容的演变。在人们的印象中,小人书"诲淫诲盗,尤其是使儿童迷信鬼神",而作者在地道外的小人书铺,看到的则是另一种情形:"小人书的内容,绝非唾弃小人书的大人先生所想到的,它是在沉默中迅速地改进着,它攀上了电影这门亲,造成了新的题材,新的技术的混血儿。""影片式小人书是寄生于影片的,因之它在随着影片而改进着。所以,初期的不脱于'火烧''大侠'之类,渐进为'啼笑'之类张恨水作品,更进则是'追求''人道''城市之夜'等等。"作者认为:"小人书的前途是光明的,正如国片的前途是光明的。"

约翰的《小英》是一部以家庭伦理为题材的短篇小说:胡先生死了妻子,很快就娶了新欢。小英母亲死的时候,她的年龄尚小,并不知道母亲,从此便天各一方。但后娘对小英并不好,常常不给饭吃,而且罚跪。胡先生回家听到的和看到的,当然与后母所说的并不一样。胡先生决定把孩子送到三叔家里去住。此前,小英并不愿意去三叔家,因为她舍不得爸爸。但这次小英却很愿意离开自己的家,并且听说爸爸把自己送到三叔家去,显得非常快乐,然而胡先生却几乎落下泪来。书中最后写道:"假使不是为了这值得珍惜的小生命,胡先生真不愿意再活下去。"

1934 年 3 月 1 日出版的第 1 卷第 2 号,刊载了 22 篇作品。1934 年 3 月 16 日出版的第 1 卷第 3 号载有 18 篇作品。在体量不变的情况下,篇数较创刊号明显增加,表现了编者在题材和形式上意图创新的努力。

《天下篇》虽然是综合性文化杂志,但其作为新文学的一部分,不同

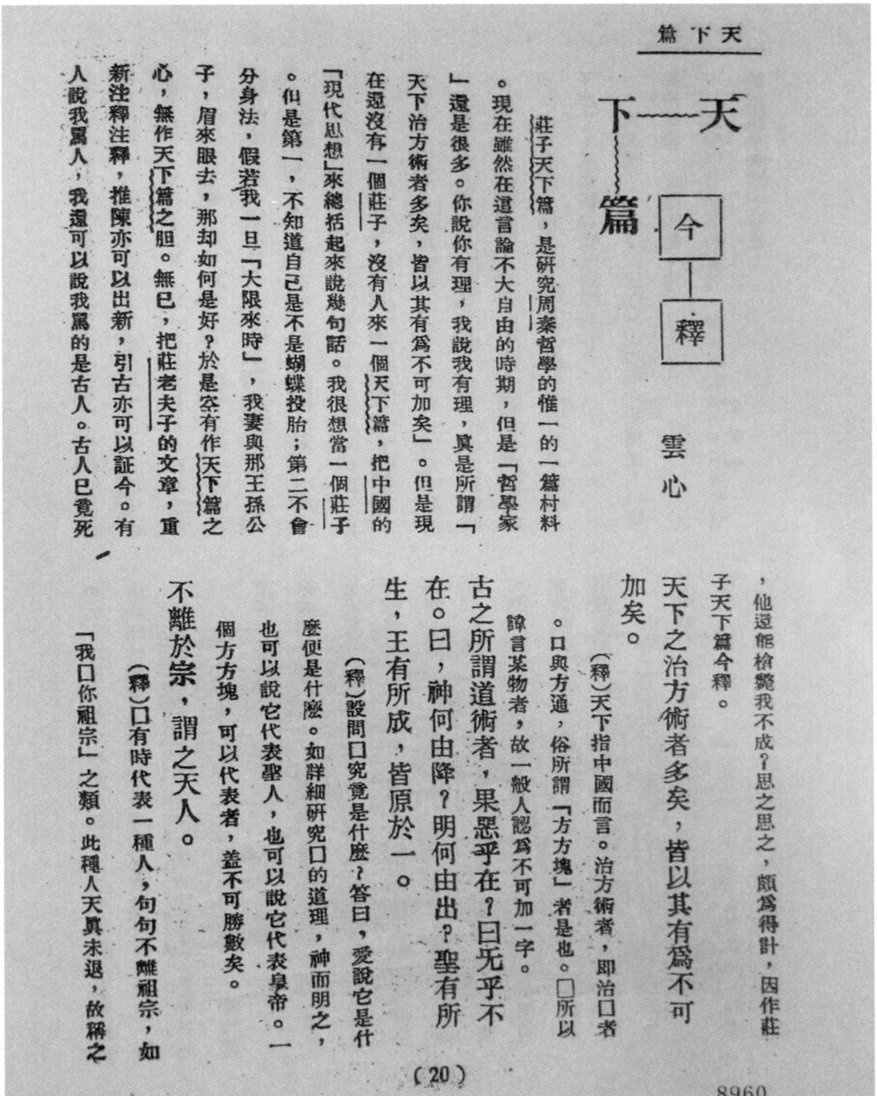
天下篇

天下篇——今释

雲心

莊子天下篇，是研究周秦哲學的惟一的一篇村料。現在雖然在這言論不大自由的時期，但是「哲學家」還是很多。你說你有理，我說我有理，眞是所謂「天下治方術者多矣，皆以其有爲不可加矣」。但是現在還沒有一個莊子，沒有人來一個天下篇，把中國的「現代思想」來總括起來說幾句話。我很想當一個莊子。但是第一，不知道自己是不是蝴蝶投胎；第二不會分身法，假若我一旦「大限來時」，我妻與那王孫公子，眉來眼去，那却如何是好？於是空有作天下篇之心，無作天下篇之胆。無已，把莊老夫子的文章，重新注釋注釋，推陳亦可以出新，引古亦可以証今。有人說我罵人，我還可以說我罵的是古人。古人已覺死，他還能檢驗我不成？思之思之，頗爲得計，因作莊子天下篇今釋。

天下之治方術者多矣，皆以其有爲不可加矣。

（釋）天下指中國而言。治方術者，即治口者。口與方通，俗所謂「方方塊」者是也。口所以諱言某物者，故一般人認爲不可加一字。

古之所謂道術者，果惡乎在？曰旡乎不在。曰，神何由降？明何由出？聖有所生，王有所成，皆原於一。

（釋）設問口究竟是什麽？答曰，愛說它是什麽便是什麽。如詳細硏究口的道理，神而明之，也可以說它代表聖人，也可以說它代表皇帝。一個方方塊，可以代表者，蓋不可勝數矣。

不離於宗，謂之天人。

（釋）口有時代表一種人，句句不離祖宗，如「我口你祖宗」之類。此種人天眞未退，故稱之

（20）

8960

《天下篇》发表报人吴云心的作品

于游艺类的通俗杂志,自有其独特的价值和地位。首先,杂志聚集了一大批文化名人,如宫白羽、吴云心、吴微哂等,在当时均为著名的报人和作家,他们的作品自然为《天下篇》增色不少。其次,继《南金》《一炉》而外,《天下篇》的出现,传承了天津的文学史的优良传统,为培养文学创作者队伍搭建了平台。

承上启下的《一炉》半月刊

《一炉》是由王永清于 1930 年 4 月 1 日在天津创办的文艺性半月刊，由著名报人吴秋尘任编辑。社址在法租界基泰大楼。基泰大楼即是位于今滨江道 109—123 号的滨江旅馆。该楼占地面积 2100 平方米，由基泰工程司关颂声、杨廷宝设计。大楼中部五层，两端四层。首层为商业店铺，设有中二楼。二层以上为办公房或出租用房。主要入口上边为过街楼，二层设主楼梯和电梯直通顶层。基泰大楼为砖混结构，灰土垫层，钢筋混凝土条形基础，钢筋混凝土柱基，由砖墙和钢筋混凝土柱承重。该楼主立面对称，用疏密相间的砖砌壁柱与大面积清水墙形成凹凸变化。再用青红砖组砌成圆形、方格和交叉等花饰。女儿墙使用古钱形混凝土镂空花饰，从而创造出比较好的阴影效果。大楼主要入口的体量向里凹进，用两对绞绳柱以承

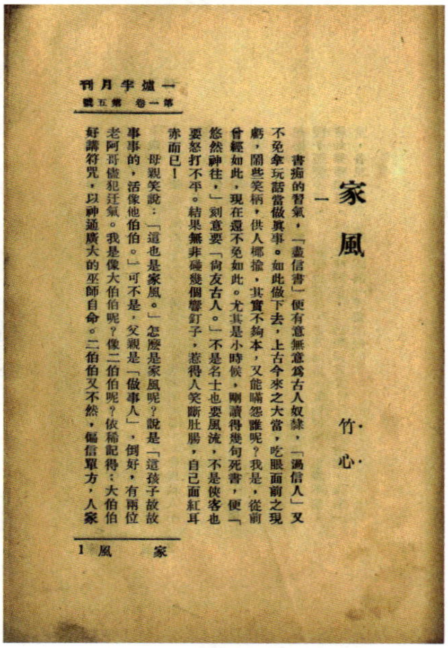
一爐半月刊　第一卷第五號

家風　竹心

書痴的習氣，「盡信書」便有意無意爲古人奴隸，「過信人」又不免拿玩話當做眞事。如此做下去，上古今來之大當，吃眼面前之現虧，鬧些笑柄，供人揶揄，其實不夠本，又能瞞怨誰呢？我是，從前曾經如此，現在還不免如此。尤其是小時候，剛讀得幾句死書，便「悠然神往，」刻意要「尙友古人。」不是名士也要風流，不是俠客也要怒打不平。結果無非碰幾個響釘子，惹得人笑斷肚腸，自己面紅耳赤而已！

母親笑說：「這也是家風。」怎麽是家風呢？說是「這孩子故故事事的，活像他伯伯。」可不是，父親是「做事人」，倒好，有兩位老阿哥儘犯迂氣。我是像大伯伯呢？像二伯伯呢？依稀記得：大伯伯好講符咒，以神通廣大的巫師自命。二伯伯又不然，偏信單方，人家

家風　1

《一炉》发表竹心的《家风》

托半圆筒券，筒券内顶为黄色方格。

《一炉》为 32 开本，每期 50 页，大约有 30 篇文章，包括散文、随笔、诗歌和短篇小说，另刊有书画、篆刻作品，在内页夹有少许广告。从笔者收藏的第一卷第五号目录得知，《一炉》的作者大部分为《东方时报》文艺副刊《东方朔》(主编亦为吴秋尘，1928 年休刊)的原班人马，如吴云心、吴微

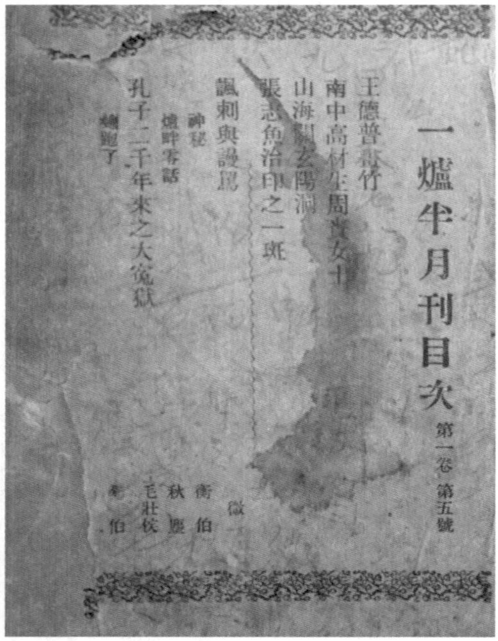
一爐半月刊目次 第一卷 第五號
南中高材生周賓女士
山海關玄陽洞
張志魚治印之一斑
諷刺與謾罵
神秘
爐畔零話
孔子二千年來之大冤獄
微一
衡伯
秋塵
毛壯侯

《一炉》目录

哂、宫竹心、徐凌影等，还有徐凌宵、毛壮侯等知名人士。

《一炉》虽然出版不到半年，但在天津文艺刊物出版史上，却有着很高的地位。据吴云心先生《抗战前天津文艺界杂忆》(见《吴云心文集》)一文，天津虽为大城市，但抗战前文艺事业并不发达，这从文艺性刊物的出版状况可见一斑。王余杞的《当代文艺》，是罕见的大型文艺刊物。除此之外，还有《一炉》和 1934 年出版的《天下篇》。可见，作为团结文艺青年的一个沙龙，《一炉》是抗战前少有的文艺期刊之一。

关于《一炉》的特点，吴云心认为，该刊物不是单纯的文学刊物，其文

章在新旧之间具有承上启下的作用。吴云心的第一篇短小说《复仇》刊载在《一炉》第1卷第4号上，而没有发表在吴云心当时主持的《益世报》副刊上，足见这个刊物在吴云心心目中的重要地位。

值得一提的是，在《一炉》第1卷第5号上，刊载了白羽的早期传记文学作品《家风》。这篇回忆性随笔，足有5000字。在这篇文章中，白羽以一贯的幽默笔法，向读者介绍了自己的“家风”。白羽一家有什么样的“家风”呢？“不是名士也要风流，不是侠客也要怒打不平”这是白羽对自己孩提时代的自画像，而这个样子用其母亲的话说：“这也是家风”。

据《家风》叙述，白羽有两个伯伯，白羽小的时候，大伯会降仙捉妖，画符治病。二伯“偏信单方”，也能治病救人。白羽堂兄行伍出身，但识字无多，仅略视了几本“三国演义”，便张口闭口引经据典，什么六出祁山了，什么三气周瑜了。堂兄的儿子、白羽的贤侄，乳名“大傻子”，其行止“概可知已”。因此，“一家有这么几个人，直惹得父亲摇头，母亲穷笑”。“祖母在日，更指着一个个的鼻头，痛骂不已”。

在《家风》里，有一段白羽学算命的记载。一位远亲王二嫂因夫妻打架常常犯昏厥病，有一天又昏死过去。白羽亲眼见过，大伯只用铁锥在她鼻角狠扎一下，二嫂顿时便哎哟一声跳了起来。从此，只要大伯在场，即使没有锥子，二嫂再也不会再犯昏厥病了。由于大伯有“内功”，所以白羽对自己的大伯很是服气。大伯对白羽也颇为喜爱，常把不许人动的红葫芦和宝剑等算命用的法器挂在白羽身上，并收白羽做了徒弟。此后，还是个七八岁孩子的白羽天天跟着大伯磕头打坐，逛庙行香。但这件事儿被祖母发现了，大伯被祖母痛骂一顿：“你疯疯你的罢，别作践我的孩子。”

《一炉》半月刊诞生在这座具有文物和历史风貌建筑双重保护价值的建筑物里，使这座建筑物平添了许多文化内涵。而《家风》作为传记作品，文法风趣、幽默，具有大家风范，说明白羽的文字功底在当时已很厚实，展现了这位北派通俗小说大家的另类风采。尤其是有关白羽的一些陈年往事，是他的自传体《话柄》中所没有的。因此，值得好好研究。

《文津》与“经济读书会”

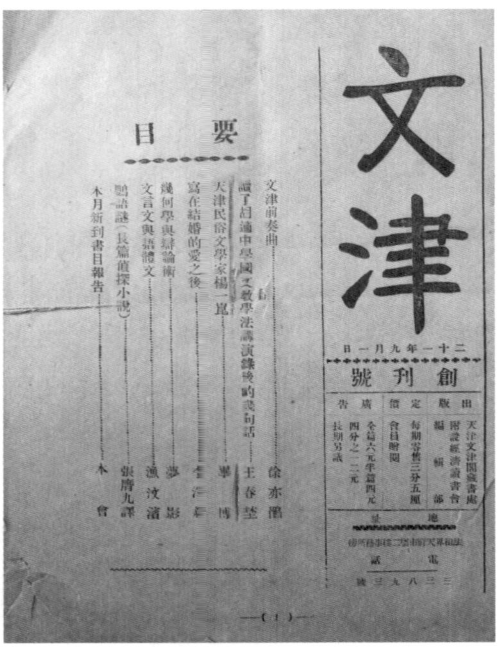
文津

二十一年九月一日

創刊號

出版：天津文津閣藏書處附設經濟讀書會編輯部

定價：每期零售三分五厘；會員贈閱

廣告：全篇六元半篇四元四分之一二元；長期另議

電話：三二八九三號

要目

文津前奏曲

天津民俗文學家楊一崑

寫在結婚的愛之後

幾何學與辯論術……夢影

文言文與語體文

鸚語謎（長篇偵探小說）……張膺九譯

本月新到書目報告……本會

《文津》创刊号

《文津》创刊于 1932 年 9 月 1 日，创办人为文津阁藏书处。文津阁藏书处是一家书店，地址在天祥市场二楼。该书店于 1932 年 9 月发起成立了“经济读书会”，同时创办了《文津》杂志。

《文津阁经济读书会发起揭旨》一文说，天津读书界平常感到最困惑的事有两件：一是经济，二是时间。中国的书籍浩如烟海，非个人力量所能购置。就是研究一种学问而所需要的参考书，倘将各种价目统计起来，亦会使你感到囊中羞涩。我们天津亦有图书馆了，但是有职业的人并没有工夫去看书。因为图书馆开放的时间，正是我们工作的时间，我们并不能在上班时间老去跑图书馆。文津阁附设经济读书会的成立，可有效解决读书人遇到的问题。

按照该会《简章》，凡是有兴趣读书或爱看小说的人皆可申请成为会员，短期会员每月会费一元，长期会员每六个月五元，每位会员须缴纳保证金二元。读书会收到会费与保证金后，即发给收据并注明会员号码，会员即可凭此收据向本会索阅书籍。读书会为减轻会员负担和奔跑之劳，每天上午八时至下午六时派专人为会员送书，每个会员换书以每日一种为限。凡有新书出版，读书会尽先购置。每购入一书即行编入目录，并随时将新目录印入《文津》“新至书目栏”内。此外，凡会员向文津阁买书，均按门市价再打九五扣，并每月免费赠阅《文津》月刊。

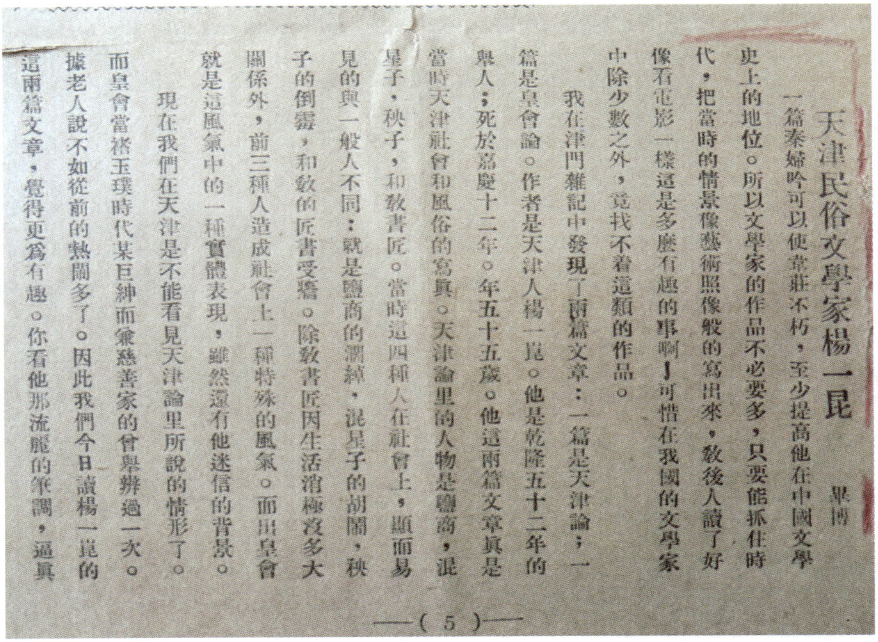

天津民俗文學家楊一昆

畢博

一篇秦婦吟可以使韋莊不朽，至少提高他在中國文學史上的地位。所以文學家的作品不必要多，只要能抓住時代，把當時的情景像藝術照像般的寫出來，敎後人讀了好像看電影一樣這是多麼有趣的事啊！可惜在我國的文學家中除少數之外，竟找不着這類的作品。

我在津門雜記中發現了兩篇文章：一篇是天津論；一篇是皇會論。作者是天津人楊一崑。他是乾隆五十二年的舉人；死於嘉慶十二年。年五十五歲。他這兩篇文章眞是當時天津社會和風俗的寫眞。天津論里的人物是鹽商，混星子，秧子，和敎書匠。當時這四種人在社會上，顯而易見的與一般人不同：就是鹽商的濶綽，混星子的胡鬧，秧子的倒霉，和敎的匠書受窮。除敎書匠因生活消極沒多大關係外，前三種人造成社會上一種特殊的風氣。而出皇會就是這風氣中的一種實體表現，雖然還有他迷信的背景。

現在我們在天津是不能看見天津論里所說的情形了。而皇會當褚玉璞時代某巨紳而兼慈善家的曾舉辦過一次。據老人說不如從前的熱鬧多了。因此我們今日讀楊一崑的這兩篇文章，覺得更爲有趣。你看他那流麗的筆調，逼眞

—（5）—

《文津》载关于杨一昆的文章

关于创办《文津》的初衷，徐亦鹃在《文津前奏曲》(代发刊词)中，以饱满的热情作了诠释。在该文作者看来，自从九一八事变一声炮响，惊醒了梦中沉酣的战士。中国仿佛也已由朦胧转到清醒。当这个危急时代，提倡读书表面看来似乎是次要的事，但“读书不忘救国，救国不忘读书”。人不

怕知识不丰富，只怕不肯读书。只有你有了充足的学识以后，才有可能再做进一步的救国工作。文津阁经济读书会产生在这等时代社会状况下，本不敢希望收到多大的效果，只是很微小的志愿："一方面使读者节省经济与时间，一方面提倡读书的兴趣。《文津》月刊也便是奔此目标前进！"

《文津》创刊号上刊有署名毕博的《天津民俗文学家杨一昆》一文，对这位天津文人给予很高评价，认为他的《天津论》《皇会论》是"当时天津社会和风俗的写真""他那流利的笔调，逼真的描写，将社会背景和盘托出，真教你如闻其声，如见其人。"该文另附录了完整版的《天津论》《皇会论》，客观上保留了天津地方文献，为我们进行相关的对比研究提供了有价值的史料。

吴秋尘指导《新妇女》创刊

《新妇女》刊影

《新妇女》是一本以妇女生活为主的综合性文艺杂志，社址在河东特别二区兴隆街。创办于1935年3月10日。每周六出版一期，全年共50期，16开本，每期13页。附设《医药常识》，附于正文之后独立成篇，每期15页左右。

关于办刊过程，编辑部在创刊号上作了说明："本报最庆幸不过的一件事，是在未发刊之前得到了新闻界名宿吴秋尘先生和阎树吾先生降驾本社一次。我们本来和吴先生有过一面之识的，记得那时是在《华北新闻》（编辑部）吧，到现在很久了。吴、阎两先生到本社来串门以后，经阎先生又在他们的《益世报》'社会服务'里写了一篇文章，同时附带指给我们一条可走的路，这自然要敬谨接受地遵循着，一直达到我们的目的。我们和吴、阎二先生的使命既然相同，不但我们很感激吴、阎二君的盛意，而更热望着吴、阎两先生今后能够给予我们一个充量的协助！”

（五）

張伯苓博士
舉行三十五年結婚紀念

天津南開校長張伯苓，因昨日為與夫人王淑貞女士結婚三十五年紀念，特柬邀平津各名流夫婦三百對，昨日下午二時半，在天津南開女中大禮堂舉行盛大茶會，據張伯苓先生語人，彼對淑貞夫人有三點感謝意見：一，為舊式家庭中[illegible]知處法；二，教育四子之成績；三，四十年來給予個人之安慰。昨日下午六時，張氏在天津法租界登瀛樓大宴來賓，到平津名流周大文、張廷諤，[illegible]道豐，劉爾和，魏鑑，[illegible]，殷同，[illegible]等五百餘人云。

異性社交與戀愛的問題

《新妇女》内页

《新妇女》设画刊、漫画、文坛、新闻纪事、商业介绍(广告)、小说连载等栏目。“文坛”栏目，属于杂志的主打栏目，主要针对妇女教育、职业、婚姻、贞操、社交、女权、家庭及育儿等方面问题，提出解决问题的思路和意见。“新闻纪事”栏，主要刊载社会新闻、名人动态等内容。如第一期载《张伯苓博士举行三十五年结婚纪念》，对于研究张伯苓生平具有一定的资料价值。《新妇女》对新发生的妇女事件颇为关注。如著名电影明星阮玲玉自杀之后，该杂志在第二期头版便发表了意见，题目是《阮玲玉之死》。阮玲玉嫁给富商子弟张达民之后，因张达民在港经商，便移情别恋与华侨富商唐季珊发生爱恋进而同居，结果被张达民逼迫自杀(张达民曾诉阮玲玉伪造文书侵占盗窃等罪，并诉唐季珊、阮玲玉通奸等罪)。与同情阮玲玉的呼声不同，编辑部的作者认为，“花园邂逅就可以马上同居，丈夫经商就可琵琶别抱，我们实在不能对阮小姐表同情。”

《新妇女》自创刊号至第五期，连载了署名“晓虹”的长篇小说《自杀之后》。这部小说被冠以“潮流小说”，就笔者理解应当就是我们常说的社会小说。一位壮年男子坐火车到天津卫寻找自己的老婆，在天津总站下车后，已是日暮黄昏，恰赶上一位女子跳水自尽，被这个男子所救。他带着岗警来到了出事的水池边，但除了一只鞋子什么也没有。原来，这个女子被救之后，很快就被家人发现并抬到附近的家里了。男子离开车站来到了附近的五马路，巧遇当佣人的老婆——小奎的妈。可是，他老婆风急火燎的，根本顾不上他。她告诉老公稍等一会儿，处理完事情马上回来找他。不久，他老婆果然回来找他，他问老婆什么事比老公还重要。他老婆把实情告诉了老公。原来，她所在的华公馆是一大户人家，老爷子准备把自己的女儿嫁给官宦人家，但大少爷坚决反对，大小姐被迫跳河。当家人得知大小姐被好心人救了之后，就指派小奎的妈和其他佣人去寻找救命恩人，真是无巧不成书，这位救命恩人恰恰就是小奎的爸爸——这位壮年男子。

《新妇女》是少有的妇女杂志，其对妇女生活引领作用还是很明显的。尤其是有关妇女的常见问题，都能在这个杂志上加以讨论。一些有关妇女的热点问题、热点事件也能够在文艺作品中得到反映，从这点上看，这家杂志还是可圈可点的。

接地气的《新开月刊》

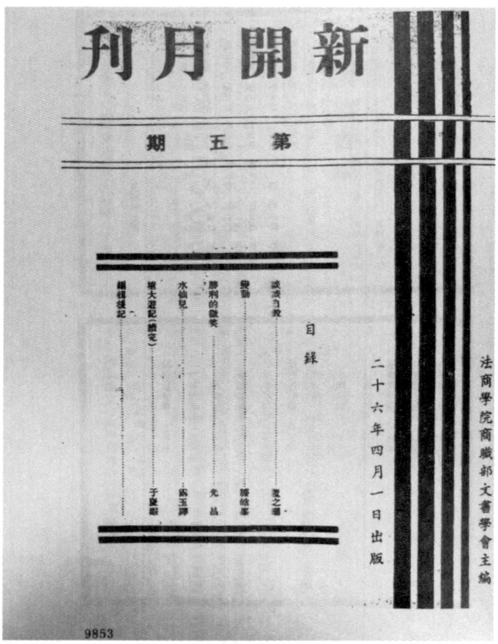

《新开月刊》刊影

《新开月刊》是一份综合性文艺杂志，1936 年 10 月 1 日创办。16 开本，每期 18 页。由法商学院商职部文书学会编辑，主编周宝璞。印刷者为大公报馆。

该刊设有论著、文艺和杂俎三个专栏。在“论著栏”，曾连载李傅诚的《河北省宁河县农村概况》一文，对该县地理、民俗、物产、市场及教育状况作了详细调查，对研究宁河县(今宁河区）历史无疑提供了基础资料。王嘉铭的《芦盐调查》，是一篇杂俎，作者详细介绍了长芦盐业发展的历史过程及产地、品质、税率、出口等情况，呼吁“斩断帝国主义资本势力所加于中国盐业的桎梏”。于庆嘏的《塘大游记》是一篇游记体散文，作者以游人身份考察了大沽船所、渤海公园(大沽炮台)等景观。

在作者笔下,渤海公园“是萧市长的唯一的德政”“园内并没有什么,除了新栽的千株树而一颗也没活以外，毫无一点东西可以衬起公园这两个字。两个炮台分立在南北,外形也相当整齐,据说这是修好了的,不是从前的那个破乱的样子。又有人说,萧市长修这个公园的目的就是为修这个炮台,以作纪念”。

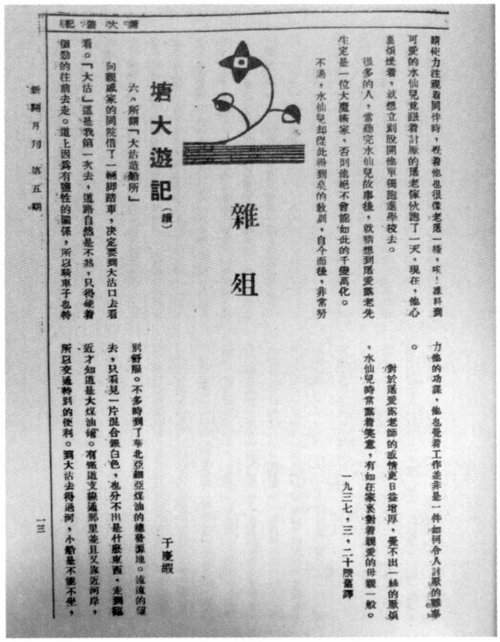

睛使力注視着同伴時，想着他也很像老羅一樣，咳！誰料到可愛的水仙兒竟跟着討厭的羅老傢伙跑了一天，現在，他心裏煩燥着，就想立刻脫開他單獨跑進學校去。

很多的人，當聽完水仙兒故事後，就猜想到羅愛露老先生定是一位大魔術家，否則他絕不會能如此的千變萬化。

不過，水仙兒卻從此得到莫的教訓，自个而後，非常努力他的功課，他也覺着工作並非是一件如何令人討厭的勝事。

對於羅愛露老師的感情更日益增厚，覺不出一絲的厭煩，水仙兒時常露着笑意，有如在家裏對着親愛的母親一般。

一九三七，三，二十陳奮譯

雜組

塘大遊記（續）

于慶嘏

六、所謂「大沽造船所」

向親戚家的同院借了一輛腳踏車，決定要到大沽口去看看。「大沽」還是我第一次去，道路自然是不熟，只得硬着頭勁的往前去走。道上因爲有鹽性的關係，所以騎車子也特別舒服。不多時到了華北亞細亞煤油的總發源地。遠遠的望去，只看見一片混合銀白色，也分不出是什麼東西，走到臨近才知道是大煤油罐。有鐵道支線通那里並且又緊近河岸，所以交通特別的便利。到大沽去得過河，小船是不能不坐，

新開月刊 第五期

一三

《新开月刊》内页

《新开月刊》的文艺作品比重还是相当大的，在第 7 期中累计刊载 27 篇作品，包括小说、随笔及新体诗。其中,滕皓华的《变动》是一篇以渔民抗税为主题的现实题材的中篇小说,分 3 期连载。东田庄是濒海的渔村，自康熙年间村民就以打鱼为生。民国十八年(1929)以前，由于村民能够到远海打鱼，所以村民生活一直处于小康水平。但最近几年,由于苛捐杂税以及海盗骚扰，渔船出不了海,村民生活陷入困境。省政府曾经发令,减除渔民的税赋,但在东田庄村,因为包税员赵四与县府老爷勾结,仍然继续征税。村民们在乔五爷、刘子兴等人的带领下,与赵四一伙进行了斗争。村民集合起来向赵四讲理,却被赵四的打手用枪打伤,由此引发了激烈冲突。愤怒的村民奋起反抗,把镖师和打手们制服,而后又把赵家大门砸开,“大家把各屋名贵的物件,如装饰品、衣服等抢毁的抢毁,摔打了一空,瓷器的摔声,衣服的拧撕裂声,充满了赵宅内”。接着又把赵四的房屋弄塌,愤怒到极点的村民又把包税的赵五、赵八等几家也给打砸了。暴动发生后,姜县长亲自到东田庄视察,由于姜县长与包税

官狼狈为奸，引起了村民的愤怒，村民把县长和护兵也都打得落荒而逃。过了两日，省府下达命令：撤销姜县长的职务，村民抗税暴动终于取得了胜利。

在文艺作品中，新诗也占有重要地位。寿山的《春》是一篇抒发青年对春天之向往的新体诗："一片浓绿，阵阵异香，明月下，只有我一人对景惆怅，对影惆怅——惆怅。野外苍松，大地上满铺了绿草黄花，一片浮云，几缕晨辉。啊！我已在春之怀抱中了！我喜春，喜恨都由我。他匆匆地来，又匆匆地去，我只有默默的收受了。"如果说《春》还只是青年人的浅吟低唱和自我陶醉，那么荫华的《奋起》则体现了在民族危亡的时刻，青年人奋发向上的积极态度："悲秋深寒里，无垠沙漠地，风飕飕，尘密密，沙满天黄人烟稀。心控内，充塞怨和愁，怨恨命运的卑。牛马劳苦无所希，但是，现今——为了祖国的利益，消散了已往的愁怨闷气，奋起！奋起！塞外男士的我，热血狂沆，浩气冲怒，紧握锋锐的武器，挺战在风雪严寒里，还加瓦斯毒气。决灭倭奴的踪迹，驱剪毒染的阶霾，大好山河从头收拾起，奠定中华永存的磐基。"

作为校刊，《新开月刊》无论是它的游记，还是文艺性作品，都体现了强烈的现实性和时代特色，是一本很接地气的杂志。

面向青年的《野烟三周报》

《野烟三周报》是一本纯文艺杂志，创刊于 1934 年 10 月 29 日。社址设在天津老城内户部街乡祠东 8 号。32 开本，每期 30 页，每卷 8 期。

创刊号上的《自剖》一文，写了创办这个杂志的目的："一方面是要使我们对于文艺的爱好多加一点确实的鼓励和经验，一方面是要使在同样环境中的青年得一个新朋友。"为什么会取这样一个名字，是"因为她轻淡得如同一片烟，又因为她是不规矩的，自由的，于是'野烟'这名字就被我们取用了"。

《野烟三周报》刊影

据《编后言》一文，杂志的作者都是青年，"具有青年所有的特点，有着泄不出的热、力和爱。他们不多说话，他们能忍耐，他们的作品就是对他们一点的介绍。那里蕴含着他们的思想，意志，他们内在的力量和他们的悲哀"。

该刊刊登的向宸的《幻灭》，是一部短篇小说。反映的是农村小伙子娶媳妇的故事。王老成在家里种地，哥哥在外地经商。王老成原以为自己兢兢业业，会得到父亲的宠爱。但他做梦也想不到，父亲竟然给十二年在外地经商而不曾写过一封家书的哥哥娶了媳妇，而自己的理想因此而幻灭。这部小说篇幅不长，但作者却用清新细腻的笔触，真实地再现了民国时期农村的社会生态，作品对稻田、小河以及丰收景象的描绘和对民俗的记述，对于了解七八十年前的乡村还是具有认识意义的。

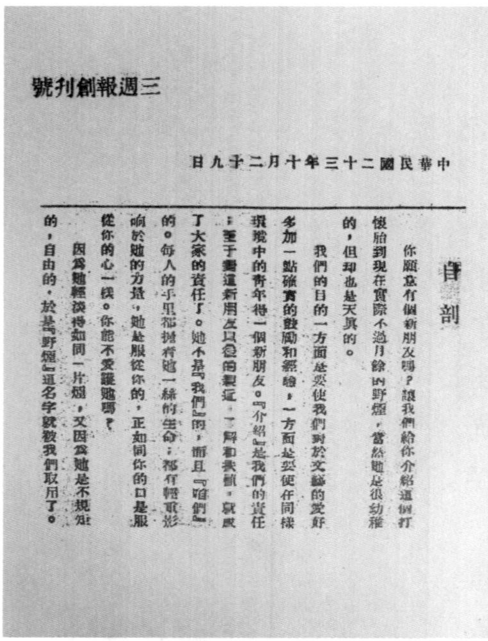
三週報創刊號

中華民國二十三年十月二十九日

自剖

你願意有個新朋友嗎？讓我們給你介紹這個打懷胎到現在實際不過月餘的野煙，當然她是很幼稚的，但却也是天真的。

我們的目的一方面是要使我們對於文藝的愛好多加一點確實的鼓勵和經驗，一方面是要使在同樣環境中的青年得一個新朋友。『介紹』是我們的責任；至於這新朋友以後的[illegible]，了解和表揚，就成了大家的責任了。她不是『我們』的，而且『咱們』的。每人的手里都握有她一條的生命；都有輕重影响於她的力量，她是服從你的，正如同你的口是服從你的心一樣。你能不愛護她嗎？

因為她輕淡得如同一片煙，又因為她是不規矩的，自由的，於是『野煙』這名字就被我們取用了。

《野烟三周报》发刊词

司匐的《先把我的记忆遣去吧》《今天你从我的身边走过》是两首新体诗。前一首是对青春即将逝去的惋惜，表达了作者对青春的怀念：“我不怕我那失去青春的枯脸儿，我不怕人笑我那颤摇的躯干，我只唯恐不自主地想起了青春时的追逐、相遇、单恋……”后一首是爱情诗，作者幻想着自己得到恋人的回报，但却令自己失望：“今天你从我的身边走过，我用求恕的眼光向你望着。但是你却只淡漠地过去了，过去了，剩下我低叹声奈何？我本来怕遇见你，因为我怕受你眼睛一瞬间的谴责。”“过去了，你遗下一朵微笑，几瓣娇声，一片淡寞。过去了，剩下我独自低叹声奈何？天呵，三年的岁月怎能算不多，但你仍没有看见我，当今天你从我的身边走过。”

还有著名作家靳以的《我们的猫》，是一篇随笔。这只猫给生活添了不少乐趣，在作者笔下，这只突然闯到家里的野猫是有灵性的，就像一个活泼的小孩子。“它除开了傍在火炉边酣睡之外，有的时候是跑着跳着，把窗台上放着的杯子还翻碎了两只。有的时候我们在调弄它，它就如意地跳着，时常我们没有那闲暇，它却跳上了书桌，用它的鼻子来顶着正在书写的笔，也许还要卧下来，在纸上或是书上。”“在它最感觉兴趣的，怕就是蹲在窗台上，把头伸在窗帘之外，隔了玻璃看着窗外的景物——那里正有两只肥猪一样的小狗在互咬着，翻着筋斗呢！它却是悠然地望了，它知道它们不能来加害它。”但作者认为：“有多少人说过在家畜中，猫是最无情的，想着跑来的时候，只是点肝拌饭就使它安然地住了下来，便想到这种说法不尽然是无据的了。”作者对生活观察很细腻，文字也很流畅清新，不愧为大家的笔墨。

作为纯文艺杂志，《野烟三周报》具有几个突出的特点。一是刊载了大量的接地气的短篇小说，尤其是反映农村社会现实生活的小说，如《幻灭》《老天爷在上》《魔力》等，具有重要的认识价值。二是刊载了大量的反映上流社会的文艺作品，如《傀儡》《修花匠》等。三是刊载了面向青年作者的诗作和小说。《野烟三周报》为培养“无名作家”搭建了平台，这一点非常难得。

天津邮票会与《天津邮刊》

《天津邮刊》创刊号

《天津邮刊》由天津邮票会创办于1940年3月，社址在天津英租界二号路远东村4号，主编李东园。据《天津邮票会通告》，“兹经理事会议决，本年度拟出天津邮刊6期”。也就是说，《天津邮刊》是一个不定期杂志，自3月至12月，9个月里拟出刊6期。

天津邮票会是一个集邮组织，成立于1940年1月。会址在天津英租界中街新泰兴洋行内。关于为什么要成立这个组织，张伯江在《本会成立纪略》一文中作了解释：天津本为通商巨埠，人文荟萃之区，“年来津市集邮之风日炽，同志虽多，平日缺少联络，致邮识未能互相贯通，同志每谈及于此无不引为憾事。”为此，雷润、李东园、范兰如、冯国栋、宋慧泉、张伯江等集邮爱好者，共同发起成立了天津邮票会。推举雷润担任会长，李东园任副会长，另设六个部，分别是：会计部主任张伯江，审查部主任孙宝林，拍卖部主任冯国栋，出版部主任柯曼廷，交际部主任范兰如，编辑部主任由李东园兼任。

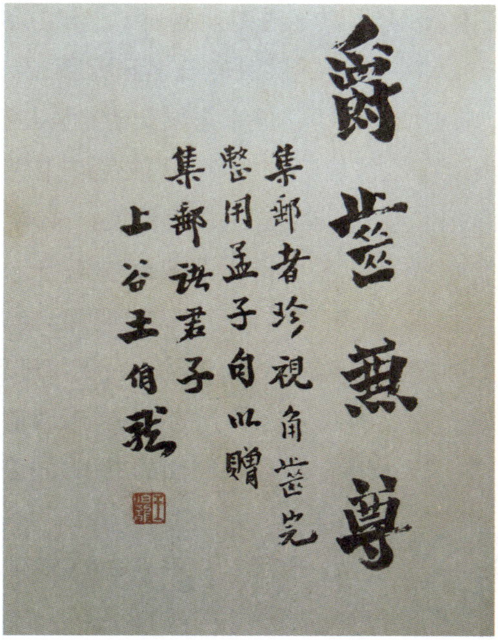

《天津邮刊》名家题词

虽然天津有了自己的集邮组织，但与上海等南方城市相比，天津仅是刚刚起步，尚有很多工作需要做，如开展学术交流、举办专家讲座及邮票展览等，创办《天津邮刊》就是这个组织努力的一部分。

《天津邮刊》创刊号为 32 开本，共计 32 页。所刊载的文章有《本刊例言》《卷头语》《我们的封面》《本会成立纪略》《天津邮票会通告》《本会成立感言》《编者小言》《邮票百周纪元回忆录》《邮海拾珠》《箱主邮话》《集邮之我见》《继鹤斋藏邮散记》《变体漫谈》《本会首次拍卖记盛》《邮海消息》《华邮译篇》等，这些文章涉及范围非常广，内容也相当丰富。尤其是有关集邮历史文化方面的文章，以及所刊发的珍邮、珍品的图片，代表了天津集邮界的收藏、研究水平。另该刊开设了征求栏、拍卖栏及读者邮箱栏，为集邮者进行交流、交易提供了平台，这无疑增加了该杂志的实用性和生命力。

与其他期刊不同的是，《天津邮刊》的封面是由李东园亲自设计的。本来，刊务部主任柯曼廷认识一些专业画师，这其中包括给《十二金钱镖》《情海归帆》等畅销小说绘制封面的著名画家朋弟，若请朋弟绘制封面，一定会给这家杂志增色不少。但李东园认为，“画封面的人才，不一定有邮识，若没有邮识，怎么能够画出有意义的封面呢！”于是，这项工作只能由李东园自己承担。经过大半天工夫，居然设计成功，受到会员们的肯定。这个封面，“第一个，我先把世界邮票的祖师爷（世界上第一枚邮票——英国黑便士邮票）给请了来，做了我们刊物的上宾，给我们增点光荣。”1940年，第一枚邮票刚好诞生100周年，在天津邮票会成立伊始，把这位“祖师爷”请来，“方显得我们这邮刊的意义伟大，富于饮水思源之意呢！”“第二，我们用了天津的邮戳印在封面的右下角，表示这个封面含有集邮的趣味很深。”

1941年1月，也就是在《天津邮刊》创刊一周年之际，《天津邮刊》出版了封面为红色的纪念专号，学界名流金息侯、王伯龙、陈微尘等纷纷题词祝贺。天津邮票会还于1月5日在法租界巧佳饭店，举行了隆重的纪念大会，社会各界名流及邮票会会员70余人参加了活动，这在天津集邮历史上堪称盛举。

科普读物《每月科学》

《每月科学》刊影

《每月科学》是民国时期天津出版的第一本综合性科普杂志，创办于 1941 年 5 月，由孔赐安任主编。编辑部成员有张君孚、步志远、李念惠、朱祖贤等。社址坐落在天津盛茂道 96 号。该刊标榜政治独立，以繁荣科学，促进经济，推动文化交流为宗旨。

《每月科学》以其内容丰富，综合性强，形式活泼，并以其倡导科学精神而独树一帜，在众多报纸杂志中脱颖而出。

该刊的最大特点是他所倡导的科学精神。这一方面体现在全部科学内容上，另一方面，该杂志还将科学口号，以对联形式刊发在每一页的上方。其中的口号涉及政治经济、生产技术、婚姻家庭、生活方式等不同层面。如“振兴建国大业，激扬科学精神”“革新日常生活，崇尚勤俭精神”“改良农业技术，推行科学增产”“推行保健运动，普及医学常识”“实践廉洁自爱，励行勤俭节约”“戒绝吃喝嫖赌不良嗜好，焕发仁义礼智伟大精神”，等等。

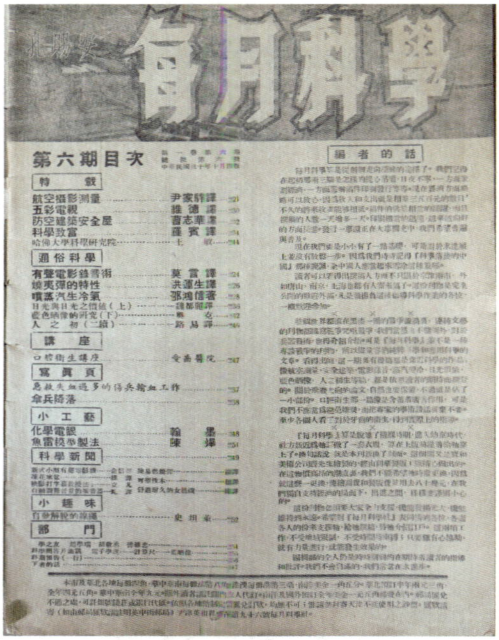

《每月科学》目录

该刊的第二个特点是栏目、内容的丰富广博。栏目有通俗科学、趣味科学、电影技巧、青年科学园、世界珍闻、农业增产、工艺增产、科学之友等。内容涉及天文、地理、化学、摄影、工业、农业、军事等广泛领域。许多篇章介绍的都是当代科学最前沿的东西。如《看穿原子眼睛》，介绍当时认为最小的物质世界——原子；《细菌兵器》向人们描述了随时随地可以杀人的细菌武器。一篇由李万浦撰写的《碱地改良法》，利用化学、物理等方法，向人们介绍了包括淡水冲洗法、蓄淡渗透法在内的八种治碱方法，对于盐碱地大面积存在的北方具有现实意义。

该刊的第三个特点是图文并茂。该刊封面都是各种机械设备的彩色照片，给人以不同凡响的感觉。每篇文章均配发一张到数张不等的照片或者图案，用以佐证文章的内容。每一期杂志中间夹杂着四张彩色附页。均为当代各种生产、生活及军事领域所使用的机械设备的照片。既可长见识、又可开眼界，对于推动手工社会向机械社会的转变，无疑具有重要的启迪和普及作用。

在该刊上出现过许多著名作家及文学作品。除报人孔赐安外，著名作家、翻译家和报人劳荣(原名李守先),也曾担任过该刊编辑。劳荣自1938年起,先后任天津《华北明星报》校对员,《大公报》英文翻译兼副刊编辑,《每月科学》《科学杂志》编辑。1949年1月随解放军重新进入天津,与著名作家方纪、孙犁等一起,参与了《天津日报》的创办,先后任副刊组编辑、组长等。1949年7月,他参加了中华全国文学艺术工作者代表大会,成为全国文学工作者协会的第一批会员。20世纪60年代,他被调到天津市文联,任《新港》文学杂志编委、副主任等职。还有一位作者是报界名人徐凌霄。徐曾于1929年7月7日,在天津主办《大公报》副刊《国闻周报》,自第6卷第26期开始,设《凌霄一士随笔》专栏,逐期刊登掌故文章,一直连载8年。到1937年8月日寇侵华后的第14卷第31期为止。《每月科学》第3卷第8期,刊发徐氏翻译的《世界语的轮廓》一文,系统介绍了波兰人柴门霍夫博士创建世界语的过程,并阐述了世界语的特点及发音组词规律,使读者对这种语言的传播和使用有了初步的认识。这也是较早介绍世界语的文章,此前,著名作家周作人曾利用世界语进行翻译。

《每月科学》是少见的科普杂志,其中的文学作品不是主流。但其刊载的名家的杂文、随笔,一方面对研究上述作家生平与创作提供了珍贵史料,另一方面,在培养创作人才及保留文学作品方面,尤其是在繁荣天津的文学创作方面发挥了积极作用。

南开中学的校刊《天琴》

天琴
綜合性半月刊
中華民國三十七年四月二十日出版
本期要目
創刊的話
今夜的星光 正預示着明日的晴朗
由試刊到正式發刊
美國爲什麽要扶植日本?……顧明天
論現階段德國問題……陳萍
漫畫二幅
論教育危機
從學生立場看教育危機
看教育圖
研究與學風
城市小資產階級
談戀愛
團結就是力量!

《天琴》刊影

《天琴》是南开中学的校刊,1947 年 11 月 15 出版试刊号,1948 年 4 月 1 日起正式发刊。社址在天津市一区长春道 345 号。发行人杨坚白。试刊时为 32 开本,正式发刊时改为 16 开,计划为每月的 1 日、15 日出版两期,全年共 24 期。因纸张和印刷费用成倍增长,自第三期开始,缩短期数,并采取合并刊形式,连同 3 期试刊号在内,累计出版了 9 期。

据统计,在全部 9 期杂志中,累计刊载短篇小说 4 篇,均为罗基山的作品。中篇小说连载 1 部,即关津的《征兵》。诗歌载有安狄的《打柴的人》、沈衷拭的《可怕"诗"的跳越》、方北洒的《什么声音在呼唤》、罗汩的《给母亲》、沈衷拭的《散诗抄》等。

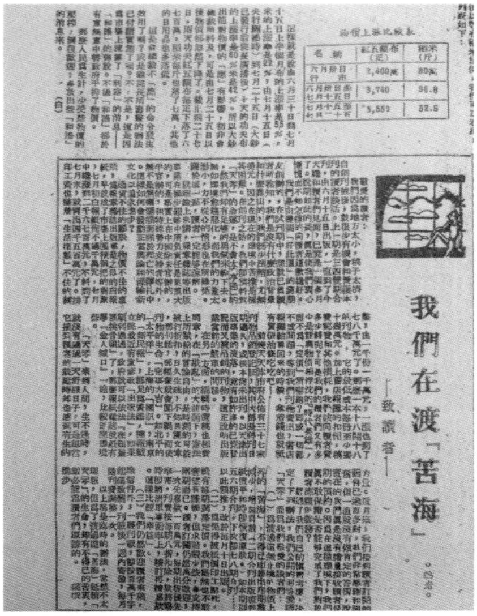
我們在渡「苦海」
——致讀者——

《天琴》内页

《大雷》是一部短篇小说，是罗基山的代表作。作者通过描写大雷老婆为领取配给粮而导致孩子死亡的故事，揭露了日本帝国主义侵略中国带来的灾难和痛苦。大雷的老婆为了领取配给粮，在瑟瑟发抖的冬夜，把不满一岁的孩子丢在家里。为了早点领回来，她曾试图插队，但被维持秩序的警察恶狠狠地打了几下。她没有办法只得回到队伍的最后去排队。但排了很长时间不见动静，因为她担心自己的孩子，在焦急中只得放弃配给粮，跑回家里看孩子。她在离家的时候，怕他醒来出危险，就把一根绳子绑在孩子腰间，待她回家的时候，这根绳子已经到了孩子的脖子上，而且孩子不知道在什么时候已经被勒死了。大雷的老婆做梦也没想到，为了领取配给粮把孩子的性命搭上了，自然万分痛苦。大雷打工回家，看到死了的孩子，一时激愤发疯似的跑到配给店默默地发狠。但当寒风打在自己身上的时候，他疯狂的内心顿时冷却下来。他在思考着是谁害了自己的孩子，是配给店？是自己的老婆？都不是。他想到自己的老婆陪着死了的孩子该是多么心痛，所以他急忙跑回家里。可是他的老婆在大雷出去不久，因为想不开在自己家中上吊自杀了，大雷痛不欲生。日本鬼子一来，“渐渐地中国人都吃不上米啊麦子的了，鬼子全拿去……他们要叫中国人受罪，这就来了‘配给’。中国人想活着，那么就得咬住牙去受苦，这么说，大雷老婆和孩子死亡于配给，还不正是鬼子弄的花样吗？”配给是日本侵略者造成的，是一种饥饿的毒刑。作品通过对大雷一家不幸遭遇的描绘，反映了日据时期中国人的悲惨生活，揭露了日本侵略者的罪行。

学生文艺创作的园地《吐露月刊》

《吐露月刊》创刊号

《吐露月刊》于1945年11月15日创刊，由市三中(原新学中学，成立后更名为十七中学)文艺研究社主编。16开本，每期13页。目前见到的只有创刊号和第二期。

据《创刊词》载，由于日据时期，学生们感到功课的“混乱、松懈和空洞”，于是几个同学便鼓起勇气来，打算出一个刊物，“把明明是浪费着的精神，放到有用的地方去”，但因学校压制而流产。不久，又打算把出刊改为壁报，然而学校还是不答应。学校认为“这不适于目前的局势”，也就是觉得不合时宜。学校对这几个同学百般刁难，甚至扬言要开除他们。但是，这并没有把他们吓回去，他们与学校理论。经过多次的交涉终于成功了，于是《三中半月刊》

的壁报出现在学校的墙上。抗战胜利之后，随着整个民族的解放，学校的政治氛围发生改变，于是这几个同学终于如愿以偿，把壁报改为出版物，并更名为《吐露月刊》。

关于为什么取名“吐露”，《创刊词》亦作了解释：“沦陷区的学生丢掉了舌头已经是很久了，漫长的八年中，我们总是‘默默’的，现在有许多站在台上，大作‘狮子吼’的人，说我们不够资格称为五大强国之一的国民。然而我们并不同意这种轻浮浅薄的说法。我们认为我们所以‘默默’，完全是由于敌人制造出来的。敌人用牢狱、刑场、特务、报纸、阴谋离间……纵横交织成一个污秽可耻的网，严密地罩在我们的嘴上，使我们‘敢怒不敢言’，但是这并不是说我们根本没有话，相反的我们在‘默默’中积蓄，那力量愈聚愈大，总会有一天像火山一样爆发出来的！那就是今天，同学们！我们‘吐露’的时机到来了。”“吐露”就是要把被日本侵略者压制的话说出来，一吐为快。

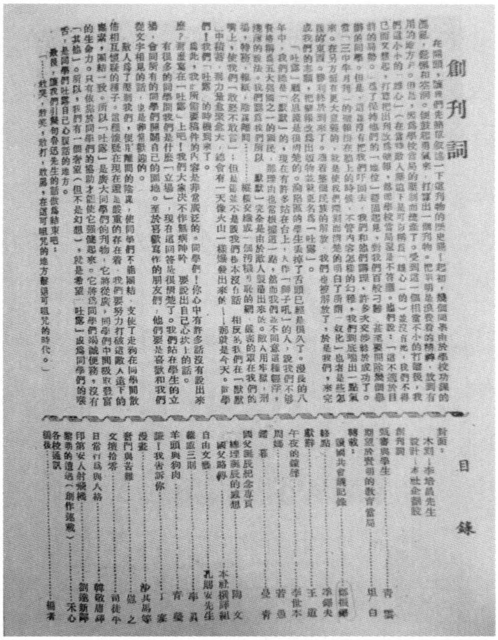

《吐露月刊》内页

《吐露月刊》是综合性文艺杂志。创刊号、第二期合计刊有 40 多篇作品。文学作品，包括短篇小说和歌谣等。季铎夫创作的《终点》，是一部短篇小说。作者以一家三口由天津去南京贩卖“私货”的遭遇以及在由天津发往浦口火车上的所见所闻为线索，通过几个穿黄色衣服的人查验居住证和携带物品、夫妻二人向官面人员行贿以及渡船拥挤不堪等几个场面的描写，反映了日本侵略者统治时期民不聊生的社会景象以及劳动人民的痛苦。同时，通过妻儿被挤下船而遭漠视的画面，暴露了旧社会人情的冷漠，是一篇具有批判现实主义倾向的小说，发人警醒和深思。

坦白撰写的名为《丐妇吟》的歌谣，也是一部纪实作品，通过对丐妇悲惨生活的描绘，揭露了日本侵略者的罪恶。“北风起，河水寒，路旁丐妇衣裳单。借问胡为者？丐妇呜咽对我言：‘侬本远方一农妇，家乡连年遭兵难。父母流离不相愿，哀鸿遍野无人怜。汉奸走狗猛如虎，十室九空尽遭鞭。日本鬼子法西斯，奸淫抢掠火当先。奴家幸而至此地，沿街乞讨已将年。大儿沿门解呼讨，小儿嗷嗷待人怜。日不得饱乳源尽，可怜生命僵道边。离家背井无寸土，只得归葬鱼腹间。每经小河泪不尽，从此怕过小河边。夜来瑟瑟始入梦，隐闻小儿索乳声。醒来唤儿儿不在，只觉路灯倍凄惨。夜深月寒风刺骨，儿辈呼号肠断声。只望和平到来日，好得归家整田园。谁知兄弟又阋墙，到处烽火民遭殃。和平返里成泡影，而今遥望空云山。’余始闻尽丐妇语，不觉已是泪沾襟。”

《吐露月刊》作为学生文艺创作的园地，其作品具有强烈的时代感。与《天琴》一样，《吐露月刊》这本杂志对于研究 20 世纪 40 年代校园文学史是不可多得的史料。

培养青年诗人的《文叶》周刊

《文叶》是一份文艺周刊，16 开本，每期 8 页，创办于 1947 年 9 月 20 日，社址在天津市一区（今属和平区）河北路 140 号。发行人刘秉中，主编是杨轶伦。

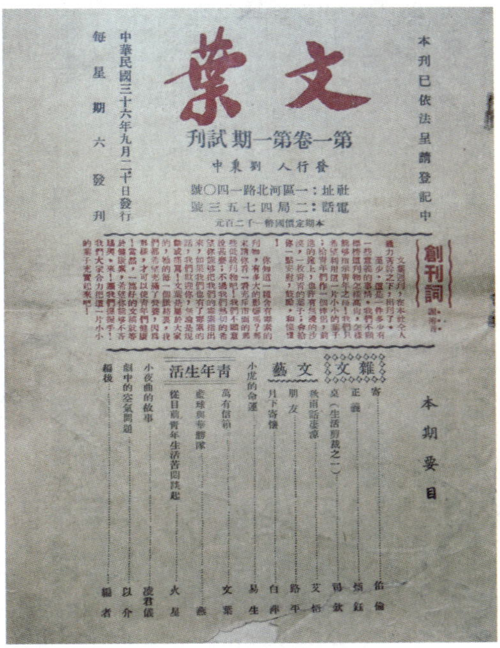
文葉

第一卷第一期試刊

發行人 劉秉中

社址：一區河北路一四〇號

電話：二局四七五三號

本期定價國幣一千二百元

中華民國三十六年九月二十日發行

每星期六發刊

本刊已依法呈請登記中

創刊詞

本期要目

寄 …… 伯倫

正義 …… [illegible]

雜文

桌（生活剪裁之一） …… 司欽

文藝

秋雨話凄涼 …… 艾梧

朋友 …… 路平

月下寄懷 …… 白萍

小虎的命運 …… 易生

萬有信箱 …… 文葉

青年生活

籃球與[illegible] …… 燕

從目前青年生活苦悶說起 …… 火星

小夜曲的故事 …… 凌君儀

劇中的空氣問題 …… 以介

編後 …… 編者

《文叶》试刊号

关于该周刊的创办背景，谢溶音在该刊《创刊词》以及刘秉中在《文化界的哀痛》(试刊号第 2 期）这两篇文章中作了诠释。按照作者的说法，在战火弥漫下的北国，文化界为“近年来最饥荒的时期”。然而，恰恰在这个时候，一些黄色刊物“则雨后春笋般的充斥在市面上”，“一般渴望得到真正食粮的人，悄然避开，而大多数读者都人手一册画报，以消磨其有用的时间”“换言之，亦即大众得不到正确的食粮”。对于文化界而言，这种反常的现象，无异于一种自戕行为。创办《文叶》就是“希望利用这一片小小的叶子，给青年们作一个伴侣；前进的途上，也许有无漫的沙漠，一枚青青的叶子，会给你一点安慰、鼓励和憧憬！”《文叶》除了希冀引导青年成长的幻想外，还希望能够在未来发达后尽另外两种社会义务，一是扶助优秀作家的出版事业，二是资助清寒学子的就学。

据刘秉中《文叶的远景》一文，《文叶》是由几位爱好文艺的青年利用业余时间创办的。“他们聚集个有日常节余的金钱作资本，并且以坚苦卓绝的精神培植起来的，这本小刊物，虽然是寥寥数页，但为了培植它，社内的同人，有的镇日忘掉了吃饭，有的整夜失眠，有的跑酸了腿到各处去送报，而在这叶子诞生的时候，真使他们发了狂。”之所以取名文叶，杨轶伦在《叶与文叶》一文中说得很清楚：“按文艺来说，黄色报纸，好比是花，花的香气太浓郁，好像一个浓妆艳裹，涂脂抹粉的美妇；而纯文艺的刊物，则不妨说是叶，叶则素净天然，使人坐对终日，悠然意远，可以做耐久朋，能够当素心友。因此我们这一个小小刊物，就以叶为名了。”

目前，后人仅见到前三期的试刊号，而关于《文叶》终刊年代已不可考。但从笔者所收藏的前三期试刊号“编后”中推断，由于当局“不予购纸外汇”，造成“纸张杜绝来源”，使“贫弱的刊物中途夭折”，因此，《文叶》的命运亦不会很好，估计出版数期后即停刊。这从《民国珍稀短刊断刊——天津卷》只存前三期试刊号似乎也可以得到佐证。

《文叶》分为杂文、文艺、青年生活、学生园地等栏目，另设有长篇小说连载。著名诗词家杨轶伦先生亦为《文叶》发起人之一，他还在《文叶》发表了多篇随笔。据笔者考证，杨轶伦是今天津市武清区石各庄镇敖嘴村人，曾是享誉津沽的诗词大家。他早年师从著名藏石家张轮远。20 世纪三四十年代，曾先后在天津女子师范学院附中、私立含光中学担任国文教员，是“服务于教育界最久之教师”，因为他经验丰富，教法得当，态度和蔼，故在学生中威望颇高。1946 年，他参加了著名的梦碧词社，与寇梦碧结为诗友。当时,该社中有诗词名家四十余人,包括李琴湘、姚灵犀、周汝昌、刘云孙等。1947 年 9 月,他还发起成立了“麓则诗词研究社”,社址位于一区昆明路通义学校分校,专门讲授诗词写法及诗词理论。

《文叶》发表过杨轶伦许多作品,其思想之敏锐,语言之精熟,笔法之老到,非他人能比。如《小楼一角》《剪影》,构思精巧,文笔细腻。另刊有给青年学生的励志诗,至今读来亦满口生香,如在《助青年》组诗中,多有格言警句,读来琅琅上口。如“其二”有诗句:“积少成多功日累,勿因善小而不为。”“其三”有诗句:“要把光阴惜寸分,自强不息日精勤。更须五育同时重,德智还兼体美群。”“热诚服务会殷殷,作事当如童子军。献此身心献此力,劝君造幸为人群”。他不仅创作诗歌,还精于写诗理论。如在《漫谈剪景》中,要求写诗一定要善于剪裁。他认为,一味地“不分美恶,有什么说什么,一定不会产生好的作品”。他举例说,他每每欣赏古人田园诗作,便心驰神往。可是,当到郊外实际一走,发现村庄里净是猪圈、粪坑,臭气熏蒸,污秽满地。这时就会对诗人产生疑问:难道诗人惯作欺人之谈吗?当然不是。实际上,诗人并没有说瞎话,田园里的确是有可以留恋的地方,诗人们把美好的风景加以吟咏,而把不好的略去不写,这种写诗的方法叫剪裁。因为杨轶伦是含光女中的国文老师,又是一位文艺主编,因此,他很注重利用《文叶》这块园地培养自己的学生。如史振荣的《一学期开始》、朱庆远的《我升入中学以后的感想》,都是经他推荐后

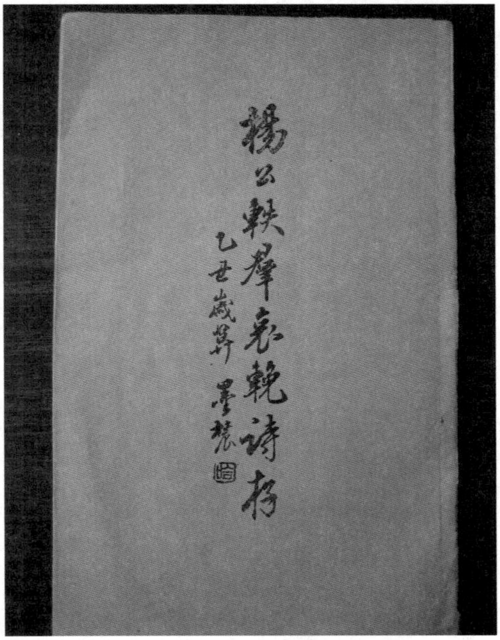

杨公轶群哀挽诗存

发表的。虽然这些作品手法稚嫩，但思想活泼，感情真挚，语言明快，字里行间凝结了杨轶伦的心血。

值得一提的是，杨轶伦的胞弟杨轶群(即杨平)亦为诗词名家。据哈墨农先生《杨公轶群哀挽诗存跋》中所言："轶伦、轶群本为昆仲，二人皆喜以诗自遣，轶伦曾榜其所居曰'诗巢'。室小而深。友好唱酬之作，咸张之四壁，真雅人也。"另据曹洁如先生《杨公轶群哀挽诗存序》：杨轶群"喜为诗，自道其性情，不事雕琢……津门词人寇公梦碧谓为'通俗晓畅，不于声律间求工'，盖深知轶群者也……曾撰说部与文稿多种，均被绘图刊行。更精舆地，深邃掌故，有《七十二沽考》篇，为时所重。"20 世纪 80 年代，杨轶群曾受天津文史馆聘请，担任了《天津文史丛刊》编辑，并与著名学者王翁如为文字交。杨轶群"悯其兄之师、同邑张翁轮远年过清贫，即为之推荐于天津文史馆馆员，月获馆金，得之存活"(哈墨农语)，杨轶群仗义之举堪称津沽学界楷模。

《文叶》创办时正是抗战胜利后不久的国共内战时期，当时大量的黄色报刊充斥街头，给青年人以负面影响。为了启发青年的爱国热情，鼓励和引导青年积极投入到建设国家事业中去，《文叶》这一面向广大青年的正宗文艺刊物诞生了。它的存在，一方面占领了部分中学生这一群体的思想阵地，另一方面也培养了部分青年作者，为他们的健康成长搭建了平台。按照刘秉中在试刊号第三期《文叶的远景》一文，《文叶》除了传播新文艺功能外，还将承担以下社会责任："一是扶助优秀作家的出版事业，第二是资助清贫寒子的就学。"虽然试刊号仅有十余篇文艺作品，但其格调之清新，内容之丰富，足以给青年作者以引导，从这一点上看，《文叶》自有其存在价值和文学意义。

名家荟萃的《新闻周报》

《新闻周报》在创刊于1947年12月13日，社址设在一区河北路88号，发行人王化舒。该刊为周刊，16开本。

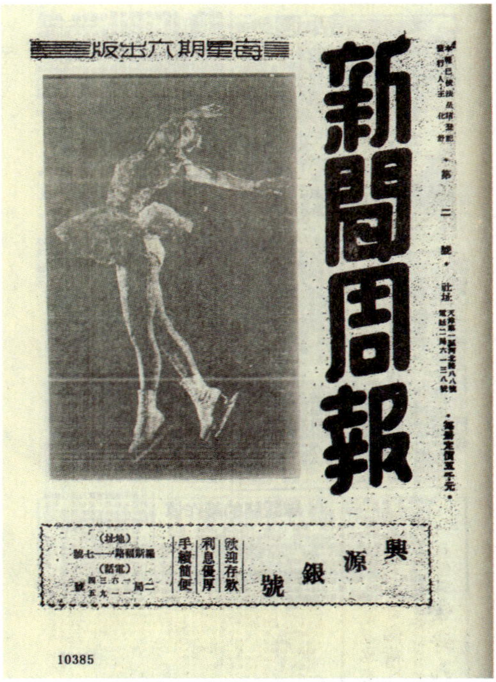

《新闻周报》刊影

《新闻周报》是一份综合性文艺杂志，在封面上刊有《本报的信条》一文，提出“一要”“二忌”“三愿”“四不”，大致代表了该刊的办刊宗旨。

所谓“一要”：要做大家所想做的，而与众不同；所谓“二忌”：趣味而忌肉麻，通俗而忌低级；所谓“三愿”：愿编者、作者、读者，共有、共治、共事；愿编者、作者、读者，共同合作；愿编者、作者、读者，紧密联系；所谓“四不”：不为人当应声虫，也不向人做乌老鸦，不替人吹牛腿，也不给人拍马屁。

《新闻周报》除新闻外，设有如“周话”“名歌短唱”“水银灯下”“影评”“江湖人语”“小说连载”“漫画”等栏目。

在第三期刊有一篇长篇纪实通讯《天津箱尸案是怎样制造的》。按照这篇文章的介绍，1947 年 12 月 21 日早晨八点钟，在天津南马路法院的门里门外，十分拥挤，虽然天气依然那样冷，可是人们心情上的兴奋，却把那寒冷的氛围冲破了。原来，这一天是轰动全国的杀妻案主角李宝昨(李允之)和其妾施美丽被第一次公审的日子。为什么这个箱尸案会受到这么多人的关注？原来，这个案子的主角李宝昨和施美丽都是名门之后，而被害人董玉贞则是国民党军官董国政之女。这篇文章介绍了案件的来龙去脉，特别是真实记录了法院公审的全过程，是了解民国时期天津讼案历史的原始资料。

小说是该杂志的重点内容。其中每期都刊载短篇小说三四篇左右，比较有意思的有《迷藏恋》《火山寻仇女》《贵族小姐》《新世纪的苦果》《李鸿章招婿》等。长篇小说作者可谓群贤荟萃。当红的小说大家，还珠楼主、郑证因和刘云若同时在创刊号上与读者见面。其中，还珠楼主的小说为《万里孤侠》，郑证因的小说是《铁索金钩》，刘云若的小说则为《秋扇春风》。

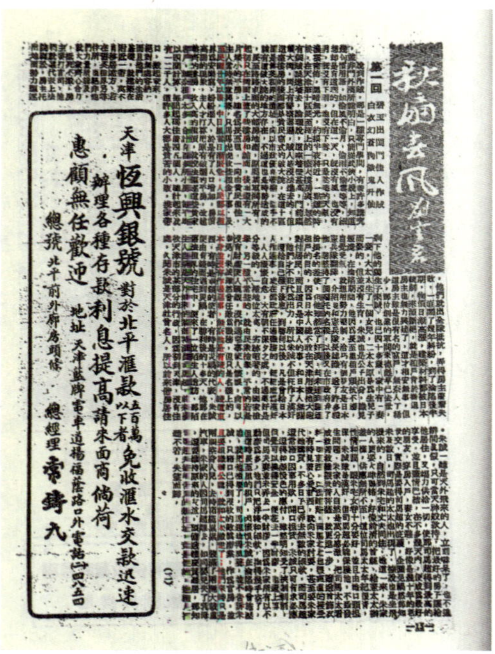

刘云若小说《秋扇春风》连载

《秋扇春风》描写抗战胜利后主人公朱城悲欢离合的故事。朱城是寓公之后，他认识了日本宪兵队的翻译，通过这层关系在天津市政府弄了份挂名的差事。朱城拥有一妻一妾。妻子生有一女，而妾并没有生育。抗战结束后，因为担心被当作汉奸处理，整天担惊害怕，惶惶不可终日。偏巧，这一天来了一位自称接收大员名叫司马超的人，因为初到天津，没有住处，慕名找到社会名流朱城借房居住。朱城不辨真假，只把他当作座上宾款待。不久司马超的太太也来到天津，夫妻二人就与朱家住在一座楼里。朱城为了得到接收大员的保护，拼命贿赂司马超。这司马超夫妇也不客气，不仅坦然收受而且竟然任意索要。后来，朱城被居民检举，这司马超闻到消息后，也未通知朱城，就以没收敌伪产业，成立办公处的名义，搬离了朱城家的大楼。但留下的地址则是假的，朱城并不相信其中有诈，还想方设法寻觅司马超。不久，朱城家产被查抄，除留下三间房子供家属自住外，其余房产全被没收，朱城也被捕入狱。朱城的小妾得知朱城被捕，卷包离去。只有朱城的妻子带着女儿朱竹宜一起生活。后来从家仆口里得知，这小妾竟然与司马超发生过见不得人的关系。朱城的妻子得知后，方如梦初醒。知道这司马超是个骗子，全家就倒霉在这个骗子手里。

《新闻周报》能够延揽知名作家在同一期杂志上连载，其在天津文学期刊史上的影响力令人刮目相看。

洋溢着爱国热情的《一二一》月刊

《一二一》月刊刊影

《一二一》月刊是由河北省立女中(今海河中学)自治会于1946年2月1日创办的综合性文艺杂志,16开本,每期16页。社址在旧特一区省女中。目前见到的该刊有三期,除创刊号外,第二、三期为合刊。

1945年国共两党签订的《双十协定》墨迹未干,国民党便背信弃义,向各解放区发动进攻。为此,11月5日,中共中央号召“全国人民动员起来,用一切方法制止内战”。11月26日,昆明3万学生为反对内战和抗议军警暴行宣布总罢课,提出立即停止内战、撤退驻华美军、保障人民民主权利、建立民主的联合政府等口号。12月1日,大批国民党特务和军人分途围攻西南联大和云南大学等校,毒打学生和教师,并向学生集中的地方投掷手榴弹，造成了震惊全国的“一二·一惨案”。为了纪念这一黑暗的日子，河北省立女中自治会创办了《一二一》月刊。按照创刊词的说法，“‘一二一’，这用血争来的日子，深深地刻画在年轻人的心灵上，永不会磨灭，永不会消失。在这一天，我们从层层的重压下，伸出一只胳臂，挣断了束缚，现出我们的人性、我们的力量，这是解放的开始，这是斗争胜利的起点，年轻人们要纪念它，代代地纪念它！”

创刊号刊有18篇作品。除创刊词、编后三篇外，“一二一”专题三篇，政治和实事类有四篇，文艺类四篇，“一二一”专页三篇。“一二一”专题，包括《血潮！学潮！》《一二一血的斗争经过》《潘琰同学简介》三篇作品，主要是介绍昆明“一二·一惨案”发生经过及爱国学生潘琰的事迹。

创刊号还刊有三篇文艺作品。《寄》是一篇书简，是作者给他的同学颖英写的，反映了在反内战斗争中，不同人物的思想斗争。在书简中，作者曾提到“一二·一惨案”，颖英曾写信提示作者勿参加反对甄审的游行活动，因为“你一定知道昆明惨案的真相，我国武装阶级的枪是无情的”。但作者告诉颖英，在颖英写信的时候，包括作者在内的全天津市的青年学生，在除夕日下午赴教育局请愿，要求黄子坚局长收回不合理的甄审成命。在学生们的抗议之下，黄子坚最终还是在请愿书上签字盖章，使得这次反甄审的游行示威活动取得了胜利。

《饥民泪语》是一首新体诗，反映的是民不聊生的社会现状，表达了对国民党统治的不满：“太阳带走了热气儿，屋子又是冰箱一样的冷。孩子喊饥饿要吃要穿！瞧，锅里没有一粒米。我无心照顾到，光复！和平！胜利！我只知道他带来给我的是——孩子挨饿，大人受饥！”作者把当局的苛捐杂税比喻成“狂风大雪”，他们紧逼着穷人，使老百姓生活在水深火热之中。

在第二、三期合刊里，也刊载了数篇散文和新体诗。雾虹的《势力》，对没有钱不准吃饭的社会进行了批判。在这个世界里，“没有钱，不准吃饭。没有钱，不能上学”。因此，为了不饿着肚子，要坚定意志，拼到死。“在孩子们的世界里，不需要势力，要的是勇气。”《我》是署名炯的一篇散文，处处洋溢着朝气和对未来的期盼“我深深地感到人生不只是幸福，它反面正是布满罪恶和痛苦。不应以自己痛苦，而起厌生的念头。这是多么的懦弱啊。”作者希望青年们“振作起来，努力来充实你自己，重新作一个新国民吧！”

《一二一》月刊作为学生杂志，每一篇作品都洋溢着爱国热情和对真理的不懈追求，展现了省立女中光荣的爱国传统和积极向上的精神风貌。

曹明贤与《天津教育》月刊

《天津教育》月刊创办于 1948 年 11 月，社址在一区万全道 66 号，该杂志是由国民教育研究会、社会教育促进会和中等教育研究会共同创办的，创办人有黄道、王君石、米少丰、苏亭午等四人，杂志负责人是曹明贤、杨绍容。

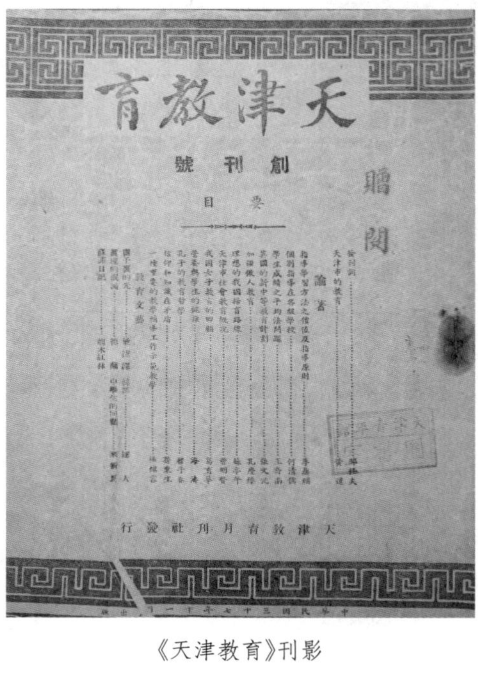

《天津教育》刊影

关于办刊宗旨，在创刊号上，编辑者作了如下说明：“以研究时代教育知识，介绍时代教育思潮，探讨各地实际教育问题，报导各地教育实施状况、实验成果，籍计划教育文化之改造为主旨。”开设的栏目有“论著”“教育文艺”“教师园地”“学生园地”“一月文教”“调查及统计”“通讯”等七个。“论著”栏，着重教育学研究，一般教育问题的探讨以及中外教育思潮的介绍。“教育文艺”，是涉及教育问题的文艺作品，包括随笔、杂文、诗歌、小品等。“教师园地”包括各级学校及机关人员之工作经验、心得、改进意见等。“学生园地”是为青年学生开辟的阵地，刊载学生的意见及有关学校生活方面的文章。

在创刊号上，黄道发表了《天津市的教育》一文，介绍了号称 200 万人口的天津市教育概况。该文所言之教育，包括学校教育、社会教育以及家庭教育等三个方面。其中重点介绍了学校教育情况，为了解民国时期的教育史提供了史料。据该文统计，全市国民学校共有 100 余所，还不能满足需要。中等教育学校有 30 余所，其中公立学校有：市立师范学校，商职、助产专科学校，省市中学，省师及工职学校等；私立学校有：工商附中、耀华、南开、汇文、中西及究真等学校；高等教育学校包括大学、独立学校和专科学校等，共计十余所，其中教育部直属的有南开、北洋及国术、体育、师专等；河北省属院校有工业学院、女师学院、水产学校等；私立学校有工商学院、达仁学院、育德学院等。

下的語助詞，以致引來不少笑聲。
主席爲了節省時間的關係，帶笑的阻止住劉先生再往下說，他說：「請你不要再模擬歷史的往下說了，大家全知道本校校長行

加上學校補助金仍是不够分配，可是，我也忍受下來了。」他在所有全人年令中要算最長的一個，身子欠當衰的緣故他染有極輕的TB。他的話聽來辛酸得很，停了片刻又說

中學生的回憶

•來新夏譯•

直到現在，我還能回憶在中學那幾年，對我們的老師常作的許多惡作劇。

老師是一位至少已有六十歲的老人，總是帶着眼鏡和假髮，於是這些東西就成爲我們不斷開玩笑的目的了！

在許多很不用功和好鬧的學生中，我是很出色的人物，每當我被叫到黑板上去的時候，我常預備一條繩子，在繩子的盡端，懸一塊粉筆頭，又把牠偷偷地拴在老師短大衣的後面，當他一轉身的時候，我們都大笑不止！——如我們是大孩子一般的笑！

常常在全班靜謐聽講的時候，我用一種可怕的聲音，急促的闖我的書桌，不問便罷，如果要是責備我的話，我總是永遠不變慢吞吞的答道：「先……先生……我沒留神」

有時，我把厚紙摺成一個三角兜，裝滿了墨水，然後很小心的關摺好，在班上傳遞，若是被老師看見，他便會很嚴厲的命令把這裝墨水的紙兜給他，他很自信的以爲

来新夏翻译作品刊于《天津教育》创刊号

主编曹明贤发表了《天津市社会教育概况》长文。

曹明贤，字晓陶，1913 年生，河北省河间市人，天津著名诗人、诗词理论革新家。1945 年毕业于北平中国大学文学系，曾任《天津教育》月刊主编、天津社会科学院历史研究所研究员，并被聘为天津市文史研究馆馆员、天津楹联学会顾问、河北省诗词协会顾问、沧州诗词学会顾问等。著述有诗集《微芹集》《明贤诗草》，诗论集《汲古溉今》等。

《天津市社会教育概况》分前言、胜利前的社会教育概况、目前的社会教育概况等三部分，客观分析了推行社会教育的紧迫性，回顾了自晚清至当代天津人口及社会教育情况，对当时的教育机构及社会教育作了系统归纳。文章结合抗战胜利后天津人口增加的实际情况，认为没有受过教育的市民占大多数。要建设新天津，则非加倍重视社会教育不可。在作者看来，学校教育固然重要，但学校教育只涉及部分人，而社会教育则是全民教育，只有社会教育才能渗透社会各阶层各角落。自晚清以来，天津逐步形成了“鼓民力、开民智、新民德”的社会教育制度，于光绪二十八年(1902)，就逐步设立了天齐庙、西马路、地藏庵和甘露寺四个宣讲所，并依托宣讲所设立了阅报社，开启了社会教育的先河。此后，戏剧研究社、艺曲改良社、图书阅览所、天足会、崇俭会、讲习会等机构陆续设立，使社会教育如雨后春笋发展起来。抗战胜利后，按照区域陆续成立了 10 个区的社教区民众教育馆，设立了市立艺术馆、市立第一、二体育场等机构，并在改进设施、配备设备及推行识字教育、补习教育、电化教育等方面做了大量工作，成绩可圈可点。这篇文章对于了解整个民国时期的社会教育情况提供了系统史料，在天津教育史研究上开了先河。

值得注意的是，著名学者来新夏先生在创刊号上发表了《中学生的回忆》一文，这篇文章原为法文，是数年前的一篇译作，因为是一篇富有教育意味的小文章，所以把翻译稿推荐给了杂志社。2012 年 6 月，笔者在参加“来新夏先生九秩诞辰庆祝会“的时候，曾将这篇译作复印给了来先生，在时隔 60 余年后，当来先生重新看到自己的作品，一下子唤起了他美好的记忆。

参考文献

1.刘再苏:《天津快览》,世界书局(上海),1926 年 9 月。

2.甘眠羊:《新天津指南》,华泰印书局(天津),1927 年 2 月。

3.天津市市志编纂处:《天津市概要》,天津百城书局,1934 年 10 月。

4.天津政协文史委:《天津报海钩沉》,天津人民出版社,2003 年 1 月。

5.张次溪:《天津游览志》,中华印书局(北京),1936 年 1 月。

6.杨大辛:《吴云心文集》,天津古籍出版社,1990 年 10 月。

7.方汉奇:《〈大公报〉百年史》,中国人民大学出版社,2004 年 7 月。

8.马　艺:《天津新闻传播史纲要》,新华出版社,2005 年 6 月。

9.巢星初:《海天楼艺话》,人民美术出版社,2009 年 10 月。

10. 侯福志:《天津民国的那些书报刊》,上海远东出版社,2009 年 11 月。

11.郭武群:《打开历史的尘封——民国报纸文艺副刊研究》,百花文艺出版社,2007 年 9 月。

后　记

2021年8月，经专家评审，《老天津的旧报旧刊》被列入天津市档案馆(天津市地方志编修委员会办公室)2021年度"天津地情资料丛书"资助出版项目。

在这本书列入资助出版项目之前，我从2018年下半年就开始筹划《老天津的旧报旧刊》了。经过大约半年多的时间，基本上完成了书稿的整理以及配图工作。书稿列入资助项目后，专家们在评审过程中提出了很多修改意见。经过这个过程，这本书稿在交到出版社之前便已经相对成熟，这为出版社编辑的审读工作打下了很好的基础。

半年多来，虽然有新冠肺炎疫情的影响，但书稿的出版工作一点也没有耽搁，天津社会科学院出版社在拿到书稿后，便安排专人进行编辑和审校，尤其是韩鹏先生，他经常与我联系，就书稿内容进行反复商讨和研究。看得出，以韩鹏先生为首的编辑团队很用心，也很敬业。

本书在整理、编辑和出版过程中，得到了天津市档案馆领导及专家们的大力支持，同时也得到了韩玉霞、罗文华、任云兰、王振良、董欣妍等师友们的大力支持。在本书即将付梓之时，特向大家的付出表示衷心感谢。

在书稿写作过程中，我参阅了大量的历史文献和原始报刊、报纸，在此特向原作者表示谢忱！

由于作者水平有限，书中错讹、遗漏在所难免，敬请专家学者和读者们批评指正。

侯福志